LES *ÂGES DU MONDE* DE SCHELLING

UNE TRADUCTION DE L'ABSOLU

DU MÊME AUTEUR

Dictionnaire critique du marxisme, Paris, P.U.F, 1999.

Moses Hess, la philosophie, le socialisme, Paris, P.U.F., 1985 ; seconde éd. : Hildesheim-Zürich-New York, Olms Verlag, 2004.

Questions Juives, Paris, Osiris 1988.

La philosophie allemande dans la pensée juive, Paris, P.U.F., 1998.

Franz Rosenzweig. Existence et philosophie, Paris, P.U.F., 2000.

Le temps messianique. Temps historique et temps vécu, Paris, Vrin, 2001.

Qu'est-ce que la philosophie juive ? Paris, Desclée de Brouwer, 2004.

Marx le sortant, Paris, Hermann, 2007.

Éthique et expérience. Levinas politique, Strasbourg-Paris, La Phocide, 2008.

Dans la forme du monde. Sur Franz Rosenzweig, Paris, Hermann, 2009.

L'impatience des langues, avec D. Cohen-Levinas, Paris, Hermann, 2010.

Les équivoques de l'éthique, éd. bilingue avec F. Bernardo, Porto, Fondaçao, 2014.

BIBLIOTHÈQUE D'HISTOIRE DE LA PHILOSOPHIE
NOUVELLE SÉRIE
Fondateur : Henri GOUHIER Directeur : Emmanuel CATTIN

LES *ÂGES DU MONDE* DE SCHELLING
UNE TRADUCTION DE L'ABSOLU

En annexe

SIX ESSAIS SUR LA PHILOSOPHIE DE SCHELLING

par
Gérard BENSUSSAN

PARIS
LIBRAIRIE PHILOSOPHIQUE J. VRIN
6, Place de la Sorbonne, V[e]

2015

Imprimé en France
ISSN 0249-7980
ISBN 978-2-7116-2618-2

www.vrin.fr

La flamme seule peut comprendre
Ce que fut autrefois la cendre [1].

1. Aragon, *Le Crève-cœur. Le nouveau Crève-cœur*, « Pour toi », « NRF », Paris, Gallimard, p. 134.

TABLE DES ABRÉVIATIONS DES ŒUVRES DE SCHELLING

SW	*Sämtliche Werke*, éd. K.F.A. Schelling, Stuttgart, 1856-1861, 14 volumes
OM	*Œuvres métaphysiques*, trad. fr. J.-F. Courtine et E. Martineau, Paris, Gallimard, 1980
PhiRév I	*Philosophie de la révélation*, Livre I (Introduction de Berlin), trad. fr. sous la dir. de J.-F. Courtine et de J.-F. Marquet, « Epiméthée », Paris, P.U.F., 1989
PhiRév II	*Philosophie de la révélation*, Livre II, trad. fr. sous la dir. de J.-F. Courtine et J.-F. Marquet, « Epiméthée », Paris, P.U.F., 1991
PhiRév III	*Philosophie de la révélation*, Livre III, trad. fr. sous la dir. de J.-F. Courtine et J.-F. Marquet, « Epiméthée », Paris, P.U.F., 1994
Clara	*Clara ou Du lien de la nature au monde des esprits*, trad. fr. E. Kessler, Paris, L'Herne, 1984
PhiMytho	*Introduction à la philosophie de la mythologie*, trad. fr. sous la dir. de J.-F. Courtine et J.-F. Marquet, Paris, Gallimard, 1998
CHPM	*Contribution à l'histoire de la philosophie moderne*, trad. fr. J.-F. Marquet, Paris, P.U.F., 1983
Intro1830	*Introduction à la philosophie*, trad. fr. M.-C. Challiol-Gillet et P. David, Paris, Vrin, 1996

LIMINAIRE

Le livre qu'on va lire est divisé en paragraphes et non en chapitres et en sections. Cette décision est commandée par le choix d'une exposition par répétitions et différenciations. La distribution des questions obéit donc moins à l'organisation systématique de thèmes successifs et successivement abordés qu'à la logique de cette suite, selon une sérialité d'avancées et de reprises. Les « objets » ne sont pas traités à la queue leu leu, en vertu de leurs exclusivités respectives. Ils se trouvent et se retrouvent dans des emboîtements « peirastiques », pour reprendre une formule schellingienne, ils sont donc soumis à une présentation essayante. « Chaque pièce, chaque moment fait son jeu » dans cette composition (Montaigne, *Essais*, II), « écorniflant des livres les sentences pour les transporter en celui-ci » (I, XXV). Dire, comme Borgès, que « j'ai travaillé au hasard de ma bibliothèque », (*Histoire de l'éternité*) serait trop peu humble et, par ailleurs, foncièrement erroné s'agissant du livre qu'on va lire, nourri de milliers de pages de commentaires si présents qu'ils ne sont pas toujours cités comme ils le devraient. Mais ce mode où s'emmêlent investigation et exposition, recherche et écriture, études des sources et hypothèses, m'a semblé conforme et même en tous points adéquat aux *Âges du monde*. D'une part en raison du caractère fragmentaire, variable, inachevé du texte de Schelling, modulé selon ses différentes versions dans le temps, bien au-delà de 1811,1813 et 1815. D'autre part « l'objet » lui-même, le temps, se prête à cette mouvance de l'exposé car il ne cesse de se déployer dans *les* temps d'où il surgit, non seulement en ses trois dimensions habituelles, passé, présent, avenir, mais aussi et surtout selon son articulation excentrée et analogique, des temps humains au temps de Dieu, du temps à l'éternité et de celle-ci à l'instant.

Les vingt-six paragraphes qui suivent ne cèdent rien, pour autant, sur l'exigence de rigueur que toute élucidation des *Âges* appelle plus fortement peut-être que d'autres textes car, comme le disait Deleuze de l'œuvre proustienne, toute pensée, et celle des *Âges* plus significativement que d'autres, requiert d'être apprise et comprise depuis l'interprétation des signes émis par elle, comme autant de hiéroglyphes ou d'énigmes à déchiffrer. Le traitement par paragraphes permet plus aisément qu'un autre, espérons-le, de considérer l'être même des *Âges* comme s'il demandait qu'on l'interprétât sans relâche et sans certitude, à la manière des égyptologues.

La pierre de Rosette portait trois versions d'un même texte et la circulation entre elles en aura permis le déchiffrement, depuis ses signes muets jusqu'à leur traduction en vivantes paroles.

§ 1

RACONTER LE SAVOIR

Les premières lignes, bien connues, des *Âges du monde* proposent un énoncé d'ensemble ou trois énoncés articulés – selon qu'on considère leur trame temporelle d'un seul tenant ou sous ses trois dimensions différenciées. Ils sont exactement concordants dans les trois principales versions du texte dont nous disposons. Cette entrée dans le Livre du Passé, lequel excède d'emblée le « simple » passé, détermine trois modes d'accès au temps. Ces modes sont d'un même allant des modes de pensée, soit des modes de pensée du temps, ou plus justement encore, des temps différentiels du penser lui-même.

Dès les premiers mots, donc, Schelling tente de se tenir à la hauteur d'une ambition sur laquelle il entend ne point céder : *écrire ou philosopher sous la « dictée du temps »*. Sur ce point, il ne lâchera plus jamais rien, animé de la vive certitude que la « mauvaise conscience » de la métaphysique dans son ensemble, « c'est le temps », comme il écrit dans sa philosophie de la Révélation, le temps qu'elle n'aura cessé d'éviter en l'évidant.

D'emblée, donc, s'impose à la pensée : le temps – un temps – des temps. D'emblée se trouve déboutée toute pensée du temps qui ne serait pas elle-même temporelle ou temporalisée. D'emblée, c'est-à-dire avant toute démonstration, on pourrait dire de quelque manière « théosophiquement », les formules choisies par Schelling reprenant elles-mêmes d'ailleurs de vieux aphorismes böhmiens [1]. Nous verrons que ceci ne signifie nullement

1. *Cf.* M. Vetö, *Le fondement selon Schelling* (2e éd.), Paris, L'Harmattan, 2002, p. 305 et A. Lanfranconi, *Krisis. Eine Lektüre der "Weltalter" – Texte FWJ Schellings*, Stuttgart Bad

que les *Âges* relèveraient en propre d'une théosophie, au contraire ils la relèvent devrait-on dire, si le mot même d'*aufheben* ne prêtait à son tour à confusion. Nous sommes là, *d'emblée*, au cœur d'un problème considérable sur lequel il faudra évidemment revenir. Penser ne se peut donc que sous l'instance dictante du temps, et il n'y aurait donc guère de sens à distinguer entre penser tout court et penser par et sous temporalisation, sauf à amputer la pensée de son rapport effectif au « vivant des origines », à l'*Urlebendige*, et à renoncer à penser la vie même de l'absolu, la « flamme » du poème d'Aragon, à questionner sa temporalisation, la « cendre », dont elle seule, la flamme, peut faire mémoire – remarquable paradoxe qui dit exactement celui de Schelling lui-même avec lequel il n'aura sans doute jamais cessé de se débattre.

Aux trois modalités temporelles sous lesquelles l'absolu se pense dans sa finitisation (A), Schelling fait correspondre des formes d'exposition déterminées, des guises sérielles de la pensée (B) :

(A) » Le passé est su, le présent est connu, l'avenir est pressenti.

(B) Ce qui est su est objet de récit, ce qui est connu objet d'exposé, ce qui est pressenti objet de prophétie ».

Les trois séries sont, pour le passé, la liaison savoir – raconter ; pour le présent la liaison connaître – exposer ; et pressentir – prophétiser pour l'avenir. Comme on sait, les trois tirages que nous nous proposons de lire constituent des moutures du seul Livre du Passé. Je laisse donc, provisoirement, de côté les deux couples connaître / exposer pour le présent et pressentir / prophétiser pour l'avenir. En tout état de cause, je commencerai par le commencement, quitte à devoir re-commencer ailleurs qu'en ce commencement. Et je commencerai même par le commencement du commencement, d'un commencement en bonne part sans suite, en me concentrant sur le passé, soit tout autant sur le passé du passé, la « nuit des temps » qui n'est nullement le simple passé lui-même. Toute pensée, confrontée à cette question du commencement, est une pensée débutante.

La première série dispose ainsi le savoir selon une structure, le savoir-du-passé, et assigne à ce savoir-du-passé une forme, la narration.

Sur cette question du savoir, de sa structure et de sa forme, Schelling intervient délibérément, et il en fait rappel dans les lignes qui suivent, après

Cannstatt, Fromann-Holzboog, 1992, p. 137. Habermas écrit quant à lui dans *Théorie et pratique*, Paris, Payot, 1975, p. 208, que « jamais Schelling n'a été aussi loin de Hegel » qu'avec l'énoncé inaugural des *Âges*.

la césure décisive emportée par la révolution moderne du kantisme – voilà déjà pourquoi la « théosophie » des *Âges* n'est que sa réflexion critique complexe. La science avant Kant est une scolastique qui se présente comme le développement successif de concepts inertes et de catégories logiques autonomes (« une simple suite, un simple développement de concepts et de pensées », 11 ; 133 ; *SW*, VIII, 199 [1]). Après Kant, et tel est l'« avantage de notre temps » (*id.*), soit une véritable « résurrection » disaient déjà les *Recherches* de 1809, la science se déploie comme le développement d'un *Wesen* vivant et effectif, selon une « dynamique » de l'être qui est tout autre chose qu'une une « dialectique vide et terne » (15). On le sait, cette position de fond fut ouverte dans la philosophie par l'idéalisme post-kantien. Chez Hegel, l'être dans son mouvement se transfigure en un devenir restituable dans une dialectique spéculative. Pour Schelling, il s'agit de penser comment et à quelles conditions l'absolu pourra s'historiciser dans des figures dérivées restituables dans une narration, en tout cas aussi longtemps que le projet des *Âges du monde* pourra se soutenir. Qu'est ce *Wesen* qui entre dynamiquement en scène dès les premières lignes des *Âges* ? C'est un « être » dans quoi la science désormais a à s'exposer. C'est un être « vivant » et « effectif » qui désigne une expansivité, tout autre chose donc que l'« essence » de la vieille science. Pourquoi Schelling ne dit-il pas ici *Sein* ? Parce que, comme il l'explique dans la version de 1815, l'être comme *Sein* ou *Seyn*, c'est être pour soi dans son propre : *Seyn ist Seinheit, Eigenheit, Absonderung* (*SW*, VIII, 210). On notera qu'en rapportant l'être à la sienneté la plus propre et la plus séparée, opposée à « l'amour », Schelling dit d'avance quelque chose que notera Kafka dans son *Journal*, à savoir qu'en allemand le verbe être, *sein*, et l'adjectif possessif qui désigne le sien, *sein*, sont un seul et même mot. Cet être-à-soi, cet être-propre, ne saurait donc qualifier la dynamicité expansive et vivante qu'il s'agit ici de retrouver et de décrire, ce *Wesen* que la science, le savoir, ont à restituer sous une forme ou une autre. Cette dynamique du *Wesen* ne désigne nullement, par conséquent, une quête de l'essence intelligible des étants dans les arrière-mondes de l'effectivité. Elle s'inscrit dans l'histoire de la philosophie la plus récente en Allemagne. Schelling en détermine l'acquis comme une « objectivité quant à la matière » (12, 133) ou « quant à l'objet » (*SW*, VIII, 200). L'idéalisme ne se sera accompli, via la

1. Dans la suite du texte, nous indiquerons entre parenthèses la pagination des *Âges* dans la traduction de P. David, Paris, P.U.F., 1992, et selon leur succession chronologique (1811 et 1813 et, s'il y a lieu, 1815 dans le volume VIII des *Sämtliche Werke* (pour davantage de précisions sur ces points, cf. *infra*, p. 23).

philosophie de l'identité en particulier, en tant qu'unité du réel et de l'idéal, que comme dépassement de la subjectivité transcendantale. Philosopher dans ce sillage (et comment faire autrement !) requiert certainement la recherche d'une « forme » adaptée à « l'objectivité » désormais conquise. Car on ne saurait se contenter d'une vision de l'effectivité ou de l'absolu qui se substituerait à la scission de la conscience ou du Moi fichtéen comme acte de séparation originaire : *wir leben nicht im Schauen* (16).

Cette *objectivité quant à la matière*, c'est ce que Schelling, croyant demeurer dans une certaine continuité par rapport à sa philosophie antérieure, détermine désormais comme la vie de l'absolu. L'enjeu méthodologique et épistémologique des *Âges* (12) est de parvenir à une « objectivité quant à la forme », c'est-à-dire d'inventer un mode d'exposition philosophique adéquat à son objet ou à sa matière, à savoir le « récit », la narration. La philosophie narrative en esquisse, au moins, le programme. Elle devra être à même de raconter la vie de l'absolu. La narrativité comme « forme » pourrait seule raconter et restituer la dynamique du *Wesen*, lui donner son relief philosophique singulier et en ressaisir la liaison avec *la vie de l'absolu qui est en nous*, comme dit souvent Schelling.

§ 2

SAVOIR RACONTER

Je reviendrai sur le *Wesen* et sur son amplification intrinsèque en *Urwesen*, que « nul autre ne précède » et qui est « le plus ancien des Êtres » (11).

Avant le *Wesen*, le *Wissen* : qu'en est-il de ce savoir du passé (l'expression valant quasiment tautologie pour Schelling ou, plus tard, pour un Rosenzweig par exemple) qu'il faudrait désormais exhausser jusqu'à la forme du récit vivant ?

D'abord, savoir, ici, se distingue de connaître, *erkennen* comme mode d'accès temporalisé au présent, à l'actualité comme passé actualisé. Connaître, c'est presque re-connaître, *erkennen* est plus actif que *kennen*. Hegel le dit parfaitement dans une brève dédicace de sa main, ajoutée à un portrait dessiné de lui [1] : « *unsere Kenntnis soll Erkenntnis werden – wer mich kennt wird mich hier erkennen* ». La connaissance (*Erkenntnis*) doit constituer une transformation, au sens de l'essai transformé au rugby, de la simple connaissance immédiate ; l'allemand y ajoute encore *anerkennen*, la reconnaissance dans un sens relationnel, dans l'ordre du partage des figures sociales. « Qui me connaît de loin, de vue, passivement, me (re-)connaîtra dans ce portrait de façon plus propre et plus intime ». Le connaître-*erkennen* suppose un au-delà de la simple prise de ce qui est là, *kennen*. On doit prendre connaissance (*Kenntnis nehmen*) ou prendre acte, comme dit le français, de quelque chose avant d'en produire une connaissance. Autrement dit : il faut *savoir l'histoire* de ce qui est là et qui a une histoire puisqu'il est là avant que je puisse le connaître, avant d'en produire

1. « Porträt Hegels mit Widmung », in *Philosophenbilder*, Bâle, K. Thieme, 1952.

une connaissance présente et vivante. Il faut qu'un objet ait eu une genèse et qu'il soit génétiquement saisissable, retraçable, pour qu'une connaissance en révèle la présence pleine et mondaine [1].

La distinction inaugurale du savoir-du-passé et du connaître-le-présent fonctionne comme une réminiscence détournée, par Böhme, de Kant. Celui-ci, on le sait, établit une différence entre *erkennen* et *denken*, entre *connaître* en tant qu'opération de l'entendement qui consiste à constituer selon sa faculté et ses règles les phénomènes, et *penser* qui consiste pour la raison à unifier les règles de l'entendement. La raison pense, et ses Idées sont comme des substituts ou des analogues d'une connaissance de l'absolu, de l'inconditionné, lequel ne se peut connaître, d'où les antinomies. Le défi de l'idéalisme, et sa position de fond, comme je le disais, consiste à penser les choses (*die Dinge*) dans l'absolu (*das Unbedingte*) et l'absolu dans les choses.

La différence du savoir et du connaître, dans les *Âges*, soit du mode d'accès au passé et du mode présent, ne recoupe en aucune façon la doctrine kantienne des Idées de la raison, mais elle y fait fond et elle se formule en s'enlevant sur ce fond de la distinction kantienne. On pourrait, sans encore être en état de développer l'argument, rapporter la triple équivalence sérielle des *Âges* et l'inférence du savoir au passé, à un fameux énoncé des *Leçons d'Erlangen* (1821): «penser, c'est renoncer au savoir» [2]. Il y a une dimension existentielle et temporelle de ce penser qui renonce à tout savoir objectal et s'en libère après y avoir séjourné, après y être passé et avant de s'en ex-centrer définitivement. Analogiquement au moins, penser ne se peut que comme décision qui tranche avec le passé, comme surmontement d'une crise : tel est le lien entre les *Âges*, sur le point de la décision tranchée, nous y reviendrons, et les *Leçons*, sur le point du penser. Ne «pense» et ne «décide» que celui qui est «capable de s'opposer à son passé» (22, 143). Ce penser qui renonce au savoir est un penser *dé-lié*, extasié vers une présence exposée. Si le savoir, au contraire,

1. *Cf.* F. Rosenzweig, *L'Etoile de la rédemption*, Paris, Seuil, 2003, p. 191 : «tous les concepts pour embrasser la réalité universellement tendent à adopter la forme du passé (...) le concept de "fondement", la "cause", l' "origine", le "pré-supposé", l' "*a priori*" : chaque fois le monde est projeté dans le passé pour devenir connaissable ». J'ajoute que pour Rosenzweig, les notions même de « genèse » (création) et de révélation sont des catégories du temps, des modes de représentation et d'expérience de la temporalité, en l'occurrence du passé pour la première et du présent pour la seconde.

2. *SW*, IX, p. 235 ; *OM*, p. 295.

est *lié*[1], il est lié au passé, lié par le passé de la formation même de ses objets.

De quelle nature est cette liaison ? Le savoir vise toujours un ensemble de faits passés, constitués dans une trajectoire partie du passé et qu'il ramène à soi – telle est sa condition de possibilité. Si le passé est su, s'il est objet d'un savoir, pourquoi ce qui est su a-t-il à être « raconté » (*das Gewusste wird erzählt*) ? Ce point est capital. Il ne désigne pas seulement une distinction spéculative qui ferait la différence spécifique des *Âges*. Il condense et énonce le programme philosophique schellingien tout entier, lequel aboutira à la philosophie positive comme relai de la philosophie narrative. Il est notable que ce qu'il est désormais convenu, trop convenu, d'appeler « l'échec » des *Âges du monde*, pourrait, d'une certaine façon, se décrire comme l'enrayement dans un savoir. Le premier livre, l'unique jamais écrit, le Livre du Passé, est le seul qui puisse se déployer dans l'élément d'un savoir, c'est-à-dire qu'il est censé emporter comme sa modalité la plus propre un récit ou une narration dont Schelling explique en même temps que « cela s'est avéré ou s'avère jusqu'à présent impossible » (12, 134). Les *Âges*, tout au moins leur premier livre, se tiennent dans cet impossible, c'est-à-dire dans une sorte d'interrègne où la narration ne peut que s'expérimenter philosophiquement dans une écriture interminable, sans véritablement aboutir à une forme stabilisée, comme pourra l'être la dialectique spéculative hégélienne, authentique concurrente de la philosophie narrative. La philosophie positive entendra tirer la leçon de ce « grandiose échec » dont parle Heidegger. Schelling aura ainsi cheminé vers une *pensée,* laquelle, en tant qu'elle est renoncement à la simple récapitulation du passé, ne se réduira jamais à une capitulation devant le passé su. La philosophie positive, d'une certaine manière, est ce renoncement au savoir mais en tant qu'il est lui-même su, ayant longuement transité par ses prestigieuses avenues, jusqu'à l'extase de la raison que le projet de philosophie narrative porte en germe.

1. *Ibid.*, p. 295.

§ 3

MONSIEUR TEST [1]

On comprend dès lors pourquoi les *Âges du monde* ont fini par constituer un « texte » quasiment mythique de l'histoire de la philosophie allemande, à la réputation énigmatique, obscure, étrange. Un historien de la philosophie normalement constitué, surtout s'il se souvient de Hegel et de « la nuit où tous les chats sont gris » et toutes les vaches noires, n'y verra peut-être, aujourd'hui encore, qu'un objet insaisissable. Je viens de parler d'un « texte » entre guillemets. C'est que les *Âges*, je l'ai brièvement indiqué, ne forment pas un texte régulièrement tissé avant la mise en circulation et en communication que lui prêtera sa publication. Son statut « impossible », c'est-à-dire narratif, en font *une suite*, au sens musical, de projets se reprenant et se déprenant, auto-effectuant une écriture emportée loin de soi, déportée de ses intentions signifiantes, toujours en train de s'éprouver elle-même, et d'éprouver ses failles dans l'astreinte de ce qu'elle a à dire. Sans cesse, elle s'excède et déborde cela même qu'elle est

1. Je me permets de jouer avec le nom du célèbre personnage fictif de Valéry. D'une part parce que Schelling n'a cessé de tester des concepts. D'autre part parce que Valéry, notamment dans sa préface à l'édition anglaise de la *Soirée avec Monsieur Teste*, atteste une affinité élective, insue de lui, avec quelque chose du projet des *Âges* : « les résultats en général, et par conséquent les œuvres, m'importaient beaucoup moins que l'énergie de l'ouvrier – substance des choses qu'il espère. Ceci prouve que la théologie se retrouve un peu partout (...). Qui sait si la plupart de ces pensées prodigieuses (...) ne sont point des monstres psychologiques, des *Idées Monstres* (...). Donner idée d'un tel monstre, en peindre les dehors et les moeurs, esquisser du moins un Hippogriffe, une Chimère, exige (...) la création d'un langage forcé, parfois énergiquement abstrait ». Je renvoie le lecteur à l'ensemble du texte, composite et énigmatique lui aussi, de Valéry, *Monsieur Teste*, Paris, Gallimard, 1988.

en train de dire et d'écrire, elle défait ses propres dits et redits, elle recompose ses paysages conceptuels comme autant de rideaux de scène toujours différents, toujours étrangement familiers aussi – cela, c'est le mouvement même, le style en quelque sorte des *Âges*. Mais il faut d'emblée rappeler que toute la philosophie de Schelling, ou presque, depuis ses textes de prime jeunesse jusqu'aux dernières moutures de sa philosophie positive, consiste en une épreuve infatigable, en *une expérimentation continue des concepts*. Elle les emprunte à d'autres, les tord, elle en invente de nouveaux, en quantité, les abandonne, les récupère et en force les contenus (la sinueuse trajectoire de la « doctrine des puissances » dans la longue durée de l'œuvre le montre à l'envi [1]).

Les *Âges*, en raison de leur stratigraphie désordonnée aux yeux d'un curieux non prévenu et aussi de leur histoire singulière, est un texte longtemps resté peu lu – et peut-être le demeure-t-il encore : prestigieux aux yeux de certains, sulfureux à cause de ses présumées accointances théologiques ou théosophiques, lu par un petit nombre. Cela n'a pas empêché une secrète ou patente efficience, une trace continue qui ne s'est jamais démentie – parce qu'il a été médité et approché avec plus ou moins de profondeur par les plus grands. On en voit les effets chez des auteurs majeurs du XXe siècle. C'est patent chez Bloch, chez Rosenzweig, chez Heidegger, chez Habermas qui, après avoir consacré sa thèse à Schelling, en a fait une lecture pénétrante en montrant la profonde parenté entre la théogonie mystique des *Âges* et le matérialisme de Marx. Ajoutons que Schelling anticipe par bien des aspects telle ou telle tendance de la pensée contemporaine dans son effort pour avoir rapport critique à l'héritage idéaliste de la modernité, mais aussi telle ou telle découverte post-idéaliste, tel ou tel problème proprement contemporain [2]. En vrac : l'ouverture de la pensée à son autre ou à ses autres par-delà la simple mise en jeu, ou en mouvement, dialectique, de la différence ; l'efficience d'un fond obscur de la raison et de l'histoire qui pose et impose la question de la violence et du mal ; la relation complexe de la raison à l'existence dont toute la dernière philosophie (mais on en trouverait des signes dès le début de la carrière philosophique de Schelling) est une interrogation, l'une, l'existence, adressant à l'autre, la raison, l'objection majeure de ses limites ; l'excès par rapport à tout sens constitué, la question du sens de la destitution du sens en quelque sorte ; la détermination d'une structure inconsciente de la pensée,

1. Cf. *infra*, « Annexe », p. 173.

2. Un colloque international s'est penché sur « les postérités de la philosophie » de Schelling (Strasbourg, janvier 2012), actes à paraître dans les *Schelling-Studien*.

voire d'un inconscient de la philosophie dont la « totalité » constituerait le symptôme majeur ; l'esquisse d'une phénoménologie de la conscience intime du temps – on pourrait continuer longtemps, mais l'inventaire en tant que tel, dans sa litanie abstraite et pauvre, est de peu d'intérêt. Il signale simplement que la philosophie schellingienne, la « dernière » philosophie, comme on dit, mais qu'on peut faire remonter loin en arrière jusqu'aux prodromes de la « médiane », se dispose pour nous dans un jaillissement intarissable, une inventivité si profuse qu'elle finit par la rendre incernable.

Les *Âges*, les textes et les morceaux qui s'y ajointent dans la discontinuité, peu lus, je l'ai dit, n'en sont pas moins cependant très connus. Nul n'en ignore l'existence, ni le titre quelque peu impénétrable, ni l'auteur, quoique les destinées philosophiques de Schelling soient elles-mêmes brouillées, discutées, point tout à fait consacrées. Ce quasi-paradoxe tient aussi à l'histoire matérielle des *Âges*. Ils se présentent à leur lecteur comme une sorte d'inédit à jamais inédit, impubliable sans un luxe de précautions critiques, de notes, d'observations, voire de directives. La forme majeure dans laquelle on en dispose aujourd'hui, distribuée dans les trois versions successives de 1811, 1813 et 1815, oblige pratiquemment à une lecture fragmentée et interrompue, reprise et reprisée, attentive aux répétitions, aux petites différences et aux grandes harmoniques. Conscient de cette inconstitution rétive à l'impression, Schelling a finalement choisi, après mille velléités, de ne pas les publier. Est-ce à proprement parler un choix ? Il ne faut pas oublier qu'il n'y renonce que tardivement et à contre-cœur. Dans une lettre adressée au roi Louis I de Bavière en date du 11 juillet 1827, après sa nomination à Munich, il en évoque encore la possibilité : « *Afin de caractériser le commencement de mon travail aussi comme le point de pivotement de toute ma vie intellectuelle et scientifique, j'ai décidé d'exposer pour la première fois dès le prochain hiver sous le titre "les Âges du monde", le contenu d'une œuvre depuis longtemps attendue* ». Il intitule en conséquence « système des âges du monde » les cours qu'il donne à Munich, devant un public nombreux et empressé. Et il faut attendre 1830 pour que ce titre générique disparaisse complètement de ses programmes d'enseignement. C'est que les *Âges* sont à ses yeux un « *enfant de l'amour* » [1] et le demeureront très longtemps. Il faut aussi ajouter que cette rétention un peu obsessive, cette aversion du définitif et de l'achevé est

1. « *Von dem Werk* die Weltalter *kann ich mich immer noch nicht trennen. Es ist ein Kind der Liebe, das ich gern Jahre pflegte* », *Schelling und Cotta. Briefwechsel 1803-1848*, Stuttgart, 1965, éd. H. Fuhrmans et L. Lohrer, p. 56. Cette correspondance avec Cotta constitue une source primordiale d'information sur l'élaboration des *Âges*.

chez Schelling récurrente et typique. De 1812 à sa mort, en 1854, il ne publie à peu près rien : l'opuscule sur les *Divinités de Samothrace*, la *Préface à Cousin*, quelques comptes-rendus et communications académiques.

« Phobie de l'imprimé » a-t-on pu dire [1] ! La dernière philosophie par exemple, révélation et mythologie, se compose exclusivement de cours et de conférences donnés pendant quelque vingt-cinq ans, répétés dans un temps mental propre et singulier qui valut à Schelling quelques railleries d'auditeurs plus ou moins bien intentionnés [2]. Pourquoi cette « phobie de l'imprimé », du publié, pourquoi l'incessant diffèrement de la forme achevée ? Parce que l'auteur des *Âges* a toujours plus à dire qu'il ne dit ou n'écrit. Il pense au-delà de ce qui, de sa pensée en déploiement, se forme et se fixe. « Plus on écrit, moins on pense », dit Monsieur Teste. Ce qui ne veut pas dire qu'il faille cesser d'écrire pour bien penser. Mais toute la question est alors de savoir où et comment *s'arrêter*. Comment se rendre à la nécessité de l'arrêt écrit et en quels points décisifs ?

1. Xavier Tilliette, *Schelling. Une philosophie en devenir*, II, Paris, Vrin, 1992, 2e éd., p. 14.

2. Arnold Ruge évoque les « feuillets jaunis » manipulés par Schelling pendant ses cours, dans X. Tilliette, *Schelling*, *op.cit.*, p. 21. Il s'en suit évidemment toutes sortes de problèmes de datation car Schelling ne cesse de remanier les manuscrits de ses cours, de les sélectionner et de les harmoniser en vue d'une édition qui ne verra le jour qu'après sa mort.

§ 4

LE CHANTIER, L'OUVRIER

À coup sûr, cette « phobie » n'a pas peu contribué à la destinée oblique de cette pensée, de sa réception, de ses suspens. Quelques mots sur l'histoire éditoriale des *Âges*, requis pour ne pas méconnaître qu'on n'a nullement à faire à une « œuvre », c'est-à-dire à un texte construit dans un mouvement continu d'écriture, reçu, travaillé, interprétable comme tel – comme peut l'être la *Phénoménologie de l'Esprit* ou encore les textes du premier Schelling, le *Système de l'Idéalisme transcendantal* par exemple. On est plutôt confronté à un témoignage de pensée, à l'attestation de « l'énergie de l'ouvrier – substance de ce qu'il espère » (Valéry). Tous les commentateurs y ont insisté : les fragments des *Âges* se présentent à l'état de *chantier*, le chantier de la dernière philosophie, selon X. Tilliette – laquelle n'est elle-même qu'une exposition en incessante modification, un *work in progress*. Tout s'y trouve, et même ce qui ne se trouvera plus ensuite, mais en un abandon prometteur, en un chaos appelant à la reconnaissance en lui d'un parcours celé mais cohérent. Le chantier des *Âges* n'est pas simplement la première disposition d'un édifice à venir, il s'édifie lui-même dans sa temporalité narrative éclatée en se destinant propulsivement à un avenir qui, en bonne part, le destituera. C'est un chantier sauvage. Les versions dites primitives (*Urfassungen*) du texte dont nous disposons n'ont été publiées en allemand qu'en 1946 par Manfred Schröter. Il ne faut pas croire qu'on aurait là, avec ces fragments et brouillons, l'ensemble du dossier, l'aire arrêtée du chantier. De très nombeuses autres variantes et versions, des ébauches et des réécritures se trouvaient avec ces *Urfassungen* dans le *Nachlass* de Munich, c'est-à-dire dans les papiers de Schelling – mais elles ont été détruites dans l'incendie de la Bibliothèque universitaire de la ville au cours d'un bombardement en juillet 1944. Une nouvelle édition des œuvres complètes par l'Académie des Sciences de Bavière -dont Schelling fut jadis le président – est en cours de réalisation, dont une dizaine de volumes a paru sur les quatre-vingt prévus. Confrontés à la question du temps et comme pour y parer [1], ses responsables ont publié dans une édition séparée et sans attendre l'échéance chronologique, de nouveaux manuscrits et de nouvelles notes accumulés par Schelling pour les *Âges du Monde*, les deux volumes des *Weltalter-Fragmente* [2]. Ces deux volumes des *Schellingiana* ajoutent au caractère mouvant, et limité, de notre texte de référence. Ce qui nous y est donné à lire, ce sont des restes, des vestiges d'un immense chantier, les trois versions ou les trois couches d'un palimpseste – mot qui va très bien à Schelling : dans sa Préface à la traduction française de *Clara*, J.-F. Marquet parle même de ses « amours palimpsestes ». Son auteur y aura vu pourtant, et longtemps, l'œuvre de sa vie, ne renonçant que très difficilement au projet d'une sorte de *Gesamtwerk* philosophique qui, prenant la relève du spinozisme de sa philosophie de la Nature et du transcendantalisme de sa philosophie de l'Identité, inaugurerait véritablement une ère nouvelle de la philosophie. Car il ne s'agit pas seulement pour lui d'indiquer de nouveaux contenus, de nouveaux objets, mais une nouvelle voie à la philosophie, une nouvelle façon de philosopher, une nouvelle pratique, un nouvel exercice – que la « narration » tente déjà d'effectuer et que la dernière philosophie s'efforce d'accomplir autrement.

L'œuvre, à la fois interrompue et incessament reprise, interrompue à force d'être sans cesse reprise, constamment désœuvrée par son ouvrier même, devait contenir, selon le plan original de Schelling, trois livres (passé, présent, avenir). Schelling n'aura plus ou moins mené à bien, ou jusqu'à « l'échec », que le premier, le Livre du Passé, sous les trois ébauches auxquelles je me réfèrerai, les versions restantes de 1811,1813 et 1815.

Les deux premières sont contenues dans les *Fragmente* édités par Manfred Schröter en 1946 (Biederstein Verlag und Leibniz Verlag,

1. Au rythme actuel, la tâche devrait être achevée en 2075 !

2. *Schellingiana* 13, 1 et 2, Stuttgart-Bad-Cannstatt, Fromann-Holzboog, 2002. Il s'agit de textes prélevés sur le *Nachlass* berlinois, un fond où l'on trouve des lettres, des journaux (les *Jahreskalender*) et des documents de l'enfance et de la période étudiante de la vie de Schelling. Les manuscrits préparatoires des *Âges* en constituent cependant la partie la plus importante quantitativement. Je renvoie également à Lanfranconi, *Krisis*, *op. cit.*, p. 82-83, où six strates différentes des *Weltalter* sont distinguées, de la version de 1811 à la copie Helmes des leçons de Munich de 1832-1833.

Munich) qui les a augmentées de projets en vue du premier et du second livre (Munich, Beck, 1966). Ce volume a été traduit en français par B. Vancamp en 1988 (Bruxelles, Ousia, 1988, avec une préface de M. Richir) puis par P. David en 1992 (Paris, P.U.F., avec une postface du traducteur). Comme je l'ai dit plus haut, c'est à cette dernière traduction que je me rapporterai sauf rares exceptions en en indiquant la pagination entre parenthèses (la pagination de l'édition originale y est indiquée et je ne la répèterai donc pas). Elle est d'une manipulation plus aisée et reprend intégralement l'édition Schröter de 1946 (à la toute petite exception d'un fragment de trois pages qui était destiné à compléter le *Clara*, un dialogue écrit par Schelling en 1810 ou 1811, sous le coup de la disparition de sa femme Caroline, et qu'il recommanda de détruire après sa mort). Le volume des P.U.F. comprend en particulier les brouillons destinés au livre II (que Vancamp trouve trop incohérents et qu'il exclut donc de sa traduction) La troisième version, celle de 1815, se trouve dans le volume VIII des *Sämtliche Werke*, et a été traduite en 1949 par S. Jankélévitch et, en 2012, chez Vrin, par P. Cerutti. D'autres fragments des *Âges* ont été édités dans les *Schellingiana* 13.1 et 13.2 déjà mentionnés (Stuttgart-Bad Cannstatt, Fromann-Holzboog, 2002, hrgb. K. Grotsch). Je n'entrerai pas ici, sauf nécessité, sur la question de savoir quelle version peut ou doit être privilégiée. X. Tilliette (*Une philosophie en devenir*, éd. cit., I, 587) évoque par exemple la « rédaction claire » de 1813, encadrée par les « textes obscurs » de 1811 et de 1815 (ce qui se discute, au moins pour le texte de 1811). Pour J.-F. Marquet, (*Liberté et existence*, Paris, Gallimard, 1973, p. 491), la dernière version, celle de 1815, lève et même résout ce qu'il appelle les « paradoxes insolubles » des deux premières, s'agissant de la question du vouloir, de la volonté posée immédiatement comme prius, comme commencement, et qui, immédiate, serait encore et toujours en attente de quelque chose qui la veuille, cette volonté. Sur le point crucial du temps et de la temporalité, je précise que je me rapporterai essentiellement aux versions de 1811 et 1813, et plus particulièrement à la première qui en comporte les analyses les plus développées.

Avec nos trois versions, les brouillons qui les accompagnent, la masse des matériaux négligés, l'impossibilité de tout ajointer ou d'harmoniser entre elles les variations musicales du « texte » en les ordonnant véritablement, même rhapsodiquement, nous nous trouvons devant une « épopée immense et écroulée » (Marquet), une « haute ruine » (Tilliette), « un monument sans architecte, dont il n'y a de plan nulle part, et qui se serait érigé, d'entrée et pour toujours, comme un champ de *ruines*. Non pas à l'exemple de ces ruines artificielles qu'affectionnait tant le XVIIIe siècle, mais précisément, sans image préétablie, comme des fragments d'un introuvable corps baroque, dispersés par les mouvements d'un esprit qui vise à retourner à son *état sauvage* » (Richir [1]). La « haute ruine » des *Âges*, en effet, n'évoque guère la peinture d'Hubert Robert, par exemple, ces ruines imaginaires, ces sites réels imaginés en ruines, la grande galerie du Louvre ou le pont du Gard, avec des mises en perspectives et une véritable scénographie du temps qui aurait érodé la beauté des palais et des œuvres humaines. La « haute ruine » schellingienne suscite moins la mélancolie qu'un saisissement teinté d'effroi. Elle ferait plutôt songer aux palais d'Angkor, grandioses, sauvages, à la fois puissamment *effectifs* puisqu'ils sont là, devant nous, excédant toute représentation que s'en ferait une imagination éthérée, et irrémédiablement *engloutis* dans un passé qui, lui aussi, est là, sous nos yeux. Le chantier des *Âges* dresse un monument du passé immémorial à même le corps philosophique du présent, suscitant un désir d'exploration recommencée plutôt que la méditation nostalgique. Comme si jamais on n'en pourra achever la fouille car d'innombrables pistes traversières passent et repassent dans ce paysage désordonné. La métaphore topologique à laquelle recourent les commentateurs pour décrire le « chantier » se signifie continûment à travers et par le style philosophique des *Âges*, l'ensauvagement par les « Idées Monstres » (Valéry), ces *monstra per excessum* qu'il dispose et dépose sans cesse, dans les retranscriptions symboliques d'un intraduisible Rêve divin dans la langue d'arrivée de la philosophie.

Il y a là un désir de se porter jusqu'à l'archi-origine sauvage de la pensée elle-même, une obsession du commencement qui n'a jamais quitté Schelling et qui, dans les trois modulations temporelles des *Âges*, se marque dans l'entrelacs très singulier d'une théorie du savoir et d'une herméneutique de la temporalité. Cette position s'explique par l'effort continué de Schelling pour penser la possibilité de formes épistémiques dans lesquelles le temps et l'histoire pourraient être connus et exposés, et ceci en se démarquant de l'idéalisme spéculatif et de ses constructions, c'est-à-dire en ne réduisant jamais la connaissance à un savoir articulé en simples concepts. Il lui faut donc chercher des modes d'accès au temps qui vont déterminer des formes d'exposition de ces accès. Tel est le programme des premières lignes de notre texte que nous avons commencé de commenter plus haut. Il se donne comme une grandiose expérience de pensée, un Test, un *Denkexperiment*, « une sorte d'entraînement à cette

1. Préface à la traduction Vancamp, *op. cit.*, p. 7.

future exposition objective de la science » (19, 141) dont on verra qu'il tient en une temporalisation sans limite du connaître.

Le caractère massif, végétal, enchevêtré de ce qui nous reste des *Âges du monde* pose évidemment un problème d'exposition considérable. Face à « cette forêt de variantes multiples, turbulente et désordonnée parce qu'elle abonde en reflets et en interpolations » [1], nous ne disposons ni de « plan » « pré-établi » ni de projet d'investissement des Idées Monstres : « il y a dans ce texte les ambiguïtés du génie, c'est-à-dire quelque chose de *monstrueux*, de profondément humain et de presque inhumain, avec lequel il y a fort à parier que nous ne pourrons pas faire grand-chose de plus que Schelling lui-même » (Richir [2]). On pourra sans doute en isoler et en analyser des segments et des séquences, comme les parties partiellement répertoriables d'un site. Mais du point de vue de la méthode, de l'ordre et de la structure du commentaire, la difficulté est entière. Toute lecture juxtalinéaire est impossible puisque nous n'avons pas affaire à un ouvrage avec un début, un milieu et une fin, comme disait Godard des films qui n'étaient pas les siens. Les fragments des *Âges* ont été sans cesse réécrits. Ils sont lacunaires pour des raisons à la fois externes (toutes les parties détruites et perdues) et internes (l'impossibilité de faire de ces parties un tout articulé selon des procédures conceptuelles).

Nous privilégierons un axe, nous cheminerons sur une piste traversière qui, peut-être, couperait plus ou moins droit dans ce site angkorien : la doctrine du temps. Il y a chez Schelling une réhabilitation du temps inaugurale dans l'histoire de la philosophie moderne. Elle le conduira continûment, jusque dans sa dernière philosophie, à envisager toutes choses en termes de temps, d'instant et d'éternité et entraînera sans cesse toutes ses vues et toutes ses positions vers la perspective ou la reprise temporelle, c'est-à-dire vers une philosophie de l'événement, une philosophie de ce qui advient dans le concept lui-même, et au concept, une pensée de l'histoire qui serait elle-même *historique au sens propre* (15, 137). Qu'est-ce à dire ? Pareille philosophie ne vise pas la connaissance de « tout ce qui s'est passé » (*id.*), des événements qui ponctuent le passé et l'égrènent, mais des structures de l'historicité en elle-même en tant que temporalisation du temps.

1. C'est par ces mots que Borgès décrit son livre *L'auteur et autres textes*, Paris, Gallimard, 1982, p. 215.

2. Préface à la traduction Vancamp, *op. cit.*, p. 7.

§ 5

QU'EST-CE QU'UNE HISTOIRE ?

Si « tout ce qui est su » est « objet de récit » (14, 136) et si tout savoir, en tant que savoir du passé, devra se renoncer au profit d'une pensée qui, justement, ne soit pas simplement sachante ou savante, mais à proprement parler pensante, quel est le but prospectif d'un philosophe dont la « tâche ne différerait pas de celle de tout autre historien » (14, 136) ? L'argument schellingien comporte deux scansions. L'une est explicite et concerne l'objectivité quant à la matière : tout savoir se rapporte à un objet déjà constitué et détient, à ce titre, une dimension génétique et, plus précisément encore, temporelle. L'autre se soutient d'une dynamique dont on repère les effets sur toute la période « médiane » du « système des âges du monde » : ce savoir, depuis quelles structures et quelles modalités doit-il se mettre en place ? À cette question, Schelling répond selon le dédoublement temporel de l'objectivité quant à la forme et quant à la matière, dans l'écart du « jusqu'à présent » et de l'avenir (12, 134), de « l'impossible » et de la forme-recherche, du « narrateur à venir » (19) dont l'Introduction des *Âges* se veut « l'annonciation » (141) et de la dialectique. Cette *structure prophétique de la philosophie* commandera d'ailleurs le schéma des deux philosophies « négative » et « positive », logique et historique. J'en donne un simple exemple (par ailleurs significatif car Platon est très présent dans les *Âges*) que j'extrais de l'*Introduction de Berlin* : « Dans le *Timée* nous voyons Platon devenir historique et faire une percée, qui à vrai dire ne va pas sans violence, dans le domaine du positif (...). Il y a là davantage rupture avec ce qui précède (à savoir le dialectique) que passage au positif.

Cette positivité n'est encore pour Socrate et Platon qu'à venir, ils ne s'y rapportent l'un et l'autre que de façon prophétique »[1]. Le narratif, dans les *Âges*, s'annonce déjà comme l'au-delà de la dialectique, encore « impossible » et pourtant déjà à demi effectif : état intermédiaire, état de « lutte » qui commande d'en « passer » encore par les vieilles formes tant que subsistent les différences « entre le monde de la pensée et celui de la réalité effective » (19, 141). Deux points doivent alors être élucidés. Je reviendrai, dans les paragraphes qui suivent sur le premier, qui en constitue le principe, à savoir « le véritable secret du philosophe » (13, 136). Mais il faut commencer par comprendre la signification et l'enjeu de cette philosophie à venir qu'est la philosophie narrative, et en entendre le plus simplement possible le sens obvie. Une philosophie narrative doit raconter une histoire puisque le philosophe est « un historien comme un autre ». L'histoire de quoi ? On s'en doute : l'histoire du « vivant des origines », de l'Être que nul ne précède puisqu'il est le plus vieux de tous. Lourde réponse qui requiert une très longue investigation – celle-là même des *Âges*, du début à la fin. Mais d'abord : qu'est-ce c'est qu'une histoire ?

Schelling pense le mot d'histoire en gardant sans cesse en tête son étymologie grecque, ce qui est très marqué dans la version de 1813 (133, 136), autant que la mémoire du grand ouvrage d'Hérodote. *Istoria* signifie enquête, recherche, exploration et narration de faits passés, s'agissant d'un peuple ou d'une personne. Au fragment 35, et sans préjuger de son interprétation dès lors qu'on la rapporterait à la polymathie, Héraclite dit que les philosophes doivent être savants (*istoras*) en de multiples choses. Les philosophes auraient donc vocation à se faire *les historiens des choses* et le savoir philosophique à en consigner les éléments. Dans une note de son *Journal* de septembre 1813, Schelling écrit que les *Âges du monde* sont un système des temps et il ajoute : « je l'ai appelé Âges du monde. Pourquoi ? Que cherche la philosophie depuis toujours ? La science l'histoire (*Wissenschaft Historie*) »[2]. « La véritable science (*istoria*) » (136). Cette science, en l'état où la prend Schelling en s'en faisant le strict contemporain, est en « crise » et la bifurcation se joue au carrefour du narratif (*Historie*) et du dialectique. L'effort aura donc à se porter sur la tâche d'une mise en adéquation et sous tension de la « matière », déjà

1. *Philosophie de la révélation*, Livre I, Paris, P.U.F., 1989, trad. fr. Marquet & Courtine, p. 123.

2. *Philosophische Entwürfe und Tagebücher : 1809-1813 : Philosophie der Freiheit und der Weltalter*, éd. Lothar Knatz, Hans Jörg Sandkühler, Martin Schraven, Hambourg, Meiner, 1994, p. 295.

historicisée ou dynamisée grâce à l'idéalisme post-kantien, et de la « forme » encore introuvable qui lui correspondrait : « le présent écrit [les *Âges*] s'efforcera de justifier ces perspectives ... [en] une sorte d'entraînement à cette future exposition objective [narrative] de la science » (19, 141). La tâche est immense, mais l'effort, l'exercice d'entraînement, consiste, dès à présent, à « revenir à la simplicité de l'histoire » (18, 140).

Que veut dire Schelling ? Quelque chose de très simple, justement, aussi simple qu'une histoire qu'on raconte. Mais le simple est le plus difficile, comme souvent en philosophie, et dans les *Âges* il donne lieu à cet ensauvagement des concepts dans des « Idées Monstres » dont on a parlé. Deux traits majeurs de cette « simplicité », épistémologique et méthodologique, doivent être relevés : la « popularité » d'un style, d'une écriture, laquelle « viendra d'elle-même » (19, 141) et l'anthropo-logie/-morphie/-noèse qui permettra que « plus nous prendrons toute chose humainement et plus nous pourrons nourrir l'espoir de nous approcher de l'histoire effective » (21, 160).

Horst Furhmans [1] explique que les *Âges du monde*, dans l'esprit de leur auteur, avaient vocation à devenir le Grand Livre, la Bible de « l'idéalisme » qui en aurait ramassé la quintessence, non seulement pour les savants et les philosophes de son temps, mais en cette œuvre totale de l'Esprit dont j'ai parlé plus haut, une sorte de *Faust* ou de *Divine comédie* de la philosophie. « Un homme conçut le démesuré / Projet d'écrire un livre où l'univers / Serait dénombré », raconte Borgès dans son poème *La lune*, ce qui se solde ainsi : « On perd toujours l'essentiel. C'est une / Loi de toute parole sur le divin » [2]. Nous aurons maintes occasions de revenir sur cette *perte*. En tout état de cause, la « popularité » dont parle Schelling désigne un arc ou un spectre qui embrasserait « le paysan » qui « voit » les processus sans « en dissocier les moments » (16, 138), proche en cela des « contemplateurs »-théosophes (17), aussi bien que le savant-historien ou encore le philosophe. Dans un projet d'avant-propos, Schelling est très explicite sur ce point qu'il développe avec une grande vigueur. Les *Âges du monde*, écrit-il, devraient être lus « comme l'œuvre d'un auteur [totalement] inconnu (...) en prenant les mots bien connus dans le sens que leur confère la langue commune, et non dans le sens tordu que leur donne telle ou telle école ; car tous les systèmes sont d'hier, tandis que la langue du peuple, elle, est en quelque sorte de toute éternité » (229). C'est un livre idéalement anonyme que voudrait inventer Schelling, destiné à tous et non pas

1. *Schellings Philosophie der Weltalter*, Dusseldorf, Schwann, 1954, p. 192.
2. *L'auteur et autres textes*, Paris, Gallimard, 1982, p. 133.

seulement aux « micrologues » de « notre nation », soit aux philosophes, allemands, trop allemands, engagés dans « les recherches les plus ardues » (229), quand bien même il est inévitable de devoir « se plier à leurs usages » (228). L'ambition est immense. Elle va de pair avec une critique de la philosophie *comme métaphysique* dont les accents ne peuvent pas ne pas faire penser au jeune Marx. La tare foncière de la philosophie de « notre nation », laquelle aspire par ailleurs à tout autre chose, à se « régénérer », à se « refonder », à se « fortifier », à se « remettre sur pied afin de retrouver la terre ferme » (229), le vice fondamental de cette métaphysique allemande consiste à aller « de haut en bas », à se couper de la réalité, à avoir perdu « la pesanteur terrestre » (230). La métaphysique « a totalement supprimé la relation par laquelle elle se rattachait à cet élément inférieur », le terrestre. Elle s'est paradoxalement transformée en une « hyperphysique » qui est comme « une plante sans racines », tout à la fois évanescente et sans prise sur tout ce qui lui fait obstacle, contrairement à l'aigle capable de surmonter la résistance de l'air pour mieux s'élever vers le ciel (230).

Qu'il eût fallu, pour que les *Âges* fussent ce grand « livre pour tous et pour personne » de la sortie hors de la métaphysique, une transformation effective du gros œuvre du « chantier » en solide édifice n'est pas contestable. Le « grandiose échec » (Heidegger) ne saurait tenir lieu, on s'en doute, de « popularité ». Mais il faut prendre pleinement acte de tout ce que le projet des *Âges* porte de renouvellement et de refondation de toute la tradition métaphysique. Ce mot de popularité, nous y reviendrons, devra donc s'entendre programmatiquement, voire « prophétiquement », en tant qu'il qualifie langagièrement un souci, une tension, un désir d'histoire(s).

La « simplicité », à laquelle il s'associe aisément, est un motif d'une haute importance dans les *Âges*. Dans l'Introduction, la simplicité est expressément associé à l'historico-narratif. Le projet de la philosophie narrative, c'est de « revenir », comme fit le « divin Platon » lui-même selon Schelling (18, 140), de l'indispensable dialectique à la simplicité narrative de la pensée. En revenir, comme « renoncer au savoir », c'est y être passé car « l'expression », voire la parole même de la philosophie, « requiert la médiation » sous peine de mutisme (16). Cette tension continue qui s'écrit dans l'Introduction y est quasi-dramatisée dans les figures concurrentes et également respectables du théosophe et du philosophe – sauf qu'*il y a philosophie et philosophie* ! Popularité, simplicité, immédiateté sont les formes de ce « revenir »-de-et-à, de cet « en passer »-par. La question a souvent préoccupé Schelling et soulevé des interrogations plus ou moins tenues au fil d'une longue carrière de pensée, quant à la langue de la philosophie, soit pour commencer quant à la philosophie elle-même et à son nom propre, vigoureusement défendu contre Fichte ou Hegel, contre la « doctrine de la science » ou le « savoir absolu ». Narrativité, historicité, simplicité emportent des questions de langue car il y va de cette expérience du « paysan », insuffisante et précieuse, qu'on ne doit ni répéter ni perdre, de cette contemplation du théosophe qu'il ne faut ni négliger ni reproduire. Dans *Clara*, un dialogue qui s'expérimente comme une sorte de roman philosophique, au sens du *Werther* de Goethe, Schelling explique, là encore, que la philosophie doit parler la « langue du peuple » car cette langue est là depuis toujours, de toute éternité, et qu'à ce titre elle est l'expression la plus juste des choses éternelles [1]. Il suggère en outre que la langue du peuple est proche de la langue de l'échange amoureux. Si le ou la philosophe dit à l'aimé(e) sa philosophie, s'il est capable de la parler dans une langue qui n'est pas de stricte médiation, alors il doit pouvoir formaliser la communication érotique de la philosophie en langue du peuple et des choses éternelles.

Cet impératif de simplicité s'articule intimement, c'est le second trait de la narrativité relevé plus haut, au principe général, de méthode et de savoir, de l'analogie humaine, laquelle peut seule expliciter puis donner lieu à la langue du peuple. Est activement postulé par Schelling que l'homme détient une sorte de puissance, d'unicité explicative par « enveloppement » et qu'il porte en lui un « principe » extra- et supra-mondain, dont il nous faudra comprendre la nature exacte mais qui matérialise, en quelque sorte, le « lieu secret où naquit l'essence » (29), la possibilité même de sa naissance. « Qu'on nous permette de prendre les choses de façon humaine (...) Cet être extérieur et supérieur au monde qu'il faut accorder à l'homme est le lien qui le rend capable d'entrer immédiatement en rapport avec le passé le plus ancien comme avec l'avenir le plus éloigné, parce qu'il contient le temps à l'état d'enveloppement » (29, 134)

Tout comme, pour Heidegger, le *Dasein* est le seul parmi tous les étants à être à même de s'enquérir de son être de façon insigne, pour Schelling « l'homme » est la seule créature capable de remonter, par ses seules forces, jusqu'au commencement des temps. Ni le *Dasein* ni l'homme ne sont pour autant en position de centralité fondative. Ni Heidegger ni Schelling ne sont philosophiquement des humanistes, il est à peine utile de le préciser mais il faudra encore l'expliquer rigoureusement.

La simplicité, dont le « tout prendre humainement » est la maxime, est donc requise par les attendus mêmes de la construction narrative, laquelle repose dans sa nécessité à venir sur la nature même de ce qu'est le savoir,

1. *Clara*, p. 134.

soit histoire quant à ses contenus, *istoria*. S'il s'agit dès à présent de se confronter avec « l'impossible » d'une forme et de s'y « entraîner » afin que soit trouvée et pratiquée une langue philosophique à même de raconter une « matière » d'ores et déjà historique, que signifie l'historicité de cette « matière » en attente de l'historicité d'une forme adéquate ?

§ 6

« NOTRE TEMPS », SCHELLING ET HEGEL

Cette historicité nouvelle est elle-même un produit historique, l'effet d'un mouvement qui constitue l'insigne « avantage de notre temps » (11, 133). Ouvert par Kant et amplifié par l'idéalisme, ce mouvement aura emporté le passage d'une « philosophie morte » « qui cherche l'être (*Wesen*) dans des formes et des concepts » (17), « forcés » selon une « dialectique vide et terne » (15), d'une philosophie appauvrie en enchaînement plat de pensées et de notions (11, 133), à une philosophie « dynamique ». C'est d'abord la critique kantienne qui autorise ce passage et établit « l'avantage » dont bénéficient Schelling et les jeunes penseurs contemporains, Hegel, Hölderlin et d'autres. Elle a mis fin, en effet, à la vieille métaphysique d'école – ce que suggèrent explicitement les mots de l'Introduction (vide, inerte, formes plaquées, développement ou succession purement immanente). C'est également la reproblématisation spéculative de l'héritage kantien par l'idéalisme qui en aura poussé jusqu'au bout la « dynamique ».

Le projet critique entend retracer l'entreprise de la Raison dans sa volonté de comprendre. De tout temps, l'effort de la métaphysique fut un effort pour comprendre et à cet égard la philosophie moderne la relaie et la renouvelle. Mais la Raison critique ne peut plus se contenter de seulement comprendre l'étant, elle veut comprendre ce comprendre. En d'autres termes, elle comprend que, désormais, pour comprendre, il lui faut impérativement *se* comprendre dans ses opérations, leurs modalités et leurs limites. Il lui faut comprendre, par exemple, qu'elle peut savoir sans connaître ou encore que penser ne fournit pas de connaissance car penser est une activité. La philosophie se voit alors confrontée à ses limites propres, mais pour la rendre mieux capable de poser elle-même ce qui la fonde. Limitée et limitante, la Raison critique, ou la conscience, se saisit et se comprend dans son autodonation. La critique représente une auto-analyse de la Raison qui va jusqu'à envelopper, pour le critiquer, justement, son propre désir d'autodépassement vers l'idée d'un Inconditionné. Sa « dynamique » s'effectue dans ce rapport de soi à soi par où se reprend une histoire de la Raison s'auto-analysant.

L'idéalisme s'inscrit dans cet héritage tout en en contestant les prohibitions et les conséquences. Il n'est plus question, après Kant, de constituer un simple système de connaissances, une « encyclopédie ordinaire », comme dit Hegel, un système vide et inerte, dans les mots de Schelling. Il s'agit de s'élever jusqu'à la liberté de l'Esprit en s'exhaussant au-dessus de la seule réflexion des données particulières de l'expérience. Dans chaque acte singulier de réflexion sur le particulier, l'Esprit s'approprie à lui-même. Il se retrouve soi-même dans le mouvement tout entier du *logos* tel qu'il se réalise dans chacun de ses actes. Tel est l'effort immémorial de l'Esprit pour effectuer son unité essentielle, substantielle et vivante à la fois. Par cette synthèse active et continuée de l'Esprit, en elle, l'homme pourra librement se reconnaître dans son unité avec le devenir du monde. Voilà ce que Hegel appelle une « encyclopédie philosophique », par contraste avec l'« encyclopédie ordinaire » (empirique ou scolastique)[1]. La question de l'autonomie de la conscience est intrinsèquement et originellement associée au projet de l'idéalisme. Le monde est donné à l'homme et, dans cette mesure, il le détermine. Mais en même temps il pourra faire l'objet de jugements et se constituer ainsi, pour l'homme, comme son monde propre. Ce rapport de constitution du monde comme monde pour nous n'est rien d'autre que le mouvement même de l'expérience rationnelle qui produit ses objets en étant au monde et en étant limitée par lui et par cet être-à-lui. La conscience se donnera des valeurs et des projets en fonction du monde comme son monde.

En très large part, on le voit bien dans les considérations liminaires de l'Introduction des *Âges*, Schelling se situe dans ce vaste sillon de l'idéalisme, d'autant plus qu'il en est l'incontestable promoteur, au moins avec son *Système de l'idéalisme transcendantal*. Mais son idiosyncrasie philosophique le porte bien au-delà d'une « encyclopédie philosophique » articulée dans sa totalité selon une dialectique, fût-elle spéculativement refondée. Il assume en « notre temps », un « temps de lutte » où « le but de la recherche n'est pas encore atteint » (19, 141), un héritage beaucoup plus

1. *Propédeutique philosophique*, trad. fr. M. de Gandillac, Paris, Minuit, 1963, § 5 et 6.

ancien, celui de la philosophie qui « de tout temps a tenté d'outrepasser les limites du monde et par là du temps présent » (134). Il s'agit pour lui de poursuivre un élan plutôt que de conforter un acquis. Comment faire ? Le caractère intermédiaire de « notre temps » oblige à la fois à « passer par la dialectique », soit à reconnaître les exigences scientifiques d'une exposition de ce qui est, mais aussi à se tenir aux aguets et à se mettre en quête de ce « *moment où* elle devient libre et vivante » (18, 140).

On voit très bien ce qui est partagé par Hegel et Schelling : le refus déterminé de toute pensée d'entendement, pour le dire sommairement, mais aussi l'insatisfaction éprouvée face à « notre temps » et la recherche d'une forme inédite de la philosophie. La *Préface* à la *Phénoménologie de l'esprit* porte déjà, sur l'époque, un diagnostic identique à celui de Schelling : « Notre temps est un temps de naissance et de passage à une nouvelle période (...). Simplement, cette nouveauté n'a pas davantage de parfaite effectivité que l'enfant qui vient de naître » [1]. Cette situation d'interrègne, entre la Limite kantienne et l'Inconditionné spéculatif, impose au philosophe qui en est conscient une nouvelle probité, la responsabilité d'une *forme* inédite. La quête hégélienne de cette forme imposée par « l'époque », par « notre temps » et par l'insatisfaction qu'ils suscitent, sera tout entière tendue par le Savoir absolu par où l'Esprit s'auto-concevra dans son retour à l'immédiateté existante. Pour le Schelling des *Âges*, la philosophie narrative à venir est censée effectuer un semblable office, contraignant la pensée à se rendre extrêmement attentive à « ce moment où » la dialectique basculera dans l'histoire, où le Concept le plus intense et le plus « réel » ne bafouera plus la réalité la plus terrestre.

Mais on comprend du même coup pourquoi Schelling ne saurait se contenter de l'« encyclopédie philosophique » de Hegel. Il veut ce que Bloch appelle, à propos de Kant, « l'encyclopédie du monde », soit « une figure du monde qui n'existe pas mais qui doit exister » [2]. S'il veut bien « se plier » à « l'usage » que la diction spéculative du concept impose à tout penseur inscrit dans ce temps de passage, il en recherche sans cesse le point de rupture. La philosophie positive en trouvera sans doute la figure la plus marquée, l'« extase de la raison », analysée précisément comme ce « moment où » la raison est frappée de stupeur [3]. Les choses, dans la

1. *Phénoménologie de l'esprit*, trad. fr. B. Bourgeois, Paris, Vrin, 2006, p. 64 (trad. légèrement modifiée).

2. *L'esprit de l'utopie*, Paris, Gallimard, 1977, p. 228 et p. 225.

3. *PhiRév* I, p. 187.

philosophie des *Âges*, sont dites tout autrement. La question de la dialectique y tient une place décisive.

Dans la *Préface* à la *Phénoménologie de l'esprit*, Hegel met en garde le philosophe contre tout abandon à la *Schwärmerei*, au coup de pistolet de l'enthousiasme, et contre toute tentation de réconfort par « l'édification » [1], laquelle provient de la tendance à considérer le premier être-là venu comme s'il se présentait à nous tel qu'il est dans l'absolu. Le vrai, au contraire, n'est rien d'autre que le devenir de soi-même. Il n'est produit que par le mouvement d'une médiation différentielle entre ce devenir comme devenir-autre et ce devenir comme devenir soi-même à travers la négativité du devenir-autre. Le vrai n'est pas comme une monnaie frappée une fois pour toutes, comme dit Hegel en citant Lessing. L'absolu – puisque telle est la question de Hegel comme elle est celle de Schelling – est Esprit, c'est-à-dire qu'il se détermine comme « ce qui entre en rapport » et ce qui dans ce rapport, soit dans la médiation, se détermine comme en soi, « substance de l'Esprit », puis comme pour soi, savoir de soi-même comme Esprit, et en fin de compte, au terme du laborieux cheminement de l'Esprit à travers toutes ses médiations, en soi et pour soi. La puissance de l'Esprit est aussi grande que ses figures d'extériorisation sont multiples et sa profondeur, contrairement aux fausses profondeurs superficielles que dénonce Hegel, est en quelque sorte proportionnelle à l'audace mise à se « perdre dans son déploiement » [2]. C'est sur ce déploiement, cet élargissement de l'Esprit, c'est-à-dire sur la dialectique spéculative de l'extériorisation et de sa résorption, que ne cesse d'insister Hegel. À partir de cette détermination du vrai comme autoproduction de l'Esprit, substance et sujet à la fois, on comprend que la *Préface* assigne à la philosophie comme science et comme système d'avoir à prendre sur elle le sérieux du travail de la pensée, « la douleur, la patience et le travail du négatif » [3]. Le philosophe n'a donc surtout pas à s'exalter à énoncer la vie de Dieu et la connaissance divine comme « un jeu de l'amour avec soi-même » [4]. Le propos fera certainement songer à l'histoire de l'Archivivant qu'entreprennent les *Âges*. Il ne peut évidemment pas les viser pour des raisons de chronologie. Sa cible, c'est la théosophie et le climat qu'elle diffuse, mais à coup sûr aussi un certain « schellingianisme » philosophique, si l'on peut dire, n'y échappe pas. En tout état de cause une manière de philosopher, à l'ancienne, entre les deux

1. *Phénoménologie de l'esprit*, éd. cit., p. 63.
2. *Ibid.*, p. 61.
3. *Ibid.*, p. 69.
4. *Ibid.*

ponctuations exclusives du « philosophie en robe de chambre » et du « philosophe en habit de grand-prêtre » [1], s'y trouve récusée sans appel.

Ces pages de Hegel, Schelling les a lues lorsqu'il rédige ses projets d'introduction, il ne faut pas l'oublier. Et, avec Fuhrmans, on peut aller jusqu'à y voir, à certains égards, une réplique implicite à la *Préface* de la *Phénoménologie de l'Esprit* – dans la mesure où il n'est pas interdit de supposer que Schelling les reçut et les ressentit peut-être comme un « assassinat sous narcose », pour reprendre l'expression de Levinas dans la conjoncture peut-être comparable de la lecture que fit Derrida de *Totalité et infini*.

Autant que pour Hegel, le « jeu de l'amour avec soi-même » requiert pour Schelling, s'agissant de l'*Urlebendige*, le « sérieux » que lui procureront des instances de médiation organisées non point tant par le « travail du négatif » et selon des concepts, disons-le d'emblée, que selon des *forces* et des *jeux* de forces – toute la difficulté et toute la puissance des *Âges* se tenant dans ce défi qu'il nous faudra expliciter de façon ininterrompue. Schelling s'avoue donc parfaitement convaincu (pour combien de temps encore et jusqu'à quel point ?) que « » toute science doit passer par la dialectique » (18, 140). Le propos surcharge et alourdit l'ambigüité plutôt qu'il ne l'annule. On peut déjà se demander de quelle « dialectique » il peut bien s'agir. Ce point n'est évidemment pas négligeable. On peut immédiatement mesurer la différence de nature entre cet « en passer par » et la dialectique spéculative de l'être élaborée par Hegel, laquelle suppose, dans son mouvement même, une adéquation de l'être à soi, une adéquation de l'être et de la pensée, et par conséquent la production finalisée d'un sens. Chez Schelling, et même chez le Schelling « dialecticien », la dialectique par laquelle il faut « passer » ne saurait excéder le statut, vertueux mais limité, de moyen d'investigation en vue de la saisie ou de la production de vérités. Elle ne saurait donc constituer le dernier mot de la philosophie ou en signifier la vibration spéculative. Heidegger a fort bien relevé cette différence de fond : « Quand il s'agit de concevoir l'être absolument, en tant qu'infini – comme c'est le cas dans l'idéalisme allemand –, il est nécessaire d'élaborer et de développer la dialectique à titre de méthode particulière (...) Mais si l'on déracine cette méthode dialectique des expériences fondamentales et des positions-de-fond de l'idéalisme allemand, la « dialectique » cesse alors d'être un véritable moyen de connaissance philosophique, et elle devient ruineuse. De ce que l'essence de l'être est « dialectique » (...) il ne résulte pas sans plus que la méthode de la

1. *Phénoménologie de l'esprit*, éd. cit., p. 110.

philosophie doit être une fois pour toutes la dialectique. Quand on s'en empare de façon simplement extérieure, elle devient une contrainte et elle égare»[1]. Ce que Schelling circonscrit nomme narration ou récit, cet objectif formel qu'il assigne à la philosophie conformément à sa matière et à son contenu de savoir, sert précisément à relayer, de «façon libre et vivante» (18), la dialectique en l'exhaussant en quelque sorte au-dessus d'elle-même, en la portant à sa propre vérité, c'est-à-dire au-delà de ses insuffisances, après en avoir passé par elles – geste schellingien par excellence.

La narrativité des *Âges du monde* demeure, à bien y regarder, dans le droit fil de tout ce qu'a pensé et élaboré Schelling depuis ses débuts de philosophe. Dans un de ses premiers textes en date de 1796, *Le plus ancien programme systématique de l'idéalisme allemand*, texte parfois attribué à Hegel, parfois à Hölderlin, découvert et édité par Rosenzweig en 1917 – dans ce texte, donc, Schelling, pour autant qu'il en soit bien l'auteur, n'hésite pas à proclamer que la philosophie a à s'accomplir dans la poésie, soit à s'interrompre et à se reprendre sous un autre régime de pensée que ce qui la constitue dans son autonomie conceptuelle étroite : «la poésie redevient à la fin ce qu'elle était au commencement – l'éducatrice de l'humanité (...) il n'y a plus de philosophie, il n'y a plus d'histoire, la poésie survivra seule aux sciences et aux arts»[2]. Le narratif poursuit un but semblable – d'arrachement de la philosophie à elle-même *ad majorem philosophiae gloriam*, et non plus au profit de la «poésie». Sa mise en œuvre est désormais instruite, en effet, d'un certain nombre de thèses philosophiques, hégéliennes en particulier. On songera ici au geste hölderlinien, tel qu'Adorno le détermine dans *Parataxe* : «ce que le langage de l'époque appelait le fini doit apporter [pour Hölderlin] ce que la métaphysique de l'être espère vainement : *mener au-delà du concept les noms qui manquent à l'Absolu*»[3]. La narrativité porte la charge de cette nouvelle nomination à même le philosophique, mais en l'écartant de lui-même, selon un mot de P. Lacoue-Labarthe, en le distordant et en l'ouvrant, selon une négativité sèche, à ce qui lui «manque», c'est-à-dire aux «noms» à venir. Le récit étend la philosophie au-delà du spéculatif, lequel, s'il écarte

1. M. Heidegger, *Schelling. Le traité de 1809 sur l'essence de la liberté humaine*, trad. fr. J.-F. Courtine, Paris, Gallimard, 1977, p. 145.

2. «Le plus ancien programme systématique de l'idéalisme allemand», cité dans *L'absolu littéraire*, P. Lacoue-Labarthe et J.-L. Nancy, Paris, Seuil, 1978, p. 54.

3. T. W. Adorno, «Parataxis. Zur späten Lyrik Hölderlins», *Noten zur Literatur III*, Frankfurt-a.-M., Suhrkamp, 1965 ; trad. fr. S. Muller, *Hymnes, élégies et autres poèmes de F. Hölderlin*, Paris, Garnier-Flammarion, 1995 (souligné par moi).

lui aussi, s'il ouvre et distord, n'a de cesse d'en relever les bords, les plis et les plaies jusqu'aux hautes cimes du Concept qui les suture.

Cet *effort philosophique de l'écartement* culminera dans l'interminable distinction de la maturité, entre philosophie positive et philosophie négative. Si elle apparaît en toute rigueur dans les années 1830, à Munich, elle s'articule comme question, où il y va de l'existence du monde, dès *Philosophie et religion*, en 1804. Dans les *Âges*, la condensation conceptuelle que nomme la Création constitue une frontière intra-divine entre ce qui est nécessaire et ce qui est libre, soit entre une philosophie opérant par concepts et une philosophie de l'historicité évènementielle. Autant dire que la distinction du positif et du négatif est agissante bien avant d'être théorisée. L'écart précède toujours et déjà sa thématisation. Pour en saisir l'importance structurante chez Schelling, il faut l'inscrire sous un absolu *primat de la pratique* qui se fait jour dès la prime jeunesse, s'articule ensuite comme principe de l'existence, commande le passage de la philosophie négative à la philosophie positive et s'énonce de façon presque solennelle à la fin de l'*Exposé de la philosophie rationnelle pure* : « *Im Denken ist nichts Praktisches* » [1]. Ce primat de la pratique est hérité de Kant. Schelling ne cessera d'expliquer que l'incontestable grandeur de ce dernier aura été d'avoir élargi le champ de la philosophie en pensant le fait de la liberté avec une rigueur incomparable et en attribuant à la raison pratique une faculté de connaître nouménale. Il ne manquera pas pour autant d'en retourner les effets contre Kant et contre Fichte, d'une certaine manière. Mais d'entrée de jeu, dès les commencements de sa carrière philosophique, s'atteste chez Schelling une nature poético-pratique qui le porte à une vraie répugnance pour la spéculation pure qu'il compare en 1797, dans l'Introduction aux *Ideen zur Philosophie der Natur* à une maladie mentale, à un « mal » [2], à un aveuglement. Le philosophe spéculatif se trouverait dans la situation d'un aveugle qui prétendrait décrire le monde réel et bariolé alors qu'il est plongé, par son ignorance des couleurs, dans un état d'anesthésie de l'intuition. Cette métaphore de l'aveugle et de l'aveuglement est récurrente. Elle se retrouve à de nombreuses reprises dans les textes de Schelling et caractérise la raison morte séparée par un abîme de la facticité existentielle et de la pensée effectivement pensante.

1. *PhiMytho*, p. 520 (« Dans la pensée, il n'y a rien de pratique »).

2. *SW*, II, p. 13 – ce registre goethéen (voir le *Faust* en particulier) sera réinvesti, tel quel, par certains Jeunes-Hégéliens, Marx ou encore Hess qui comparera la philosophie spéculative à l'onanisme.

§ 7

LA QUESTION-DIEU

On a jusqu'ici retenu, de l'ouverture des *Âges*, ce qui en est d'emblée le plus saisissant, soit les chaînes temporelles passé / savoir / raconter, présent / connaître / exposer et avenir / pressentir / prophétiser. Nous nous sommes évidemment arrêtés avant tout sur la première de ces concaténations signifiantes, celle du passé – puisque le seul livre, à peu de choses près, dont quelques fragments nous sont disponibles, c'est le Livre du Passé. Nous avons pour l'essentiel exposé ce qu'il en est de la nature de ce savoir du passé. La question de l'objet du savoir du passé, si l'on peut dire « objet » (et on ne le peut pas), est déterminante. Elle présente les plus grandes difficultés. L'objet en effet, ici, n'est rien moins que Dieu, ou plus précisément le passé de Dieu, de l'Archivivant, du plus ancien de tous les vivants, du plus vivant de tous les êtres. L'objet se fixe donc, et se condense, dans une disproportion abyssale, autour de l'histoire de Dieu depuis la nuit des temps. Un savoir de type narratif aura à prendre en charge la conquête lente et agonistique d'une remontée du temps. Mais comment s'y prendre et, surtout, pareille tâche n'est-elle pas immédiatement vouée à l'échec, à la « perte » borgésienne de l'essentiel ? En soi et en droit impossible, elle est de fait rendue possible en raison de ce que Schelling nomme, après d'autres, *explicatio Dei*. Il ne s'agit évidemment pas d'une explication de Dieu au sens d'une administration des preuves de son existence mais au sens d'un dé-pliement de son être absolu dans une immanence, dans un monde, dans une histoire. Dans le *Denkmal der Schrift von den göttlichen Dingen etc.*, Schelling indique le contraste temporalisé qui sépare l'*alpha* du *Deus implicitus*, du « Dieu indéplié » (*unentfaltet*), de l'*omega* du *Deus explicitus*, du Dieu déplié hors de lui-même[1]. Un Dieu expliqué est un Dieu déployé, le seul duquel nous pouvons tenter de produire un savoir d'approche. Le Dieu simple est insaisissable. Seule la complexité de ses plis en ouvre un accès, par le temps qu'ils mettent à se propager, comme des ondes. En philosophie, le simple est le plus difficile. En effet, le sans-pli, étymologiquement le simple, ne pourra se laisser saisir, sans être véritablement « saisi », dès lors qu'il a rapport au pli et aux replis de sa détermination d'essence. Le simple extra-quidditatif est un innommable. Mais il est du coup l' « objet » rayonnant de tout philosopher authentique en tant que « faire définition de l'indéfinissable », comme dira Schelling dans les *Leçons d'Erlangen*[2]. L'exercice de la philosophie est ce mouvement de reprise de d'indéplié qui se déplie, un déploiement vers l'extériorité d'une simplicité, d'une évidence, d'un pur aller-de-soi. Une histoire de Dieu est une ex-plication. Et toute ex-plication se joue comme temporalisation : « le réel dans le temps, ce ne sont que les diverses restrictions par lesquelles passe un être »[3]. On a là l'une des clés des *Âges*. L'*explicatio Dei* forme une histoire du temps, laquelle ne se pourra que comme histoire du temps humain co-natif et contemporain du dé-pliement de Dieu. La pensée de sa structure intime aura alors à en ressaisir les traits analogiques.

Ainsi la philosophie des *Âges du monde* noue-t-elle de façon inédite ce qu'on pourrait nommer *narrativement* la question-Dieu, en amont même de ce qu'un génitif, la question *de* Dieu, pourrait en déterminer, à la question du temps, laquelle, en aval d'elle-même, se constituera à son tour comme question-Temps. Tel est le mouvement du récit philosophique entrepris par les *Âges*.

Dans ce projet grandiose et fragile, les philosophèmes proprement idéalistes, ceux-là même conquis par Schelling dans le surmontement de sa philosophie de l'Identité, côtoient, mais sans souci d'ajointement, les motifs de la tradition néo-platonicienne et plotinienne, laquelle court en Allemagne jusqu'à Goethe, en passant par Herder, Nicolas de Cues ou Maître Eckhart, et croisent plus généralement la gnose chrétienne, de Paracelse, Böhme, Oetinger ou Baader.

Pour que le projet se fasse jour, le chemin philosophique de Schelling aura bifurqué vers la voie conduisant aux *Âges* dès lors que s'interrompait

1. *SW*, VIII, p. 81.
2. *OM*, p. 278.
3. *Conférences de Stuttgart*, *OM*, p. 212.

la (pseudo-) staticité « spinozienne » de la philosophie de l'Identité et que s'y substituait la dynamicité de l'être, du *Wesen*, lequel ne désignera plus une substance, mais une expansivité historiale. C'est sur cette dynamicité de l'*Urwesen* et sur sa temporalité propre et singulière que s'ouvrent les *Âges* : étant donnée l'historicité de l'Être, il faut se mettre en quête d'une Archi-origine vivante qui est *avant* tous les étants. 1804 date et signifie la bifurcation qui vient d'être rapidement évoquée. Il s'agit en effet de penser la dérivation (*Abkunft*) des choses finies à partir de l'absolu – c'est le titre de la deuxième section de *Philosophie et religion*. Comment ? Non plus du tout à titre de *dérive de l'absolu*, ou de chute (*Abfall*), mais depuis le *concept* d'*absolu dérivé*[1], entrée de l'absolu dans le Terrible de l'existence. L'absoluité dérivée va commander une pensée de l'absolu *dans* le temps et *dans* l'histoire, dont l'enjeu est au cœur des *Âges* et qui ouvrira ensuite à la philosophie de la mythologie et de la révélation.

La bifurcation et le passage de l'univers statique de l'identité à l'univers historique inauguré par les *Âges* procède minimalement d'une réévaluation de l'identité, c'est-à-dire de l'indifférence sujet/objet, ainsi que du sens de la copule dans le jugement. Dans les années 1804-1809, le rapport du sujet au prédicat, soit de l'absolu à ce qui s'en suit, est saisi comme rapport d'un *Grund* (fond, fondement, motif, raison) à sa suite ou à sa conséquence, *Folge*. Ce schéma *Grund* / *Folge* emporte une différence temporelle entre l'avant et l'après qui se laisse penser comme un affranchissement. En effet, si la conséquence dépend certainement du fond dont elle se détache, cette dépendance n'est pas pour autant l'antonyme d'une autonomie. Au contraire, sans la dépendance produite par la dérivation des choses finies, nulle autonomie n'est pensable. Ainsi, pour reprendre l'exemple récurrent des *Âges*, le Fils, s'il n'est pas existant comme homme hors de cette filiation-dépendance par rapport au Père, n'en est pas moins autonome. C'est l'existence elle-même qui revêt en profondeur cette structure – que Levinas, dans *Totalité et infini* a pu phénoménologiquement déterminer comme « dépendance heureuse », rapprochement qui n'est point tout à fait hasardeux, car il y va pour l'un et l'autre penseur de la créaturialité du sujet humain. Schelling en trouve le fondement existentiel dans une sorte de pulsion d'absolu : « chacun de nous, même le plus captif de la finitude, est poussé (*getrieben*) par nature à chercher un absolu »[2]. L'existence, pour autant qu'elle est ainsi pulsée, suppose une articulation différenciée de l'être et de son sujet, l'étant.

1. *Recherches philosophiques sur l'essence de la liberté humaine*, *OM*, p. 134.
2. *Philosophie und Religion*, *SW*, VI, p. 19.

La dépendance est donc lue à présent comme autonomie et liberté et l'absoluité dérivée est dite « concept central de la philosophie tout entière » [1]. Une formule plus tardive de la philosophie positive verra dans l'absoluité dérivée le principe d'une orientation rénovée, non plus selon l'existence de Dieu et l'établissement de sa preuve, mais selon la divinité de l'Existant. C'est bien ce même schéma qui permet de comprendre comment l'Absolu se fait Dieu, « Absolu à la puissance infinie » [2]. Comme dans la Kabbale lourianique avec le *tsimtsoum*, comme avec l'autostructuration intradivine préalable à l'acte de créer thématisée par Rosenzweig, il lui faut séparer ce qui est lui-même (le sujet ou, si l'on veut, l'étant), son *Existenz*, et l'être qui va être dé-posé, ex-posé, posé au-dehors comme *Grund*, « ce qui en Dieu n'est pas Lui-même » [3], comme fond ou base de la Création elle-même. Le récit spéculatif théo-philo-sophique développé dans les *Recherches* de 1809 pose en fin de compte une nature en Dieu, le fameux *Grund*, dont il s'agit de se détacher et qu'il faut ensuite surmonter dans une existence. L'homme, produit le plus fini de la Création, est infiniment tendu vers le réajointement de l'être et de l'étant, le surmontement toujours suspendu du *Grund*. Tension ou « pulsion » intimement liée à la réaffirmation par la finitude de son insistante ipséité comme pouvoir du bien et du mal et à la révolte du fond qui veut exister par et pour lui-même alors qu'il ne peut que fonder l'existence. L'Absolu est impliqué dans l'histoire de la finitude et la finitude de l'histoire. Il y demeure vivant et n'y abdique pas son absoluité. Une bonne part des *Âges* consiste à élucider cette énigmatique évidence. Mêlant de façon inédite et flamboyante les grands philosophèmes de l'idéalisme tels que co-produits par Schelling lui-même, la langue de la tradition mystique et gnostique et certains *topoï* théosophiques, les textes « sauvages » qui composent les *Âges* accouchent de concepts inédits – attestant une inventivité spéculative-spectaculaire que Heidegger a fort bien souligné à propos des *Recherches*.

1. *Recherches…*, *OM*, p. 134.
2. *Philosophie und Religion*, *SW*, VI, p. 21.
3. *Recherches…*, *OM*, p. 145.

§ 8

LE SECRET DU THÉOSOPHE

Récapitulons les quelques points acquis jusqu'ici dans la lecture des introductions de 1811 et 1813 :

1) le savoir prend acte d'une histoire des choses du monde, il est de nature génétique, « savoir du passé » : pour que je puisse constituer un savoir d'objet, il me faut en retracer les conditions de formation en tant qu'elles lui donnent sa constitution actuelle ;

2) cette thèse est prise très au sérieux par Schelling, c'est-à-dire qu'elle devra être pensée comme une thèse sur le temps : les modes sur lesquels nous construisons notre rapport aux choses du monde (le savoir est l'un d'eux) ne sont rien d'autre que des façons différentielles de mobiliser des temps ;

3) les « contenus » ou la « matière » du savoir sont historico-génétiques, ce qui emporte par principe la narrativité de leur restitution, un « il était une fois » où se ressaisiraient un passé radicalement passé (« était ») et une origine absolument singulière et unique (« une fois ») : entreprendre de raconter et de savoir consistera à remonter jusqu'à ce principe, jusqu'à un commencement temporel car « tout ce qui nous entoure renvoie à un passé incroyablement reculé » et « ce que nous voyons, c'est une série de temps (...) une masse de couches superposées » (23, 144) à travers lesquelles la pensée se fraie une voie selon une diction forcément temporalisée ;

4) si la forme narrative n'est pas encore trouvée dans les *Âges* (l'est-elle dans la mythologie et la révélation de la philosophie positive ?), elle s'y *présente* néanmoins sous l'instabilité et la tension de l'absolu ; c'est cette

présentation qui vaut, au-delà de l'antienne de « l'échec » des *Âges* et bien plus profondément ;

5) le statut de la dialectique, tel que l'approchent les projets d'introduction, détient une signification symptômale quant à la présentation elle-même de la forme à inventer et à mobiliser, la narration, la philosophie racontante.

La dialectique est le chiffre d'un interrègne : « Notre temps est *encore* celui de la lutte. Le but de la recherche n'est *pas encore* atteint ; la science doit *encore* être portée et accompagnée par la dialectique, comme la parole par le rythme » (141). Si la dialectique peut et doit « accompagner » provisoirement le savoir du passé, c'est bien qu'elle ne saurait constituer une forme spéculative achevée apte à conduire la pensée dans le développement progressif de la vérité qui la transit. La critique de Hegel, pour tempérée qu'elle demeure, n'en est pas moins patente : « l'opinion soutenue de temps à autre selon laquelle la dialectique en son plus haut achèvement pourrait être considérée comme la science même est une opinion qui trahit des vues quelque peu bornées ; l'existence même et la nécessité de la dialectique attestent précisément que la véritable science (*istoria*) n'est pas encore trouvée » (136). Encore ce « *pas encore* » qui signifierait presque que la « patience du concept » est encore trop impatiente devant l'impérieuse requête de la narrativité « historique » et qu'elle « égare » le chercheur de façon « ruineuse ». Le contre-exemple dialectique que revendique Schelling, contre le spéculatif hégélien, c'est Platon, sur lequel la philosophie rationnelle pure ultérieure reviendra avec rigueur et précision.

Mais de quel Platon s'agit-il ? Ce qu'en reprennent immédiatement ces pages des *Âges* circonscrit une dialectique, certes, mais qui s'apparente plutôt à une dialogique de l'âme s'entretenant avec elle-même, à ce « deux-en-un du dialogue silencieux »[1] tel qu'il se présente dans le *Théétète* ou le *Sophiste* pour qualifier la pensée elle-même. Nous en verrons l'importance puisque « le secret du philosophe » y trouve sa ressource.

Le Platon des *Âges* est un philosophe touché par la théosophie et sa dialectique une arme que le contraste théosophique permet de circonscrire dans son relief propre. Il s'agit en effet d'articuler deux « secrets » intimes (13) en déplaçant leur « ligne de démarcation » (139) : « l'art de la séparation » (14) du philosophe et la « suppression en nous de toute dualité » que vise le théosophe (15). « Qui ira nier » la légitimité de cet

1. H. Arendt, *Considérations morales*, Paris, Rivages, 1996, p. 72.

effort suppressif et la « possibilité d'une transposition de l'homme dans son principe supra-mondain » ? (15) La théosophie contribue à ce que Schelling qualifie de « rajeunissement » et de « résurrection » de l'homme par le « sentiment » de son unité et de l'unité de l'être (15). C'est avant tout Jacob Böhme qui en est l'emblème, le cordonnier de Görlitz, celui que Hegel, conscient lui aussi de la dette de l'idéalisme envers la gnose böhmienne, appelait le *philosophus teutonicus*. En quoi la théosophie détient-elle une véritable légitimité, même limitée ? Dans les *Âges*, son office central consistera à servir, sous le contrôle du philosophe Schelling, à la conversion des concepts en forces, à la description en termes « réals » de ce qui se présente dialectiquement comme procès idéal. Ainsi, la dynamique qui oblige à remonter jusqu'à un archi-commencement, jusqu'à la source la plus vive de l'histoire de Dieu ou de l'*Urwesen*, est incontestablement d'origine böhmienne. Pour le savant savetier et la tradition gnostique où il s'inscrit, il ne saurait être question dans ces domaines de démonstration ou de science rigoureuse, mais d'une méditation continuée où s'associent « expérience, sentiment, contemplation » (16) dans une unité immédiatement intuitionnée de l'être. Le Dieu de Böhme est le lieu d'une seigneurie cachée, d'un au-dessus de l'être qui s'abandonne kénotiquement à l'être. C'est un abîme de puissances en lutte et en tension. Poussant à l'être, ces puissances poussent à l'extranéation, à la sortie de soi. La Création n'est pas effectuée en entier ni effective de toute éternité. Elle signifie une phase mouvementée de l'histoire de l'être, laquelle est enveloppée dans la dynamique de l'*Urwesen*. De même, le monde « devient », comme dira Rosenzweig, et les choses naissent d'un conflit de forces. Tout ce qui est là et qui existe avant moi, a une histoire, se développe, transite par un processus. Des étapes, des épisodes, des événements en tissent la trame et appellent à un retour méditatif à leur « plus intime commencement » (15). Ces « ravissements » qui sont ordinairement ceux du poète ne sont pas sans utilité pour le philosophe (15). L'apport théosophique constitue pour Schelling l'élément indispensable – mais insuffisant, on va le voir – pour une dramaturgie narrative de l'écartement du philosophique d'avec soi.

Dans cette dramaturgie où la théosophie tient son rôle, la « dialectique » fait office de recours supplétif. Elle est *repoussoir*, au double sens du terme, figure révulsive et ustensile domestique. « Le sentiment de l'indescriptible réalité » contemplée par le théosophe sert au moins à « préserver des concepts forcés d'une dialectique vide et terne » (15) qui « cherche l'Être dans des formes et des concepts », et à se méfier d'une philosophie déjà « morte » à la vie de la pensée (17). Mais, malheureusement, « nous ne vivons pas dans la contemplation » (16). Le « contemplateur », lorsqu'il « ne fait qu'un avec l'objet », n'est plus « maître de ses pensées et perd toute assurance dans ses vains efforts pour exprimer l'inexprimable » (17). Le narratif tient le milieu dans une instabilité provoquée par les avantages et les inconvénients de la contemplation et de la dialectique. Réservé devant la dialectique spéculative pour autant qu'elle n'est qu' « une simple suite, un simple développement » de pensées inertes (133), le penseur narratif n'ignore pas néanmoins que « notre savoir n'est pas d'un seul tenant (...) il doit s'engendrer de manière fragmentaire, au gré de sections et d'étapes » (16). D'une certaine façon, le narratif et le théosophique ont partie liée car ils « l'emporte(nt) sur la philosophie par la profondeur, la plénitude et la vivacité du contenu » (17) ; en outre, ils visent au même but : s'approcher de « l'objet réel », de sa « nature », là où la pensée par concepts en serait comme « l'image » ou « l'exposition » externe (17). Mais le narratif continue d'avoir en commun avec la philosophie la requête impérieuse de la « médiation, d'un organe pour trouver à s'exprimer ». En tant qu'il est un savoir et qu'il se constitue comme tel, il lui faut donc en « passer par la dialectique ». Si Schelling ne remet pas (immédiatement) en cause ce que Schopenhauer appelle « la supériorité du médiat sur l'immédiat », il en entreprend la médiation par l'immédiat[1]. La question est alors, d'une part, de savoir de quelle dialectique il s'agira et d'autre part de comprendre la nature strictement concessive du recours auquel elle oblige.

1. *Le monde comme volonté et représentation*, « Folio/Essais », Paris, Gallimard, 2009, II, p. 1235. Schopenhauer fait de même en recourant quant à lui à la notion d' « intellect double », pensant et intuitionnant. Par ailleurs, cette « supériorité » du point de vue de l'intellect n'empêche pas qu'il faille s'en remettre, du point de vue de la « volonté », au principe qui rejoint précisément l'anthropothétie des *Âges* et selon lequel « ce qui nous est connu immédiatement doit nous fournir l'interprétation de ce qui nous est connu médiatement, et non l'inverse » (*ibid.*, p. 1456).

§ 9

LE SECRET DU PHILOSOPHE

La référence dialectique dont s'autorise Schelling est ostensiblement platonicienne : le « dialogue intime » qu'il invoque et qu'il met à la source du « véritable secret du philosophe » (13) provient à la lettre du *Sophiste*[1] ou encore du *Théétète*[2]. Toute pensée procèderait d'un rapport dialogal de soi à soi (*eme emauto*). Mais Schelling radicalise considérablement la figure convenue de l'entretien de « l'âme » avec elle-même, du « deux-en-un du dialogue silencieux ». Il en détermine la forme comme intimité schizée, « séparation », « dédoublement de nous-mêmes », « secret commerce entre deux êtres » en nous – l'un qui ne sait pas et pose ses questions et l'autre qui sait et qui répond (13, 136). Le deux-en-un de l'interprétation arendtienne de Platon fait place, dans la lecture schellingienne, à son renversement, un Un cassé en Deux. À ce « dialogue intérieur », ajoute Schelling, correspondrait comme sa « réplique » « l'art extérieur » nommé affinitairement « dialectique » (136). Il faut être ici très attentif. Le propos semble banal et paraît ne faire que répéter la définition socratique. Or, le philosopher schellingien s'est toujours montré réticent face à l'illusion philosophique d'une intériorité féconde et originaire. Quelques années après les *Âges*, dans les *Leçons d'Erlangen*, il en fera la mise en garde en des termes quasi-pédagogiques : « il y a tant de gens à l'esprit obtus qui invitent sans relâche le débutant en philosophie à rentrer

1. *263 e* : « un entretien de l'âme avec elle-même se produisant au-dedans de celle-ci sans le concours de la voix, à cela nous avons donné le nom de pensée ».

2. *189 e* : « une conversation que l'âme poursuit avec elle-même (...) un entretien dans lequel elle se pose à elle-même des questions et se fait à elle-même des réponses ».

en soi-même, à pénétrer dans ses profondeurs les plus profondes – comme ils disent – ce qui ne signifie jamais rien d'autre que : s'enfoncer toujours plus avant en son propre être-borné. Ce qui est urgent pour l'homme, ce n'est pas de rentrer en soi, mais d'être exposé hors de soi »[1]. Comment ajuster l'hypothèse de la pensée comme intériorité du dialogue de soi à soi à celle d'un être-borné de toute intériorité ? Penser, est-ce rentrer en soi ou s'exposer hors de soi ? Y a-t-il inconséquence à tenir l'une et l'autre position ?

Revenons sur le propos de l'*Introduction*. Le dialogue intime signifie la pensée en dedans d'elle-même et la dialectique la modalité expressive qui la reproduirait extérieurement – d'où le risque, souligné par Heidegger, d'une contrainte formelle conduisant possiblement à un égarement de la pensée réduite à son « apparence », à son « ombre » (13, 136). À prendre le propos schellingien avec trop de hâte, on pourrait croire qu'il y aurait une matrice autonome, le dialogue intérieur, laquelle renverrait à un sujet s'assumant pleinement dans son intériorité unitaire et bien tempérée. Il suffirait ensuite de dupliquer en l'externalisant correctement cette matrice d'autonomie pour obtenir une dialectique en bon état de marche.

Or le dialogue intérieur, le texte est tout à fait explicite sur ce point, constitue bien plutôt un principe d'hétéronomie, lequel signifie et atteste rien de moins que la temporalisation du temps dans le sujet humain. Qui et que sont en effet les « deux êtres » qui séparent et animent le « secret commerce » qui nous « dédouble » ?

Schelling les rapporte à des forces agissantes à l'insu du sujet dans le sujet. Ces forces, qu'il nomme aussi des principes, sont au nombre de deux : l'une sachante, l'autre nesciente, l'une supérieure, l'autre inférieure, l'une limpide, l'autre obscure et aspirant à la clarté, l'une répondant aux questions de l'autre. Les deux forces sont hiérarchiquement articulées[2]. Le principe supérieur est extérieur au monde et « antérieur au commencement des temps » (12) dont il signifie la « con science » rayonnante (*Mit-wissenschaft* (12) en 1811, *Mitt-wissenschaft* (134) en 1813), savoir pur

1. *OM*, p. 290.

2. Proust ne cesse de décrire les différents « états nerveux » par lesquels passe son Narrateur, lequel se tient face aux « estimations de la raison » dans le même rapport que le Narratif devant le Spéculatif, en recourant au schème récurrent des « deux forces » (*À la recherche du temps perdu*, Paris, La Gerbe illustrée, Gallimard, 1954, t. IV, p. 169) dont « l'une s'élève de nous-même, émane de nos impressions profondes » et « l'autre nous vient du dehors » et qui constituent, dans la multiplicité des situations à quoi elle nous « livrent », « notre vie divisée » (*ibid.*, t. II, p. 164) car en effet « chacun de nous n'est pas un » (*ibid.*, t. VI, p. 330).

centré sur une intériorité qui s'échappe à elle-même plutôt qu'effort sachant et progressant.

Ce « principe » est à la « source » de la temporalité humaine. Il est fondateur de la thèse vectrice des *Âges*, « *l'homme contient le temps à l'état d'enveloppement* » (134). S'il est agissant en l'homme, s'il est donc une force, ce principe « n'est pas libre » (12). Le fameux « dialogue » désigne une structure langagière dynamique et non un espace d'autonomie que quêterait le « rentrer en soi-même ». Le principe supérieur / extérieur / antérieur est en effet associé et inextricablement lié à un « autre » principe, « moindre », « obscur », « non-sachant », « nescient » et « jeune », « éternellement jeune » (12-13, 135). La version de 1813 est plus développée sur la question des deux principes que je nommerai, en suivant Schelling au plus près, le *principe-archétype* (*Urbild*) et le *principe de remémoration*. Elle propose en effet un véritable récit, une exposition narrative du jeu et des correspondances dans quoi entrent les deux forces, l'une qui retient et enveloppe en elle « le trésor » du temps et l'autre qui en « témoigne » et y « assentit », l'une qui « garde » et l'autre qui parle et qui « éveille », l'une qui « reste muette et ne peut exprimer » et l'autre qui porte « le pressentiment et la nostalgie de la connaissance ». Un insondable repose en l'homme, à l'état scellé, un oracle intérieur et clos où sommeillent les archétypes des choses. Pour s'ouvrir, il lui faut rencontrer un autre élément qui « ramène à la mémoire » et y « puise la réponse » (135-136). « L'être le plus intime est originellement lié et ne peut se déployer ; par l'autre [principe] il se libère et s'ouvre à lui. C'est pourquoi tous deux aspirent également à leur séparation, l'un afin d'être rendu à son savoir originel inné, l'autre afin d'être fécondé par lui et de devenir lui aussi sachant » (136).

Le secret du théosophe irradie depuis le pur savoir intime qui constitue « le lien qui rend [l'homme] capable d'entrer immédiatement en rapport avec le passé le plus ancien comme avec l'avenir » (134), depuis la *Lauterkeit*, la pure et simple limpidité, de cette force originaire archétypale qui relie l'homme à la création elle-même. Mais la limite de la théosophie qui fait aussi sa force réside dans « l'indescriptible » qu'elle voudrait décrire. Elle est comme « le paysan » qui « voit aussi bien que le savant » le « parcours de la plante », « sans que pour autant il le connaisse à proprement parler ; il n'est pas capable d'en dissocier les différents moments, de les séparer, de les considérer dans leur opposition réciproque » (138).

Le secret du philosophe dont Schelling nous livre l'accès procède d'un constat qui vient entièrement rejouer et contenir la puissance de la théosophie. Ce que celle-ci ne voit pas, ce qu'elle ne peut pas voir, c'est que « le principe supérieur (...) ne se trouve pas en l'homme dans sa *Lauterkeit* originelle » (12) et qu'il lui faut « disposer d'un autre que soi » (13), d'un « organe où il puisse lui-même se contempler, s'exprimer et accéder à sa propre compréhension » (135). Le philosophe narratif a une oreille pour le secret du théosophe mais il en saisit aussitôt la profonde ambivalence, selon une sorte de connaissance du troisième genre, ni confuse, ni abstraite, mais soustraite à toute indétermination de principe.

Le mutisme où se tient la force-archétype vient de sa nature indépliée, de son unité où « tout est indifférencié et simultané » (135). Le principe de rémémoration représente la part du philosophe car « il peut différencier et disjoindre » (135). Il *dit*, c'est-à-dire qu'il raconte ce qui lui vient d'un *dire* que la théosophie ou la mystique montre de son index pointé. La dialectique assure le passage du muet au sonore, du « voir » au savoir, de l'observation immédiate du « paysan » à la différenciation produite par la philosophie. Mais elle n'est assignée à cette fonction que pour autant que le régime narratif de la philosophie n'est « pas encore trouvé ». La différence avec l'effort quasi-contemporain engagé par Hegel est remarquable. Dans sa *Préface* à la *Phénoménologie de l'esprit*, l'ancien compagnon du *Stift* rend un bel hommage à la « puissance de dissociation » de la pensée – mais il en réserve le territoire au *Verstand* kantien, à l'entendement et à la représentation. La dialectique spéculative qu'il s'agit alors d'inventer comme un nouvel idiome destiné à liquider les formes prédicatives du jugement, et dont le statut heuristique peut bien être comparé au narratif schellingien, devra dé-séparer ce que l'indispensable puissance de dissociation aura analytiquement disjoint. Pour Schelling, la tâche de la pensée ne saurait s'effectuer de façon intra-dialectique. Le « véritable secret du philosophe », c'est qu'il est capable de prendre au sérieux le secret du théosophe, non point pour le répéter ou même l'élargir, mais pour y déceler ce que le théosophe lui-même ne pouvait discerner, à savoir que *l'homme contient et im-plique le temps*. Une fois cette structure mise au jour, il faudra sans doute « dialectiser », mais à une seule fin : faire parler dialogiquement dans la remémoration dynamique des forces « l'insondable », l'indescriptible, l'inscrutable du principe le plus ancien. La philosophie racontante consiste en ce « faire parler ». Elle n'use de la « dialectique » du « dialogue intérieur » que pour ouvrir et faire sortir narrativement de soi l'immémorial des temps du monde et des temps de Dieu.

§ 10

LE REFOULÉ DU CŒUR ET LE RETOUR DE L'ESPRIT

Il faut revenir à présent sur les contenus du « secret » des philosophes, à savoir sur la question des deux « principes ». Les « projets et fragments » relatifs aux livres I et II (219-314) sont particulièrement éclairants sur ce point et en exposent la dimension temporelle profonde. Dans les passages qui s'y rapportent est avancée la notion dynamique de « refoulement » (*Verdrängung* ou *Zurückdrängung*). De même que le passé est l'assiette du présent, une strate de notre conscience intime du temps que le présent recouvre et refoule, de même il constitue pour l'homme une « très ancienne composante de son être » déposée pour toujours en lui comme « principe du temps primitif », force de reliaison à « un passé insondable » susceptible d'être éveillé et de revivifié (222).

Cette part profondément refoulée de l'homme, laquelle se scelle en lui comme un bloc de temps absolu et enfoui, Schelling l'appelle *Gemüth*. Le terme est d'une traduction peu aisée : en gros il signifie « cœur » au sens élargi d'intériorité profonde, d'être intime (241), d' « âme intérieure » (17), au sens d'un « sentiment qu'a l'homme de l'unité de son Être » (15) [1]. Le

1. Il faudrait ici s'engager dans une histoire sémantique complexe et très riche. Le terme dénote d'abord l'intériorité de l'âme, du coeur et de la sensibilité. Il peut contenir chez les mystiques médiévaux la dimension d'une soumission à Dieu. Cette dimension est en quelque sorte sécularisée, c'est-à-dire en bonne part germanisée, par le romantisme. *Gemüt* renvoie alors à la sensibilité et aux vertus qui y sont associées, loyauté, fidélité, honnêteté, sincérité de l'âme. Ce qui n'est nullement le cas chez Kant, dont Schelling hérite au moins en partie dans les *Âges*. Pour l'auteur des trois *Critiques*, le *Gemüt* est le fondement de toutes les facultés humaines, y compris la raison, il conjugue les processus divers et établit entre eux un lien vivant puisqu'il en est la source. Dans l'*Anthropologie*, Kant distingue entre *Geist*, *Seele* et

Gemüth se stratifie dans la temporalité vivante de l'homme comme un « témoin du passé » (223), « oublié » mais non point « éteint », enfoui et « obscur » mais « encore en vie », « endormi » mais toujours rappelable à la conscience et à la présence – ce qu'attestent tout particulièrement les sensations de déjà-éprouvé : « lorsque le [*Gemüth*] s'anime, les temps les plus éloignés deviennent [à l'homme] merveilleusement vivants. Combien de fois nous arrive-t-il de croire, dans un moment présent, reconnaître soudain un moment qui vient d'être vécu, qui a déjà été » (223). Ou encore, dans la version de 1813 : « dans quelles merveilleuses correspondances, dans quels intimes nœuds de relations [l'homme] ne se voit-il pas souvent transposé par ce lien intime, lorsqu'un instant présent lui semble s'être déjà produit il y a fort longtemps ou quand il a l'impression d'avoir été témoin d'un événement ayant eu lieu dans un lointain passé ! » (134). Le *Gemüth* est l'autre nom du principe-archétype. Dépositaire d'une mémoire oubliée, refoulée et vivante [1], il est un *temps*, une force temporelle qui configure au plus profond la stratigraphie interne de la temporalité finie de l'homme. Mais par elle-même, la masse mémorielle immémoriale que recèle le *Gemüth* demeure close sur elle-même, comme un « trésor » à jamais scellé, disparu (223). Pour que le témoin témoigne, il y faut une autre force, capable de révoquer ce qu'elle a elle-même produit, le refoulement, et d'invoquer ou de faire mémoire de l'insondable passé, de sa « réserve » et de sa ressource. Le geste est temporel et temporalisant. Cette autre force, l'esprit (*Geist*), est d'ailleurs « plus jeune », « plus récent », que le *Gemüth*. Elle vient après lui et inter-vient en refoulant le plus ancien, le lien temporel intime qui relie au plus primitif et au plus reculé. L'esprit est l'autre nom du second principe, du principe de remémoration d'un inconscient, de sauvetage par et pour la conscience du temps d'une de ses strates quasi-perdue. Par lui-même en effet, le cœur est « incapable de trouver le fin mot

Gemüt, lequel désigne et signifie la possibilité effective de l'expérience sensible, une faculté de la conscience, à la fois ou successivement agissante et réceptive. Le *Gemüt* unit les représentations et les distingue, il signifie une réceptivité ou une réflexivité qui correspond au monde du Soi intérieur, obscur et abyssal, subjectif et sensible. Principe et finalité de l'unité de l'âme et de l'esprit, il n'est ni l'une ni l'autre pas plus qu'il ne serait l'antonyme de la raison. On verra au fur et à mesure ce qui, de Kant, passe peu ou prou dans la force du *Gemüth* dans les *Âges* (la liaison, le vivant), et en même temps ce qui l'en différencie profondément (la force et non plus la faculté).

1. Proust encore (*À la recherche*..., éd. cit., t. II, p. 224) : « la meilleure part de notre mémoire est hors de nous, dans un souffle pluvieux, dans l'odeur de renfermé d'une chambre (...) partout où nous retrouvons de nous-même ce que notre intelligence, n'en ayant pas l'emploi, avait dédaigné, la dernière réserve du passé (...). Hors de nous ? En nous pour mieux dire, mais dérobée à nos propres regards, dans un oubli plus ou moins prolongé ».

de ce qu'il est, comme d'exprimer ce qui est en lui» (223). Il lui faut en appeler à une force plus puissante parce que plus récente, laquelle « aspire » également à cette déclosion du cœur inconscient, car elle n'est rien d'autre que « cela qui est conscient » (224) et elle n'a à ce titre « aucune connaissance des choses qui ont été » (223). *Tel est le sens du « secret commerce »* : une constitution entièrement temporalisée de l'homme par l'effet d'une dynamique continuée et possiblement agonistique où sont engagés et co-impliqués « un être obscur » et « un être conscient » (224).

Avant d'examiner comment le refoulement et la structure conscient/inconscient se distribuent dans les *Âges* au titre d'une des deux forces de la « vie divine » pour le premier (269) et d'un dédoublement de « toute création » en « création inconsciente » et « création consciente » (283) pour la seconde, il faut déterminer plus précisément le *secret* philosophique de ce rapport entre cœur et esprit.

Pas plus que la force du cœur ne suffit à la levée de ce qu'elle enveloppe, l'esprit à soi seul, la conscience à vrai dire, à la fois en son sens réflexif et en son sens immédiat, cartésien, ne peut être envisagé de façon autarcique et autonome. L'esprit est lié. Nourri de *Gemüth*, il est obscurément sourcé dans une force ancienne qui le précède et qu'il « aspire intensément » à ramener à sa lumière selon une anamnèse déjà décrite par Platon. Toute science est donc remémorante et, pour cette raison même, science des médiations, des tours et des « détours des concepts » (240). Et la question reste entière, dans bien des développements fragmentaires de Schelling, de savoir par l'effet de quelle énigme nous ne pouvons être instruits du passé primitif par « une vision immédiate » et pourquoi ces « choses » – qui sont des « choses d'avant le monde », car le temps excède le monde qui n'en est qu'un « âge » – « ne se prêtent pas à un récit simple et obvie » (240). C'est dans l'espace de cette interrogation répétée que s'inscrit, on l'a dit, le requisit du narratif, encore impossible, et la nécessité de la dialectique, déjà obsolète. Que l'esprit aspire à rejoindre dynamiquement le cœur n'empêche pas la pensée d'être forcément oublieuse de ce que l'esprit aura refoulé et qui, du coup, se dérobe. Dérobement, oubli et, tout autant, activité du lien et de la reliaison produisent un effet massif. D'une part, ils commandent le philosopher par concepts en conformant la pensée selon les règles du seul esprit et en faisant du concept lui-même une sorte de surface plane et sans profondeur. D'autre part, s'atteste de la façon la plus manifeste, dans cette superficialité « vide et terne » des combinaisons de concepts, ce qui s'y oublie, à savoir le temps, la temporalité qui dicte et ponctue l'effectivité du savoir, la temporalité temporelle de part en part de l'homme et se temporalisant sans relâche par le refoulement et la remémoration, le dépôt d'un secret, le temps primitif, et l'activité de son désenfouissement, le savoir narratif de cet immémorial. « L'homme contient le temps à l'état d'enveloppement » : Schelling prend très au sérieux et très radicalement cette hypothèse centrale.

Et c'est ici que prend sens la notion d' « âge du monde ». L'homme com-prend le temps dans son intégralité – les « deux êtres » qui le partagent en sont le témoin pour l'un et l'opérateur pour l'autre. Il com-prend, c'est-à-dire qu'il connaît (*mit-wissen*) par l'esprit les temps qui sont les « siens », passé, présent, avenir. Ce faisant, il lui est possible d'accéder à un autre ordre du temps, celui que distribuent ses « âges », à partir du cœur qui est en lui ce « principe qui provient de ce temps originel primitif [qui] s'étend par-delà la Création, par-delà la situation du monde présent » (222). Ainsi, il co-naît depuis sa centralité temporalisée (*mitt-wissen*) à ce qui l'excède, « le véritable temps passé (qui) est le temps qui a été avant le temps du monde (et) le véritable avenir qui sera après le temps du monde » (221). Ces architemps, ces « trois temps effectivement différents les uns des autres que je m'autorise à nommer âges du monde » comme dit Schelling (220), encadrent et débordent « le temps de ce monde (qui) n'est qu'un seul et même grand temps », le présent (220) [1]. Les questions ne peuvent manquer ici de se presser : comment le seul et même grand temps du présent peut-il donner lieu aux trois dimensions de la temporalité humaine ? Le « concept d'un temps d'avant le monde » n'est-il pas « choquant », comme l'indique Schelling lui-même (226) ? Y répondre requiert des développements qui sont encore à venir, à commencer par l'élucidation fondamentale de la pensée schellingienne du temps, absolument décisive.

La temporalité intégrale et dynamique de la conscience enveloppe le sujet, le nimbe en quelque sorte et imprègne la moindre de ses pensées, le moindre de ses actes. Schelling y rapporte toutes sortes de phénomènes, comme la sensation de déjà-éprouvé, et recourt à plusieurs analogies qui toutes ont leur source dans l'anthropomorphisme épistémologique et méthodologique, déjà mentionné et sur lequel on reviendra encore. Méditant le statut de l'anamnèse platonicienne, mais d'une façon très singulière, Schelling, pour penser le rapport entre « le présent au sein duquel nous vivons » (240) et le « seul et même grand temps » (220) qu'est le monde présent, en noue le fil ténu autour d'un « rapport à l'état

1. On remarquera que Benjamin utilise ce même terme d' « âge du monde » pour désigner le « monde primitif », anté-historique et immémorial qui serait celui décrit par Kafka (« Kafka pense en termes d'âges du monde » in *Benjamin über Kafka. Texte, Briefzeugnisse, Aufzeichnungen*, éd. H. Schweppenhäuser, Frankfurt-a.-M., Suhrkamp, 1981, p. 412-413).

originel » (240), soit du principe-archétype qui figure ce lien à la « nuit des temps ». Il écrit : « nous nous trouvons ici dans le cas d'un homme qui ne se souvient qu'obscurément d'une action qui a eu lieu, qui a bien le vague souvenir d'une action survenue, mais ne parvient que médiatement, par d'autres circonstances, en éloignant les représentations qui y font écran dans sa mémoire, à se la rappeler complètement, et à reconstituer ainsi progressivement, et pour ainsi dire par bribes, l'événement dont il aurait eu le vivant souvenir et qui se serait déroulé comme sous ses yeux » (241). Cette situation – dont il est remarquable que Schopenhauer l'attribue, lui, à la « remémoration par l'intuition » qui caractériserait la façon animale du souvenir [1] – témoignerait d'une extraordinaire capacité humaine à *accueillir temporellement ce qui excède la temporalité* dans laquelle l'homme vit, soit un « principe extra-mondain et supra-mondain ». Proust, selon un effort tout à fait semblable, se rend attentif avec la plus fine précision descriptive à ce qu'il nomme « les transitions inconscientes entre l'oubli et le souvenir », en particulier la situation où nous nous trouvons lorsque nous tentons de retrouver un nom sans y parvenir tout de suite. Comment saisir et comprendre ce « travail de l'esprit passant du néant à la réalité » ? Sans pouvoir tout à fait dissiper le « si mystérieux » de cette opération de remémoration, qui se tient peut-être dans le refoulement [2], Proust repère ce qui résiste à ce passage de l'oubli à la mémoire comme une véritable résistance du réel, mille fois plus fort que l'intelligence : « tout action de l'esprit est aisée si elle n'est pas soumise au réel » du temps [3]. *Mener au-delà du concept les noms qui manquent à l'absolu*, selon le mot d'Adorno, ne se peut que comme tâche temporelle / supra-temporelle et comme travail de l'esprit soumis au réel. Les *Âges* mettent en scène, avec des bonheurs narratifs inégaux, cette dramaturgie de l'ajointement / inajointement des grands temps et des petits temps, des âges du monde et des trois dimensions de la temporalité. L'oubli y figure la case vide permettant le jeu des déplacements.

1. *Le monde*…, éd. cit., II, p. 1232 : « À la vue d'une personne qu'il nous semble connaître, sans que nous ne nous rappelions quand et où nous l'avons vue ; de même quand nous pénétrons dans un lieu où nous avons été dans notre prime enfance, c'est-à-dire quand notre raison n'était pas développée et que, pour ce motif, nous avons totalement oublié, à ce moment-là, nous éprouvons l'impression du présent comme celle de quelque chose qui a déjà été là. Les souvenirs des animaux sont tous de cette nature ». Le quasi-divin schellingien, la merveilleuse puissance de la remémoration, recouvre le quasi-animal schopenhauerien.

2. Freud, « L'oubli des noms propres », *Psychopathologie de la vie quotidienne*, Paris, Payot, 1972.

3. *À la recherche*…, éd. cit., t. IV, p. 276.

§ 11

TEMPORALITÉ INTIME, INCONSCIENT ET STRUCTURE DU TEMPS

Schelling commence donc par avancer, presque benoîtement on l'a dit, que le dialogue intime qui traverse le sujet signifierait une simple formation réglée, strictement dialogale, dont la dialectique constituerait la réplique, une mise en rapports externalisée de ce dialogue. Or il s'avère très vite que le dialogue est tout autre chose qu'un dialogue. Il ne s'agit pas en effet, et le propos schellingien le montre sans tarder, d'une communication intrasubjective, de soi à soi, dont la dialectique figurerait la forme intersubjective et théorétique. Il ne s'agit pas davantage d'un partage du Logos, silencieux d'abord, parlant ensuite. Le « dialogue » est un « secret commerce » et le secret commerce un jeu de forces infra-langagier qui commande la parole elle-même. En l'homme deux êtres se tiennent, un Obscur et un Conscient, qui le séparent et le dédoublent. Le jeu de forces se déploie à la manière d'un jeu d'ombres : ce qui est su d'un côté est obscurci de l'autre, ce qui est insu et obscur aspire à un savoir désobscurcissant. Schelling complète (et bouleverse) Socrate : savoir qu'on ne sait pas ne se peut qu'à condition de ne pas savoir qu'on sait. Cette dynamique descriptive, heurtée et pleine d'à-coups, ne correspond guère au mouvement de « l'expérience de la conscience » qui se déploierait selon une appropriation progressive de soi, une *Erfahrung* par où l'étranger à soi, au terme d'un processus d'autorécupération, se convertirait patiemment en propre, et où tout reviendrait à Soi, de l'*eme emauto* platonicien au *Selbst* hégélien.

La structuration des forces qui dédouble le sujet agi selon deux principes ne peut pas ne pas faire songer à Freud, et en particulier à ce que ce dernier détermine comme « métapsychologique », à savoir la description d'un processus psychique « sous les rapports dynamique, topique et économique » à la fois [1]. Sont saisissantes, entre les deux descriptions, les similitudes de méthode, la reconnaissance des difficultés qu'elles peuvent soulever, et les topologies semblablement investies par le sujet clivé. Une différence fondamentale n'en est pas moins structurellement efficiente, à propos du temps, justement. Je me contenterai de l'indiquer, laissant à d'autres, plus compétents, le soin de montrer qu'elle peut être autrement interprétée – autrement que différente. Freud entend d'abord répondre à ceux qui contestent la légitimité de l'hypothèse de l'inconscient au nom d'une conscience seule habilitée à l'établir, *contradictio in adjecto*. Il convoque pour ce faire l'autorité de « notre expérience quotidienne ». Celle-ci « nous met en présence d'idées qui nous viennent sans que nous en connaissions l'origine et de résultats de pensée dont l'élaboration nous est demeurée cachée » [2]. Aux évidences que l'expérience de chaque jour nous révèle s'ajoute celle de la remémoration. Les souvenirs, dont la masse ne peut qu'excéder la contenance minimale de la conscience, obéissent à une bipartition du latent et du manifeste, de telle sorte que « si l'on tenait compte de l'existence de tous nos souvenirs latents, il deviendrait parfaitement inconcevable de contester l'inconscient » [3]. L'expérience la plus élémentaire, l'impression de déjà-vu par exemple, ou le rappel d'un souvenir latent à la mémoire manifeste qui lui rend vie conduisent donc à se poser la question de leur ressource propre. Pour établir fermement l'hypothèse de l'inconscient proprement dit, Freud en passe par la figure provisoire des deux « personnes » ou des deux « consciences » : « tous les actes et toutes les manifestations que je remarque en moi et que je ne sais pas relier au reste de ma vie psychique doivent être jugés comme s'ils appartenaient à une autre personne » [4]. Cet autre en moi prendrait pour commencer les contours d'une « conscience inconsciente » [5]. Cette indétermination et ce flou conduisent Freud à proposer de distinguer le « sens descriptif » du « sens systématique » des termes de conscient et d'inconscient et à établir des systèmes d'appartenance stricts et formellement symbolisés (*Cs* et *Ics*) [6].

1. S. Freud, « L'inconscient », *Métapsychologie*, « Folio/Essais », Paris, Gallimard, 1968, p. 89.

2. *Ibid.*, p. 66.

3. *Ibid.*, p. 67.

4. *Ibid.*, p. 71.

5. *Ibid.*, p. 72.

6. *Ibid.*, p. 75.

C'est là que s'avèrent les bifurcations, les différences, et peut-être les irréductibilités. Bien des éléments concordent, entre Schelling et Freud, aussi longtemps qu'est déplié le champ de la description et de la convocation d'exemples. On les aura relevés sans peine : le recours à la quotidienneté moyenne, voire à la banalité de certaines impressions vécues relevant de l'attestation d'une étrangeté en nous, incontestable et incompréhensible ; la place centrale dans cet ensemble d'expériences de ce qui ne se laisse éprouver que depuis la temporalité et l'écart du latent et du manifeste – il faudrait dire du *manifesté* pour en signifier précisément la différence temporelle se faisant inconsciemment et que Schelling détermine comme la différence entre le « latent » de « l'être », son « négatif » et le « manifeste et efficient » de « l'étant » comme « principe positif » (167). Autant les préalables à l'établissement de l'hypothèse de l'inconscient sont, parfois littéralement, déjà relevés et décrits par Schelling, autant, dès lors que Freud entreprend de traiter des propriétés de l'inconscient-système, le contraste apparaît fortement. Ce que la psychanalyse freudienne détermine comme inconscient « ne connaît pas le temps » alors que l'inconscient des *Âges* est un principe et une force temporels, au point que les deux principes eux-mêmes ne sont pas contemporains – comme si, selon une belle expression de Rosenzweig, « l'homme avait deux dates de naissance ». Deux ou davantage. Le métapsychologique freudien est un méta-temporel, un méta-chronologique tout au moins. Je n'entre pas ici dans la discussion, interne à la psychanalyse, de ce point. Sans doute faudrait-il distinguer l'inconscient-système et l'inconscient tel qu'il s'endure dans les pulsations temporelles de la cure psychanalytique, Freud et Lacan pour résumer un peu grossièrement.

Ce que la psychanalyse détermine topologiquement comme inconscient est, dans les *Âges*, strictement circonscrit à titre de temps effectivement différents et se faisant à tout instant dans cette différence effective. Les forces représentent des principes actifs de temporalisation, on l'a dit, lesquels en l'homme (puisqu'elles y ont leur siège) renvoient et relient à un plus-que-l'homme (puisque l'une des deux le rapporte à un au-delà ou en en-deçà du monde). Il s'agit d'approcher, depuis « la nuit de l'inconscience » (212)[1], la naissance disruptive des temps humains à chaque instant que le bon Dieu fait et que les hommes vivent. Pour Freud, c'est

1. Je reviendrai plus loin, à propos de la décision, d'une part, de la naissance de « Dieu », d'autre part, sur l'équivoque qui marque l'usage schellingien de ce terme d'inconscience (ou d'inconscient), *ne pas avoir* conscience et/ou *ne pas parvenir* à la conscience (*cf.* J.-F. Marquet, *Liberté et existence*, Paris, Gallimard, 1973, p. 479). *Cf.* § 21, p. 118.

l'inconscient en tant que tel qu'il faut tenter de déterminer par-delà le paradoxe de pareille entreprise – et le non-chronologique n'est que l'un des traits qui forment la condition de fonctionnement du psychisme. Je reviens à Schelling.

La dynamique du secret commerce doit être saisie sous un double aspect. Elle est le chiffre descriptif de la structure d'une subjectivité incisée. Par ailleurs, en raison même de cette structure incisée qui en est la marque temporelle, elle signifie et atteste une effectivité des temps du monde lui-même, voire du temps comme monde, comme ce monde-ci. L'homme est un *microchrone* qui se tient en un lien énigmatique (mais simple) avec un *macrochrone*. La nature de ce rapport se laisse apercevoir dans le recours à l'analogie géologique et stratigraphique qu'utilise Schelling (23, 144) : « tout ce qui nous entoure renvoie à un passé incroyablement reculé. Les plus anciennes formations de la terre ont une apparence si étrange que nous sommes à même de nous faire une idée du temps de leur genèse et des forces alors en action. Dans sa majeure partie nous la trouvons effondrée en ruines, témoins d'une sauvage dévastation. Des temps plus calmes ont suivi, mais qui furent eux aussi interrompus par des cataclysmes pour être enfouis avec toutes leurs créations sous celles d'un temps postérieur. Dans une suite immémoriale de temps, chaque temps chaque fois a recouvert le précédent, si bien que c'est à peine si la terre montre encore quelque chose d'originel ; il faut défaire une masse de couches peu à peu superposées ». *Il faut défaire une masse de couches superposées* : le geste par là indiqué est évidemment remarquable. Sans rien dire de la *Destruktion* heideggérienne dont il préfigure la lettre même, sans qu'il soit non plus nécessaire de relever encore sa proximité avec la tâche de la psychanalyse, il engage la requête d'une lecture stratigraphique du rapport entre *micro-chronos* et *macro-chronos*, entre les sédiments déposés en l'homme et qui « contiennent à l'état d'enveloppement » les grands temps du monde, de l'avant et de l'après qui l'encadrent. Les *Âges* tentent d'effectuer les multiples coupes transversales qui permettraient de faire voir « la vérité » de la « fable » immémoriale (12, 134, 222) par où se dit depuis toujours qu'il y a au plus profond de l'homme, ensommeillé, quelque chose qui provient du commencement des temps. C'est que « le passé n'est pas fugace, il reste sur place » [1].

1. *À la recherche*..., éd. cit., IV, p. 43 : « le passé n'est pas fugace, il reste sur place (...) après des siècles et des siècles, le savant qui étudie dans une région lointaine la toponymie, les coutumes des habitants, pourra saisir encore en elle telle légende bien antérieure au christianisme, déjà incomprise, sinon même oubliée, au temps d'Hérodote et qui, dans l'appellation

L'inconscient schellingien, si l'on peut dire ainsi, s'apparente plutôt à un oubli capable de se surmonter par la force de rémémoration, ce principe de désoubli et de désenfouissement apte, lui, à reconstituer l'événement oublié par l'autre « principe », « comme dans l'effort pour nous rappeler un nom, une chanson, une phrase, il y a pour ainsi dire deux êtres en nous » (242). « En éloignant les représentations qui font écran dans la mémoire » (241), le *micro* et le *macro* des temps s'entre-répondent au fil de cette reconstitution qui est le but de la narrativité. La dialectique s'affaire autour du concevable, « ce qui est capté par un con-cept », alors que le connaissable est « l'étoffe » même du présent, de « l'actualité la plus pure » (257). « Comme il est pauvre », le temps, s'il est « maintenu dans le concept » ! (24). En revanche, celui qui est capable de « sentir » ou de « pressentir » le temps en lui, « celui qui se contente de prendre le temps tel qu'il se présente », celui-là « sent en lui un conflit entre deux principes » qui sont presque deux désirs, une contraction et une expansion, une résistance et un surmontement, un vouloir entrer en soi et un vouloir sortir de soi (146).

La temporalité intime du sujet est entièrement homologue à la structure même du temps « objectif », et cette homologie se signifie à chaque instant, brouillant les distinctions habituelles entre des acceptions hétérogènes et exclusives du temps. *Je suis temps*. Evidence d'où provient l'urgente nécessité d'arracher le temps au concept, c'est-à-dire de le restituer à lui-même, soit au « grandiose poème héroïque que dicte le temps lui-même » (243), au temps que le temps impose à ses propres modes d'accès, le savoir, le connaître et le pressentir, et aux formes de leurs restitution, la narration, l'exposition, la prophétie. Le temps est toujours-déjà hors-concept, il est le hors-de-soi du concept, originaire et fécond, « le transcendant par excellence » si l'on entend ces mots au sens où ils sont dits dans *Être et temps* par Heidegger. Les vieilles distinctions proposées par les grandes pensées du temps, d'Aristote à Kant en passant par Augustin, pour vénérables et profitables qu'elles aient pu être, n'ont plus cours, elles sont révolues, « le temps de telles recherches abstraites est passé » (238). Le temps lui-même les aura frappé de sa marque car rien n'y échappe, tout est son « œuvre » et c'est de lui que « chaque chose reçoit sa spécificité et sa détermination » (23, 145). Ainsi la définition kantienne de l'Esthétique transcendantale, soit la détermination du temps comme condition formelle subjective de l'intuition de notre état intérieur, comme forme du sens

donnée à une roche, dans un rite religieux, demeure au milieu du présent comme une émanation plus dense, immémoriale et stable ».

interne, donc, et aussi comme condition *a priori* des phénomènes, semble-t-elle relever de ce que Schelling note à plusieurs reprises, le trop « peu d'importance » (237) accordée par les philosophes à la question du temps. On n'est pas sérieux quand on est philosophe (du temps). Alors que Freud lui-même se rapporte à Kant, jusqu'à y voir sous certains aspects, l'analogon de la psychanalyse [1], Schelling insiste sans relâche sur l'impossible réduction du temps à une forme de nos représentations, sous peine d'en faire un « simple carillon qui serait le fruit de nos pensées et qui cesserait dès que nous ne compterions plus heures et jours » (237). Je n'entre pas dans la discussion détaillée du bien-fondé de la référence lapidaire au Kant de l'Esthétique transcendantale. D'une part celle-ci ne fait pas la pensée kantienne du temps en son entier et l'on peut tenir par exemple la très forte distinction proposée dans *La fin de toutes choses* entre *Zeitpunkt* et *Augenblick* pour décisive, y compris pour la genèse du temps à partir de l'éternité. En outre dans la première *Critique* elle-même, Kant limite la validité de la représentation spatiale du temps sous la figure analogique de la ligne, laquelle ne permet pas de comprendre la succession à laquelle elle substitue fallacieusement la simultanéité.

Le temps ne saurait tenir dans une forme. Le temps, c'est Moi. Non pas, on l'a compris, au sens d'un subjectivisme effréné. Kant déjà, lorsqu'il pose que le temps est subjectif, n'entend pas par là qu'il est propre à chacun d'entre nous, mais simplement qu'il n'est pas dans les choses. « Le temps, c'est Moi » est un énoncé qui ne peut prendre place et sens que dans une philosophie de l'absolu et de son temps, une philosophie de l'histoire de l'absolu dont la temporalité s'explique, se déplie et se déploie ontologiquement selon des forces. *Le temps, c'est Moi* devra donc s'entendre au sein de la stratigraphie isomorphe *et* du sujet *et* de la temporalité.

1. « L'inconscient », *Métapsychologie, op. cit.*, p. 74 : « de même que Kant nous a avertis de ne pas oublier que notre perception a des conditions subjectives et de ne pas la tenir pour identique avec le perçu connaissable, de même la psychanalyse nous engage à ne pas mettre la perception de la conscience à la place du processus psychique inconscient ».

§ 12

L'ÉMULE DE L'ÉTERNITÉ

D'où vient cette temporalité ? À même le sujet, elle résulte du jeu des forces qu'on a déjà décrit. Il y a là une première instance où se montre la naissance des temps. Elle est décisive, comme peut l'être la moyenneté existentielle pour l'analytique existentiale heideggérienne – car elle atteste le temps comme ce qui sans cesse se sent et se pressent et à quoi il faut impérativement accorder crédit. Or l'une des deux forces, le *Gemüth*, la force archétypale, ne se signifie et ne se manifeste qu'à se faire l'agent de liaison active avec le supra-humain, l'extra-mondain, l'extérieur-supérieur. Le jeu des forces cœur / esprit, principe génésique des temps humains, ne s'effectue par conséquent qu'à titre de « réplique », de « répétition dans un cercle plus restreint » d'un « système des temps » correspondant à « un seul vaste temps » : « le monde n'aurait en lui ni passé ni avenir (...) le passé proprement dit, le passé radical, est le passé d'avant le monde (...) l'avenir proprement dit, l'avenir radical, est l'avenir d'après le monde » (22, 144).

La question de savoir comment s'articulent et se répondent les grands temps du « vaste » système, soit les « âges du monde » à proprement parler, et la temporalité pratique qui commande, par exemple, la décision constitue un « dilemme méthodologique », selon l'expression de W. Wieland [1], qui partage en profondeur la recherche schellingienne. Ainsi Lanfranconi explique que le temps vrai constitué par les âges du monde et l'histoire supérieure qu'ils relatent et où s'effectuent l'existence et la révélation exté-

1. *Schellings Lehre von der Zeit*, Heidelberg, 1956, éd. cit., *supra*.

rieure de l'absolu, n'a rien à voir avec le temps dans lequel nous vivons [1]. L'entrée phénoménologique dans la question de la temporalité ne serait alors nullement autorisée par la généalogie des temps engagée par les *Âges*. On devine par ce qui précède et on verra dans ce qui suit que je ne partage pas ce dernier point de vue et m'accorde plutôt avec les hypothèses de Wieland sur ce point [2]. Mais la difficulté ne peut être contournée. Comment concilier l'idée que les temps doivent être « effectivement différents », Schelling y insiste sans cesse, et que le temps de ce monde est un seul et même temps, sans différence ? Non seulement, me semble-t-il, les deux perspectives ne se nient nullement l'une l'autre, mais elles s'entre-conditionnent de façon très étroite, au prix il est vrai de quelques contorsions « narratives ». Pour l'établir, il faut s'arrêter longuement sur le propos schellingien sur l'*éternité* et sur la *contradiction* (§ 15) et prendre en vue sa grande singularité.

Premier point : le jeu des forces où se produisent les temps humains sera lui-même la réplique d'un jeu de forces au sein de l'éternité, d'une différenciation effective se faisant et se refaisant sans discontinuer, à chaque instant. Une réplique, c'est d'un même allant une répétition et une résistance, un refus, au sens de répliquer à. Le temps est toujours de l'ordre d'un surmontement, d'un arrachement extatique par rapport à l'éternité dont il est à la fois la reprise et la rétractation. Il est ce qui nous met « hors de nous ». Ce qui, à chaque instant, émerge dans ce surgissement ou cette instanciation du temps, c'est le temps lui-même en son entier : « à chaque instant surgit le temps, et en vérité le temps *en entier*, le temps dans lequel passé, présent et avenir sont dynamiquement dissociés et par là du même coup conjoints » (93). Les temps humains éclosent co-originairement dans leur conjonction-dissociation. Ils ne se présentent jamais à nous « à la queue leu leu » comme dit Heidegger, ou séparés et « délimités » selon le mot de Schelling. Ils sont vivants dans une disruption continuée sur fond d'éternité : « le temps est en chaque instant le temps tout entier, à savoir passé, présent et avenir, et ne commence pas à partir du passé, ni de ses confins, mais du centre et reste égal en chaque instant à l'éternité » (98). Ce « centre » est l'instant lui-même, le cratère d'où surgit à chaque fois unique l'éruption du temps, depuis les profondeurs abyssales de l'éternité. Celle-ci détient une fonction, si l'on peut se permettre de la réduire de la sorte,

1. *Krisis*, éd. cit., p. 98 (*cf.* également p. 85, p. 87).

2. Lequel engage (*cf.* § 15, p. 78) la question cruciale des « considérations éthiques » (*cf.* également J.-F. Courtine, *Schelling entre temps et éternité*, Paris, Vrin, 2012, p. 66 *sq.*).

matricielle et sourcière pour la détermination du temps. Dans la ligne ou les lignes esquissées dans les *Âges*, hors l'éternité, la temporalité elle-même, soit les «petits» temps, serait parfaitement inintelligible. Et si l'on demande: pourquoi l'éternité? il suffit de se rapporter à l'expérience intime que nous pouvons faire du temps et de ce qui l'habite dans ses profondeurs mélancoliques. Une nostalgie active de l'éternité travaille le temps lui-même et en sourd perpétuellement. L'infini manque à être ou le manque infini de l'éternité est la marque quasi-définitionnelle de la temporalité. Est temporelle en effet, selon Schelling, «toute chose qui n'a pas la parfaite possibilité de son être en elle-même mais en un autre» [1], toute chose qui n'est pas adéquate à soi et à son concept, et qui se tient dans cette «contradiction» intensive. Le temps «n'est rien d'autre qu'une quête constante de l'éternité (...).Tout se languit de l'éternité» (148). Cette quête est le moteur de l'arrachement à soi qu'est l'existence et qu'est tout autant le temps. Elle seule permet de rendre compte de ce que Schelling appelle, dans les feuillets VII et VIII (268 *sq.*) le «mouvement» qui, depuis «la force originaire de la vie divine» (269), donne lieu par «l'acte constant de son désenveloppement» (276), à «l'origine des choses». Dans ce «développement» par où «tout voit le jour» (269), temps et éternité entrent en concurrence, le premier se faisant «l'émule» de la seconde (274). «L'éternel *dans le temps*» et «le temps qui veut s'accomplir en éternité» (274) sont les pulsations différentielles et inégales de l'histoire de l'absolu – de même que dans la tradition juive, notons-le, deux «âges» pulsent le temps et l'intrique dans sa singularité, «ce monde-ci» et «le monde qui vient». Schelling en retrace le «mouvement» ou le «développement» en recourant au jeu des forces qui préside à la naissance des temps humains depuis le dedans de l'éternité divine elle-même – par deux fois, dans la réplique humaine d'un séisme divin, et dans le connaissable des temps par où seulement quelque chose de l'inconnaissable d'où ils proviennent peut s'approcher.

Le temps se présente comme une tentation à laquelle Dieu aurait fini par céder. En se contractant d'abord par la «force» de l'auto-»négation», de l'auto-»contradiction» (269). En s'épandant ensuite dans «le ciel et la terre», dans la création proprement dite, le créé lui-même étant encore retenu «sous la constante contradiction d'une force d'enveloppement, d'inclusion, de refoulement» (269). De même que Dieu, pour créer, fait place à l'espace hors de lui, jusqu'à se contracter en un point infinitésimal,

1. *SW*, VI, *Abkunft der endlichen Dinge aus dem Absoluten und ihr Verhältnis zu ihm*, p. 45.

selon la Kabbale lourianique, de même l'éternité se temporalise dans l'instant qui en est l'éclosion temporelle, en quelque sorte, le clignement d'un œil qui s'ouvre vers le dehors puis se referme vers le dedans, dans une lumière intermittente et infinie. L'œil de l'instant est une trouée d'éternité « dans le temps » et du temps « qui veut s'accomplir en l'éternité ». L'instant, par sa seule vertu de temporalisation, et à condition de ne pas l'entendre comme unité de mesure minimale et indifférente, toujours égale à soi, atteste la provenance éternitaire du temps des hommes, son surgissement fulgurant à partir d'un supra-humain dont témoigne le *Gemüth*. C'est bien la même force, mais déployée et étagée selon des plans hétérogènes, qui meut l'existence temporalisée des hommes, la fulguration des temps dans l'existence et la vie même de l'Archivivant des origines : contraction / expansion, entrer / sortir, attraction / répulsion. « Tout ce qui est » est un « Être retiré en lui-même, qui s'est opposé de lui-même à ce qui est en dehors de lui ; mais il ne s'y est opposé que pour se révéler et se communiquer à nouveau tel qu'il est en soi à cet au-dehors et ne peut de ce fait persévérer dans son retrait » (147). « Chez Schelling, l'homme est expérimenté en ce qui le conduit et l'expose au-delà de lui-même » [1], soit dans et sous la temporalité vivante qu'il est à même lui-même. La temporalisation de l'éternité par l'instant implique de multiples effets.

D'une part, la co-originarité des trois dimensions du temps se faisant, se défaisant et se refaisant à chaque instant constitue une dynamique qui permet de mieux comprendre que la différence des temps puisse se produire au sein du temps (du) même, c'est-à-dire du temps du monde. Il ne faut pas entendre cette différence effective des temps comme leur « délimitation » définitive et sempiternelle au sein d'un « écoulement constant » (143). Cette dernière représentation est associée au système mécanique du temps, « chaînes de causes et d'effets, allant à l'infini dans un sens comme dans l'autre » et où « il n'y aurait au vrai sens des termes ni passé ni avenir » (22, 143) – et Schelling se place délibérément au-delà de pareille « ineptie » (143). L'organique opposé au mécanique permet en revanche de décrire le surgissement du temps *en son entier* dans chaque instant comme l'extase de la co-originarité, l'arrachement des trois dimensions depuis le clignotement qui les ouvre.

Celles-ci sont effectivement différentes, c'est-à-dire que « passé, présent et avenir » ne sont pas « de simples concepts de relation au sein d'un seul et même temps » (260). Mais cette extrême différenciation expansive n'annule jamais la contraction d'où elle sort et qui la libère, le temps du

1. Heidegger, *Schelling*..., éd. cit., p. 282.

monde, le seul temps, toujours et à chaque fois là, en tout instant se produisant et s'abolissant, de même que, dans la tradition juive, le monde-qui-vient travaille secrètement ce monde-ci. C'est la représentation courante de temps successifs et aplatis sur une ligne homogène, s'écoulant continuellement à l'identique, qui conduit à l'impossibilité de penser l'instant et par conséquent à l'exclusivité logique de l'autre (les trois dimensions) et du même (le temps du monde). De la même façon d'ailleurs, ce système mécanique ne pourra concevoir l'éternité autrement que comme une durée du temps lui-même pour la simple raison qu'il est hors d'état de prendre au sérieux l'instant, c'est-à-dire la temporalisation du temps. Dans l'instant, l'éternité se pose avant de reprendre son vol. Chacune de ces positions permet que le temps soit à la fois ouvert sur sa *différence effective* et se faisant effectivement, en son extase propre, et qu'il se fasse *en entier*, passé, présent et avenir, analogue instantané du seul et même temps du monde. À chaque instant, le temps se rejoue comme petits temps des hommes et grands temps des âges. C'est ce que montreront les considérations éthiques (260) et ce qu'elles engagent à chaque fois de *temporalisations intégrales* pour ceux qui y sont soumis.

La seconde conséquence de l'instanciation du temps depuis l'éternité, entièrement solidaire de la première, concerne l'avenir. Si chaque temps particulier est le temps tout entier, cette entièreté « organique » du temps qui se disjoint et s'extasie depuis l'éternité dans les trois temps qui composent l'instant sera comme post-déterminée par le temps encore non étant, par l'avenir : « qu'est-ce à dire que chaque temps particulier possible est le temps tout entier ? Cela ne revient pas simplement à dire que chaque temps est en soi tout entier parce qu'il contient du même coup passé, présent et avenir ; mais nous affirmons aussi qu'il contient en soi le temps tout entier lui-même, encore non étant (qu'il conviendrait peut-être d'appeler, pour plus de clarté, le temps absolu), qu'il en est par conséquent une image effective. Le temps tout entier existerait en effet lorsqu'il ne serait plus à venir, et c'est pourquoi nous pouvons dire que l'avenir, le temps dernier, est le temps tout entier » (100). Valéry expliquait que « ce qui n'est pas encore achevé n'existe pas encore ». Pour Schelling, la temporalisation intime du temps s'effectue par l'avenir – mais ce primat de l'avenir n'est commandé ni par notre condition mortelle (Heidegger) ni par l'altérité de l'Autre (Levinas). Il n'est rien d'autre que la réplique dans les temps humains du primat de l'éternité, lequel l'enveloppe, comme le grand enveloppe le petit. « Le temps complet, c'est l'avenir » (101). Schelling distingue le plan idéel du plan réel : idéellement, le temps en entier précède chaque temps particulier ; effectivement chaque temps particulier détermine, depuis l'avenir, le tout du temps. Le propos est simple : 1. l'avenir est un temps plus « complet » que le passé et le présent et il existera d'autant plus qu'il les achèvera ; 2. cette notion de com-plémentation des temps n'a de sens que si l'effectuation des temps est tributaire d'un jeu de forces, une force « d'affirmation » qui s'élève dans « les choses » « à partir du non étant » et une « force de négation » qui se surmonte inégalement et produit par ce « refoulement » la « suite des temps » (106) ; 3. l'avenir comme force effectue donc quelque chose des temps dans leur particularité et leur engendrement réel, effectuation sur fond d'éternité, d'« éternelle alternance d'avènement et d'effacement » (106). L'avenir par où la temporalité se temporalise est le simulacre effectif de l'éternité, c'est lui, en tant qu'il est le temps tout entier, qui est son véritable « émule ». Cette émulation est au fond le maître-terme qui permet de comprendre la « contradiction » entre une différence niée et une différence affirmée. Il ne s'agit guère d'une contradiction logique mais d'une double consécution temporelle qui n'est rien d'autre par ailleurs que *la double articulation idéelle / effective des « choses »*. Un avenir qui ne serait tout bonnement « pas de ce monde » mais « d'après le monde », un avenir qui se réduirait donc à son statut d'âge du monde, risquerait de demeurer sans cesse privé d'effectivité. Un avenir qui, à l'inverse, serait coupé de l'éternité et réduit à son statut de « petit temps », risquerait de s'enrayer dans la répétition du passé, laquelle guette en raison de la « mêmeté » du temps qui conforme ce monde-ci comme présent perpétuel.

La différence entre l'idéel et le réel, entre la pensée et l'effectivité, est temporellement insurmontable, réglée qu'elle est par le « pas encore » que dicte l'avenir. La voix de l'*Urwesen* est recouverte du voile d'Isis et nous sommes tous ces voyageurs du temple de Saïs. « Je suis ce qui fut, ce qui est et ce qui sera » dit l'Être qui parle sous le voile, de cette même parole proférée par l'*Adon Olam*, le Seigneur du Monde de la liturgie juive. Mais « l'image repose encore sous le voile ; il n'a pas encore été levé et ne [peut pas] sera pas [à l'avenir] soulevé ; [car l'accomplissement des temps n'est pas encore venu]. C'est encore le présent qui règne seul, et l'avenir (...) où les temps se manifestent avec l'éternité, est [encore] bien loin » (221) [1]. Voilà pourquoi notre science est *voilée*, la dialectique est sa contrainte, la narration son horizon : « notre science n'est pas encore remémoration, elle

1. Dans le « Brouillon primitif (Idée des Âges du monde) » (219-221), Schelling fait précéder les fameuses trois propositions qui ouvrent les versions de 1811, 1813 et 1815 (cf. *supra*, § 1 et 2) par une élucidation de ce qu'est un « âge du monde », ce qui rend lesdites propositions plus claires : à chaque chose son temps, à chaque temps ses modes d'accès.

n'est qu'un effort vers la reprise de conscience (…) ce que nous nommons science est donc davantage un désir de science que la science elle-même, et telle est sans conteste la raison pour laquelle ce grand homme de l'Antiquité lui a donné le nom de philosophie auquel on s'en tiendra » (243).

§ 13

LES ABEILLES DE L'ABSOLU

Les grands temps permettraient seuls, donc, de comprendre la temporalité humaine proprement dite, non pas qu'elle en dépendît strictement et selon un lien de nécessité mais parce qu'ils en forment l'extension, le fond, la trame. Telle action ou telle promesse, pour prendre un exemple de « considération éthique » du temps, sont l'indice de soi, l'avenir qu'elles gagent, mais aussi de plus que soi, d'un « autre » avenir qui fournit à ce dernier sa profondeur et, de quelque manière, sa vérité – et face auquel il ferait irruption, comme « être réfractaire », « altérité » rebelle (279). Ce « grand » avenir est après le monde. « Le temps de ce monde », le présent, est lui-même précédé par un temps « en-dehors de lui », un temps d' « avant la Création », un passé immémorial. Schelling interprète le « rien de nouveau sous le soleil » de *Qohelet* dans un sens qui confirme l'étagement des deux séries. Le temps du monde, le temps-monde, ne connaît que du même, le temps uniforme déterminé par la course du soleil, un temps inachevé dans sa temporalisation. La structure de l'être-au-monde de l'existant humain, sa mondanéité, est d'ailleurs analogue à la structure de la temporalité elle-même.

Le « véritable » avenir demeure toutefois, dans les projets et fragments pour le Livre I, fort peu esquissé – on le sait, le seul Livre relativement élaboré est le Livre du Passé. Le fragment auquel je viens de me référer s'interrompt abruptement, à propos de l'avenir, et l'éditeur note : « le reste de la feuille est resté vierge à partir d'ici » (227) !

Qu'en retenir cependant ? Au moins une chose qui ne se démentira plus, jusqu'à la dernière philosophie : la temporalisation de la grande question ontologique sur l'être et sur ce qu'est l'être, conséquence de la double série des « grands temps » et des temps humains [1]. Schelling écrit : « après la question : qu'est-ce qui est ? rien ne préoccupe tant l'homme que les deux questions : qu'est-ce qui a été ? et qu'est-ce qui sera ? Passé, présent et avenir suscitent tout autant sa curiosité, on serait même tenté de dire que les deux extrêmes l'attirent davantage que l'intermédiaire » (225).

On a déjà noté que l'auteur des *Âges* ne manque pas de prévenir l'objection que son lecteur lui adressera peut-être : n'y a-t-il pas quelque chose de « choquant [dans] le concept d'un temps d'avant le monde » ou d'après le monde ? Il « imagine sans peine », ajoute-t-il, les difficultés que rencontreront ceux qui sont « enclins à voir naître de concepts tout ce qui est substantiel » (225-226). Il s'agit alors d'en appeler derechef à « ce avec quoi l'homme est dans un rapport vivant ». Or cela, ce vivant en lui, c'est le temps lui-même – non pas, on s'en doute désormais, à titre d'organisation de trois segments entre-délimités et successifs, mais le temps comme cette stratification latente et en sommeil dont la dynamique ou « l'animation » (223) permet à sa « conscience du temps » (220) de remonter dans la nuit des temps et, à l'autre bout, de se projeter jusqu'au dernier des temps. Ce vivant en l'homme, l'entrelacs de la force du « temps primitif » et de la force jeune et puissante du présent (222), est relié à la *Lauterkeit*, cette pureté et cette nudité « que l'homme cherche en toutes choses » et qui ne peut guère se ramener à son concept car elle est « ce qui reste quand on ôte la propriété d'avoir des propriétés » : « elle est là quand on ne la veut pas et s'enfuit quand on tente de la saisir » (251), comme le temps lui-même selon Augustin, comme les noms oubliés qui en sont le symptôme. Cette recherche du limpide indéplié anime le plus vivant du vivant. C'est par cette voie que Schelling va tenter de résoudre une difficulté considérable énoncée dès les premières pages des *Âges*. S'il est évidemment impossible de « saisir », de concevoir et de raconter la vie de l'*Urlebendige*, la *Lauterkeit* pourra fournir le fil, voire l'organon de cette approche, de cette potentialisation du Vivant originaire depuis le vivant du temps humain. Il y a dans l'âme humaine ou dans la stratigraphie de la conscience du temps une image enfouie et inversée de l'Origine. La liberté des hommes est le « voile » d'Isis à travers lequel la liberté éternelle pourra peut-être (car cette homologie n'est ni assurée ni exacte) se lire et s'entendre. L'âme, et le

1. Ce schème de la *double série articulée par la réplique* commande également la structure et l'économie complexe de l'*Etoile de la rédemption* de F. Rosenzweig : trois modes temporels en distribuent *lato sensu* les trois parties et dans la partie centrale, le présent (ou la révélation), se répètent *stricto sensu* les trois « grands » temps eux-mêmes (création, révélation, rédemption).

temps est « l'âme » de cette âme, selon la règle de la « réplique », est le lieu où se réfléchit d'une certaine façon ce qui se produit dans l'éternité, selon le « refoulement du temps », comme dit Schelling, c'est-à-dire dans l'insondable et l'obscurité du *Gemüth*. Cette compression « imprépensable » (252) de la *Lauterkeit* dans l'âme, pour autant que la pure Nudité est une « sur-réalité » (251) imprenable, pourra alors permettre par sa décompression de trouver le fil qui conduira peut-être au vivant des origines. Il y a en l'homme un principe de reliaison avec l'Être archi-originaire, il y a dans ses temps un fond d'éternité, il y a dans sa mémoire un dépôt des grands temps, leur trace irréductible et aveugle – voilà d'où il faut partir.

Que signifie le « grand » des grands temps dans l'usage réglé qu'en fait Schelling ? On y associera d'abord et à bon droit les vocables nietzschéens de la « grande » santé, de la « grande » politique ou encore du « grand style » – toutes perspectives déterminées par le surhumain d'une philosophie de « l'avenir ». Rilke, lorsqu'il parle à son tour de « grande maternité » ou de « grande justice », en décrit précisément la part concrète : « ceux qui au long des nuits s'unissent et s'entrelacent dans les bercements de la volupté font un travail plein de sérieux, amassent des douceurs, de la profondeur et de la force (…). Ils appellent le futur ; et même s'ils s'égarent, s'étreignent en aveugles, cet avenir viendra, un homme nouveau surgira, et sur ce sol fait d'un hasard qui semble avoir ici terminé son œuvre, c'est la loi qui s'éveillera (…). Ne vous laissez pas abuser par la surface ; dans les profondeurs tout devient loi… Peut-être règne-t-il au-dessus de tout cela une grande maternité » [1]. De même la « grande justice » de l'art [2], l'art de Rodin en particulier qui par la « main » confère au monde sa mondanéité – cette grande justice s'élève, depuis des profondeurs qu'elle ne soupçonne pas, jusqu'à la « loi » qui prend le relais du hasard. Les poèmes-chose de Rilke, les *Dinggedichte*, procèdent de cette « vision » des « systèmes de surface » où le poète aperçoit « des formes avec précision et netteté » [3]. Le même rapport, mais inversé, règle dans les *Âges* les grands temps qui encadrent le seul et même temps du monde présent, d'une part, et, d'autre part, les trois temps surgissant de l'éternité dans l'instant. Sur le sol ou depuis les hauteurs de la loi organique des temps, la merveille de la temporalité humaine surgit à la manière d'un butin butiné depuis l'absolu. « Nous sommes les abeilles de l'invisible », écrit Rilke dans sa lettre du

1. R. M. Rilke, *Lettres à un jeune poète et autres lettres*, Paris, GF Flammarion, 2006, p. 58-59.

2. *Ibid.*, p. 113.

3. *Ibid.*

13 novembre 1925, « nous butinons éperdument le miel du visible pour l'accumuler dans la grande ruche d'or de l'Invisible ». En tant qu'êtres faits de temps, nous sommes les abeilles de l'absolu, gorgées de son « grand » miel, volant de l'appel du futur vers la quête de l'éternité, décrivant d'improbables trajectoires autour d'une ruche que nous ne discernons même pas mais sans laquelle nous n'existerions pas.

Exister et exister temporellement (ce qui strictement signifie la même chose), c'est entrer incessamment dans ces « considérations éthiques » (260, SW, VIII, 259) que Schelling convoque pour donner consistance à sa pensée du temps. Le geste est décisif. On pourrait même aller jusqu'à dire que seul il permet d'accomplir jusqu'au bout l'in-stanciation ex-tatique du temps depuis l'éternité. Seul en tout cas il engage la compréhension effective de la doctrine des temps exposée dans les *Âges*.

§ 14

LA DÉCISION ET L'AVENIR DU PRÉSENT

En quoi consistent ces « considérations éthiques » ? On peut commencer par dire qu'elles s'attestent sous trois registres, l'ouverture, la décision et l'avenir, déjà partiellement croisés.

L'ouverture résulte du conflit de forces de l'ouvert et du fermé dont le temps, exactement comme « toute vie » (147), est à chaque fois la résultante instantanée. À l'homme il faut une capacité de surmontement, laquelle fait potentiellement de lui une « réplique » de Dieu, et de l'organisme de sa temporalité une « répétition dans un cercle plus restreint » de la création, en un sens lui-même limité (144). Sous la condition, évidente tout au long des *Âges*, d'avoir par avance rompu avec « l'ineptie » du temps mécanique, l'ouverture des temps signifie l'inscription d'une scission, d'une crise, d'une coupure, d'une incision. À cet égard, la décision fait figure d'emblème de la signification temporelle de l'existence vécue. Toute décision prise est décision contre, en faveur, au-delà, etc. du temps, « tout n'est qu'œuvre du temps », les affects, le corps, l'esprit.

S'agissant par exemple du présent, on ne saurait le réduire à un état indifférencié qui ne se distinguerait jamais du passé que comme passé toujours à venir, dans une concaténation indéfinie, intranchée, de causes et d'effets. Il n'y a de présent authentique, pourrait-on dire sans forcer le sens des mots, que comme présent décidé, tranché, coupé d'avec le passé. Qui ne tranche pas n'a ni présent authentique et subjectif ni, non plus, de passé. On ne peut même pas dire qu'il vit dans le passé, au sens où il aurait décidé de vivre dans le passé. Il vit imaginairement dans un passé imaginaire. « L'homme qui n'est pas capable de se séparer de lui-même, de se détacher de tout ce qui lui est advenu et de s'y opposer activement, n'a pas de passé, ou bien plutôt il n'en sort jamais... Seul l'homme qui a la force de s'élever au-dessus de lui-même est capable de se doter d'un véritable passé, seul il jouit aussi d'un véritable présent comme il est seul à affronter un authentique avenir» (143). Tous les verbes de ce passage signifiant l'opposition active désignent le geste de trancher-avec (*scheid-*). La décision (*Entscheidung*) engage tout un avenir, elle dégage un passé en engageant cet avenir et, ainsi, elle emplit un présent déterminé et résolu. Le temps n'existe, à proprement parler, que lorsqu'est brisée la plénitude de l'être et qu'une césure de non-être en produit le jaillissement. Il n'est rien d'autre alors que « ma vie tout entière », comme dit Merleau-Ponty, en tant qu'il « se confond avec la cohésion d'une vie » [1]. Prendre une décision, c'est être soi-même requis par la co-originarité des trois dimensions du temps. C'est donc être aux prises avec sa propre temporalité, c'est-à-dire avec sa propre existence. La profonde intuition schellingienne selon laquelle le temps ne peut être qu'à la fois identique et différent, même et multiple, instant et éternité, si elle articule dans les *Âges* les grands temps et le monde comme temps unique, se retrouve sans peine dans la fameuse métaphore merleau-pontyenne du jet d'eau car celle-ci lève, jusqu'à un certain point, la difficulté qu'il y aurait à saisir ensemble la décision et le temps-monde, celle-là coupant dans celui-ci : « l'eau change et le jet d'eau demeure parce que la forme se conserve ; la forme se conserve parce que chaque onde successive reprend les fonctions de la précédente : onde poussante par rapport à celle qu'elle poussait, elle devient à son tour onde poussée par rapport à une autre ; et cela même vient enfin de ce que, depuis la source jusqu'au jet, les ondes ne sont pas séparées » [2]. La décision intervient et n'est possible que depuis cette poussée qu'est le temps, ou plus exactement le sujet lui-même, à l'interface du jet et de la goutte si l'on peut dire.

L'in-décision constitue en revanche une lésion du temps car elle revient à en réduire l'unité à une continuité où s'effaceraient toutes les transitions sensibles. L'indécision nie le temps, elle en annule tout ensemble l'effectivité et l'affectivité. On comprend qu'elle est à cet égard, comme tout ce qui est temporel, c'est-à-dire comme tout, une lésion pour le sujet lui-même, indécidé, et pour autrui, indécidable. De là vient l'aspect « éthique » du temps que relève Schelling et qu'il rapporte à un « ne-pas-revenir-à-la-conscience » structurel, profond : « la décision qui (...) doit constituer un commencement ne doit pas revenir à la conscience, elle ne doit pas être rappelée – ce qui revient presque à dire révoquée. Celui qui, en prenant une

1. *Phénoménologie de la perception*, Paris, Gallimard, 1976, p. 481 et p. 483.
2. *Ibid.*, p. 482.

décision, se réserve le droit de la rappeler au jour, celui-là ne commence jamais » (213). La promesse ou le pardon, par exemple, dans les belles analyses d'Arendt qui y voit des façons temporelles de contrevenir à l'irréversibilité du temps, relèveraient de la décision, au sens schellingien de *commencement* – lequel par ailleurs ne se tient que dans l'extrême contraction de tout l'être, l'indéplié, l'enveloppement.

C'est le temps lui-même, force vivante, qui se commence et se recommence comme « poussée ». Car la différence successive des trois temps ne repose que sur la tri-différenciation instanciée de chaque temps particulier. En se différenciant sans cesse, passé et présent s'opposent comme des puissances antagonistes et ne peuvent se constituer que dans cette opposition. Schelling insiste beaucoup sur le contre (*gegen*) du présent (*Gegenwart*). Ce *contre* désigne le conflit des forces tout autant que la configuration d'une rencontre. Le présent est contre le passé, comme une force contraire, et il accueille ce qui vient à l'encontre. Par lui-même, le présent se coupe du passé et s'altère par l'avenir. L'ouverture du temps sous le signe de la décision temporelle s'effectue sous l'effectivité de l'avenir. L'avenir, répétons-le, n'est pas l'Autre ni mon Être en vue de la mort. Il est excédence et transcendance-vers, tension aveugle, futurition au travail dans tout présent. L'avenir, c'est la *krisis* du présent car ce dernier n'est jamais tout entier adéquat à lui-même, il contient toujours du non-encore-là. Il y a, chez Schelling, *un avenir du présent* pour renverser la formule d'Augustin. L'Esprit en est le « principe organique », comme le Père signifie le passé du Fond et le Fils la présence incarnée du Temps. Dans la *Philosophie de la révélation*, le futur, inatteignable dans ces temps-ci, articule toutefois dans la modalité de la narration et sous l'espèce de la « croyance » l'auto-exposition historique de l'Absolu [1]. L'âme humaine, au même titre que les systèmes de théosophie qui en sont en quelque sorte la présentation, témoigne de l'avenir de la présence, elle parle « silencieusement » la parole du futur dans le présent. Une bonne part du « secret » qui est le sien y réside et la philosophie positive s'assignera la tâche de convertir ce secret en « concept par excellence » [2]. La temporalisation par l'avenir est une temporalisation par l'éternité temporalisée, par la « quête incessante » d'éternité, d'un au-delà du temps dans le temps, d'un désir, d'une nostalgie.

1. *PhiRév* III, p. 239 ; et surtout *PhiRév* II, p. 51 *sq.* sur le « ce qui sera » comme « au-delà de l'être ».

2. *Ibid.*, p. 63 : « "Ce qui sera" est le concept *par excellence* ».

Pour l'homme, dont l'identité elle-même apparaît alors très différente de ce qu'en portaient les injonctions contenues dans les premiers textes de Schelling, le temps de la décision est le temps de la scission d'avec soi. Ceci permet de mieux comprendre ou au moins de mieux cerner deux éléments déjà thématisés. D'une part l'existence en l'homme des deux forces, l'obscure et la consciente – dont « le procès de notre autoformation », aussi bien au point de vue du savoir qu'au point de vue « moral », c'est-à-dire « par la vie et pour la vie », atteste pleinement l'effectivité et la dynamique : « dès l'instant que nous appréhendons en nous les deux principes (...),nous nous scindons dans nous-mêmes (...), nous nous opposons nous-mêmes à nous-mêmes (...), nous nous élevons (...), et la conscience commence » [1]. D'autre part, « il en va de même en Dieu » car « Dieu a en lui les mêmes principes que nous » c'est-à-dire qu'il détient lui aussi en lui un haut et un bas, une existence et un fond, un amour et une nature, voire une « matière ». Se scindant comme étant de son être, il créé. Ce geste de *création* a son répondant, en l'homme, dans la *décision* tranchée – qui en est la « reproduction déchiquetée » [2]. À chaque fois, il s'agit de « l'acte moral le plus haut » [3], lequel détermine et « l'éthique » des *Âges* et le « moral » des *Conférences de Stuttgart*. S'il demeure entièrement plongé dans son ipséité, en totale adhérence à son être, incapable de se dévêtir de soi, l'homme ne décide pas et ne *se* décide pas – or seule cette décision par quoi l'homme se scinde de lui-même et du bloc identitaire qu'il forme avec lui-même, est *éthique*.

1. *Conférences de Stuttgart* (1810) in *OM*, p. 214 (cf. *infra*, « Annexe », p. 149).

2. J. L. Borgès, *Histoire de l'éternité*, Paris, UGE 10/18, 1974, p. 147 – où l'expression s'applique au temps en son rapport à l'éternité.

3. *Ibid.*

§ 15

LA CONTRADICTION, LE POISON ET L'ENFANT

Décrit anthropomorphiquement, humainement, imparfaitement (145) en termes de résistance, de tension entre deux forces, expansive et contractive, le temps ne saurait se représenter et se penser comme une évolution, un processus, le développement organique d'un germe qui se transforme par étapes jusqu'à devenir le résultat de soi-même ou résulter de son propre devenir, entre bourgeon et fruit. C'est un tout autre réseau métaphorique qui lui convient dans la pensée schellingienne, l'idée ou l'image d'un fond obscur qui ne s'ouvre pas à l'existence linéairement, par un « devenir-autre » que soi, mais qui s'épand et se rétracte, depuis les « ténèbres » et la « fermeture » (37) jusqu'à son jaillissement ondoyant, en « jet d'eau » si l'on veut. La force de différenciation qui donne naissance aux temps, lesquels ne se produisent qu'en se faisant à chaque instant surmontés et surmontants, est par elle-même « éthique ». Elle emporte la contrainte expériencielle, et non pas logique, d'une décision et d'une exposition, d'un obstacle et d'une contrariété. Par la force des choses, doit-on dire, le jeu des forces rencontre bien sur son chemin la contradiction, les contradictions. Mais il ne saurait s'agir d'un antagonisme logique. Il y va de tout autre chose, comme on le voit avec l'exemple proustien de l'oubli du nom propre qui constitue, en un sens puissant, une contra-diction entre « l'esprit » et le « réel » [1]. La contradiction de type logique peut être

1. *À la recherche*..., éd. cit., t. IV, p. 275-276 : « Mon attention, tendue vers la région intérieure où il y avait ces souvenirs d'elle, ne pouvait y découvrir ce nom (...). Ma pensée avait engagé comme une espèce de jeu avec lui pour saisir ses contours, la lettre par laquelle il commençait... ; c'était peine perdue (...) mon esprit aurait pu créer les noms les plus

dépassée et levée par des procédures logiques supérieures et appropriées. En revanche, dans l'inadéquation que signale la contradiction vivante ne s'annonce guère la promesse d'une adéquation à venir. C'est le temps lui-même qui y joue sa partie ou encore « la vie » qui oppose l'épaisseur immédiate et temporelle d'une contradiction, la force opaque qu'il (le temps) ou elle (la vie) dresse devant une liberté. Le même vocable de contradiction peut donc désigner des principes tout à fait hétérogènes. Dans les *Âges*, la contradiction n'est rien d'autre que le « principe interne de toute vie » (147). Elle ne désigne pas le moteur logique de la pensée, mais l'expérience d'une liberté qui pousse contre une nécessité.

En montrant que les temps naissent éternellement d'une crise incessante au sein du temps, en montrant à quel point cette crise est dynamique et génésique, Schelling propose *une pensée du temps comme contradiction* et *une pensée de la contradiction comme différence temporelle*.

Que signifie exactement cette mobilisation de la « contradiction » en tant qu'elle serait au cœur de toute vie ? Les guillemets sont l'indice d'une hétérogénéité, sous un même terme, entre deux paradigmes au fond inconciliables, l'hégélien et le schellingien, entre le concept et la force, entre l'articulation ajointée logiquement et la dynamique exposée narrativement, entre la continuité produite par la raison dialectique et l'écartement du philosophique par sa narrativisation.

Comme on sait, la contradiction est centrale dans l'ontologie hégélienne. Elle lui confère une puissance heuristique, c'est-à-dire une force motrice, qu'elle n'avait évidemment pas dans les métaphysiques substantialistes où la contradiction ne faisait qu'indiquer un néant de pensée ou un néant d'être, où elle ne faisait que signifier l'impossible, logiquement et métaphysiquement. Mais cette force motrice de la contradiction signifie chez Hegel l'automouvement du Concept qu'elle anime dans ses pulsations les plus « concrètes ». La contradiction sert la puissance de la négativité, mettant en mouvement le Concept, l'automouvant du dedans de lui-même. Il n'est pas difficile de comprendre que la contradiction qu'évoquent les *Âges*, sans laquelle règnerait une « mortelle léthargie de toutes les forces » (148), représente tout autre chose : une pulsion désirante, voulante, attractive et répulsive, à l'œuvre à même la vie, à même « toute vie » (148).

Pour Hegel, à vrai dire, il y va non pas de la *Vie*, dont « l'ontologie », pour reprendre une expression fameuse de la période de Francfort, est

difficiles. Par malheur il n'avait pas à créer mais à reproduire. Toute action de l'esprit est aisée si elle n'est pas soumise au réel ».

abandonnée dès après 1800, mais du *Sens* – sans qu'il puisse y avoir pour lui, et pas davantage pour Schelling en sens inverse, d'exclusivité des enjeux. Mais la différence est patente. L'horizon du processus dialectique et de la motricité de la contradiction en sa puissance de négativité est la production d'un sens, c'est-à-dire de la vérité s'autototalisant, du Vrai. Non pas de façon extrinsèque, comme chez Kant selon Hegel, mais selon le mouvement des choses elles-mêmes, dans leur rapport négatif à elles-mêmes. La contradiction, c'est la Pensée même, pourrait-on dire, la Vie de la Pensée. C'est la négativité en tant qu'elle produit la positivité, le néant par quoi l'être est, la poussée dialectique, l'activité absolue. Schelling sera le tout premier sensible à l'usage des mots, comme le jeune Marx après lui. Dans ses enseignements munichois des années 1830 en particulier, il invitera à ne pas se méprendre sur ces syntagmes hégéliens de force, d'activité, de mouvement, à ne pas les prendre pour autre chose que des moments du Concept ne pouvant jamais s'excéder, sauf par un improbable coup de force par lequel le Concept serait censé produire de lui-même sa propre extériorité. Incontestablement, Hegel, par l'extrême et inédite valorisation de la contradiction, invente un nouveau régime, dialectique, de la logique, et bouleverse les pensées traditionnelles, les représentations d'entendement qui s'en tiennent à des tautologies plates et inertes, à des « principes » stricts et exclusifs, comme le principe de contradiction ou le principe d'identité. Mais le temps n'y figure que comme *der daseiende Begriff*, soit comme principe d'adéquation progressive au Concept – alors que pour Schelling, on l'a dit, le temporel, c'est l'inadéquat, le non-coïncidant conceptuel.

À cet égard, la « contradiction » des *Âges* se présente comme l'indice manifeste, explicite et sans appel d'une tension véritablement insurmontable entre le temps lui-même et l'éternité. Telle est sa signification absolument patente : « si nous reconnaissons la contradiction, nous reconnaissons aussi ce qui est sans contradiction. Si celle-là est l'élément moteur dans le temps, dans l'absence de contradiction réside l'essence de l'éternité. Et si toute vie n'est qu'un mouvement visant à échapper à la contradiction, le temps lui-même n'est rien d'autre qu'une quête constante de l'éternité » (148). Pour établir ce diagnostic, Schelling s'en remet à l'expérience la plus vive et la plus immédiate que nous prenons de la « contradiction » – ni selon la logique du tiers exclu, ni selon la dialectique de la négativité, mais telle que nous l'éprouvons dans notre existence quotidienne, en particulier lorsqu'il nous faut (nous) décider. C'est la contradiction qui « pousse et contraint à agir » les hommes et sans elle « il n'y aurait aucune vie, aucun mouvement » ; et pourtant elle est

« insupportable à toute vie », « rien ne veut y persévérer », chacun « s'efforce continuellement de s'en arracher » (148). Tel est le problème : la contradiction est un « poison » que les hommes s'efforcent sans cesse d'éviter, porteurs d'une nostalgie irrépressible de l'éternité, du sans-contradiction ; mais c'est un poison vital, « le poison de toute vie » (148) hors duquel règnerait le perpétuel coma des existences (161). « Surmonter le poison » (148) par où « toutes les forces luttent et travaillent incessamment les unes contre les autres » (148) constitue en propre le temps humain, entre « inconsciente nostalgie » et « inconsciente aspiration » (161), entre empoisonnement et éternisation [1].

On ne saurait donc sans distorsion grave aplatir la thèse des *Âges* à propos la contradiction, poison de toute vie, sur l'axiome hégélien de la contradiction comme vie du tout. Schelling en rapporte en effet la dynamique, à l'instar de celle des temps, à l'éternité elle-même, c'est-à-dire à la radicale absence de toute contradiction. Pour lui, elle est peut-être un « moteur » mais elle est aussi un affect, si l'on peut ainsi dire. Jamais elle ne se réduit à « l'essence des choses », comme disait Lénine et la « nier », ce n'est pas « tout nier » selon l'aphorisme de Mao – les deux énoncés prolongeant l'hégélianisme dans une « dialectique » et un « matérialisme » douteux. La contradiction mise en contradiction avec elle-même invite au contraire à se porter au-delà des conflits de forces, lesquels, certainement, n'en structurent pas moins l'étoffe des choses. Toute aspiration à la paix, par exemple, s'inscrit dans une quête nostalgique de l'éternité, soit de la non-contradiction. Si *Polemos* est le père de toutes choses, il l'est des choses finies, empoisonnées, contingentes. C'est bien l'éternité supra-contradictoire qui, en l'homme, allume le désir de paix. Proposition qui, par le jeu anthropomorphique et l'analogie, est « humainement » réversible : le temps et la vie dans la contradiction nous font « sentir et éprouver » [2], dans le manque à être, l'éternité et la non-contradiction sereine – ce qui signifie cependant que « l'éternité n'est pas par elle-même, elle n'est que par le temps (...), elle est *la fille du temps* » (267), « *la fille de l'homme* » dira même Borgès [3]. Rosenzweig explique, dans une semblable perspective, que « l'éternité n'est pas un temps très long mais un demain

1. Je me permets de renvoyer à « La vie comme contradiction. De Hegel à Schelling », in *Das Leben denken 2, Hegel-Jahrbuch 2007*, Berlin, Akademie-Verlag, 2007.

2. On songe ici tout ensemble à Spinoza, « nous sentons et éprouvons que nous sommes éternels » (*Éthique*, V, 23, scholie), médité par Schelling, et aux *Âges* eux-mêmes, p. 266 : « l'homme se trouve et trouve ainsi à s'éprouver » (*gefunden und empfunden*) : il se tient dans cette endurance de soi (*cf.* J.-F. Marquet, *op. cit.*, p. 35, p. 580).

3. *Histoire de l'éternité*, éd. cit., p. 138.

qui pourrait aussi bien être aujourd'hui », « un aujourd'hui conscient d'être plus qu'aujourd'hui » [1].

La mobilisation de la « Vie » dans ces textes des *Âges* indique donc massivement que la contradiction, si elle peut se mobiliser dans une dialectique des concepts, ne s'y réduira jamais. La vie, c'est non seulement la contradiction mais la contradiction mise en contradiction avec elle-même, le poison et l'antidote, le temps et « quelque chose qui n'est pas dans le temps ». La tension, la dynamicité, le jeu de forces sont sans relève, ils signifient naissance, engendrement, surgissement. L'éternité, dans les *Âges*, fait pièce à toute dialectique de l'*Aufhebung*. Dans la mise en tension du temps qu'elle ne cesse de produire et reproduire, elle signifie la force d'une transcendance vécue, un « sentiment immédiat » – qu'on peut nommer positif tant il contraste avec toute modulation du travail du négatif : il y a « derrière toute vie, et pour ainsi dire comme son constant arrière-plan, l'absence de contradiction (...) un sentiment immédiat de celle-ci [est] inhérent à tout être vivant, par lequel il est poussé à y retourner ». Telle est la seule clé, non-spéculative, qui permette de « comprendre » véritablement « la contradiction elle-même » (148). La vie est donc puissance d'exposition par et dans le temps. Elle est la façon temporelle dont tout être vivant produit son existence à travers un acte libre et singulier, une décision, l'invention d'un contre-poison dans un ensemble de circonstances « contradictoires », dans une conjoncture qui ne se réduit jamais à une Raison qui l'engloberait expressivement.

Ce qui se joue ici autour du « poison » de la contradiction, du Sens ou de la Vie, peut faire songer au statut de la « tragédie » issue du conflit, dans sa lecture hégélienne puis dans ce que Nietzsche, dans *Naissance de la tragédie*, en refuse résolument.

Au livre III de l'*Esthétique*, la tragédie, celle d'Eschyle en particulier, est pensée comme l'expression d'une opposition entre l'État et la vie morale dans son universalité spirituelle propre d'une part et la famille dans sa moralité naturelle d'autre part. Cette opposition est portée et détient sa signification par l'histoire de l'Esprit. Elle en témoigne au titre d'un de ses moments qu'elle exprime et atteste historiquement. Ce moment est le moment d'une contradiction, d'un conflit entre des sphères qui s'opposent, par où une vérité s'avère dans son sens profond avant de s'autodévelopper jusqu'à sa résolution. L'histoire des conflits ou des contradictions, dont le moment tragique sert à montrer l'essence, s'effectue selon une amplification et une progressivité complexes, qu'il ne s'agit pas de retracer ici, et

1. *L'Étoile de la rédemption*, éd. cit., p. 316 ; *Stern der Erlösung*, p. 250.

mène jusqu'à une ré-conciliation que va théoriser la *Philosophie du droit* en particulier, entre État, famille et individu.

Pour Nietzsche, au contraire, nulle processualité et même nulle histoire de la tragédie, mais une *naissance*. Le choix du mot *Geburt* n'est pas insignifiant. Il indique le surgissement d'une forme imprévisible au sein d'une certaine conjoncture, attique, laquelle n'est nullement négligeable mais ne se laisse pas rapporter linéairement à une rationalité plus vaste qu'elle ou à un ensemble de conditions qui en fourniraient l'exacte intelligibilité. La tragédie met en scène un conflit, une contradiction, celle de l'apollinien et du dyonisiaque, du rêve et de l'ivresse comme dit aussi Nietzsche. Ces formes ou ces forces ne sont guère redevables d'une synthèse à venir, elles ne sont pas parties d'un tout, et pas davantage les moments expressifs d'une totalité qui les transcenderait en les réalisant. Elles se présentent très exactement comme « les éternels opposés » dont parle Schelling à propos du temps et de l'éternité, comme « les pôles opposés d'un aimant », animés chacun d' « avidité » ou de « convoitise » (161). Il s'agit donc moins de quelque chose qui aurait à être thématisé que, là encore, d'une opposition factuelle et vécue, comme celle des sexes ou des classes pourrait-on dire. Tout compromis conceptuel, toute transaction rationnelle, toute synthèse et toute relève de négativité paraissent pauvres, comme le notait Heidegger en rappelant que Schelling pensait « forces », là où s'affrontent des désirs, des volontés et des pulsions. La « naissance » des temps ou de la tragédie ne figure pas le tiers terme d'un procès d'interfécondation : l'enfant est l'autre de toute synthèse, son altérité n'est en aucune façon un mixte ou la résolution d'une opposition préalable.

Il est même premier, père de son père disait Wordsworth. Il précède la différence et il est plus vieux que toute dialectique : « regardez un enfant (...) et vous connaîtrez en lui une image de la plus pure divinité » (27, 265). On se remémore alors l'enfant qui joue au tric-trac d'Héraclite, le temps, l'image et l'emblème de l'*aiôn*, de la vie, des âges du monde. Que représente l'enfant qui joue dans sa pure indifférenciation, comme dit Schelling ? Simplement : la figure sensible et immédiatement là d'un type de « contradiction » que la dialectique spéculative ne peut qu'indéfiniment manquer ; la « contradiction » vécue dans la liberté, c'est-à-dire « l'opposition » où « les termes conflictuels sont libres et néanmoins ne font qu'un », *joués* ensemble, liés puis déliés puis reliés, temporellement unis et dissociés. « Il n'y a rien en cela de contradictoire, car l'opposition n'a en soi et pour soi rien d'une contradiction. Mais si l'on posait l'unité de l'unité et de l'opposition, alors il y aurait sans conteste contradiction » (172). Hegel est renvoyé à ses chères études et le vocable de

« contradiction » définitivement spécifié dans les usages différenciés et parfois équivoques qu'en fait Schelling. La contradiction spéculative demeure contradictoire et ne se réconcilie avec elle-même que de façon procédurière, selon le protocole idéel de la négativité niée.

À même la vie, elle avère tout autre chose, une quête éperdue, la marque d'une finitude inscrite dans sa texture vivante, et non pas seulement logique. La contradiction, telle que les hommes l'endurent, est le signe de l'éternité refoulée dans le temps. L'in-différenciation de l'enfance en est l'antonyme symbolique. L'enfant ne saurait donc simplement et germinativement pré-figurer l'homme à venir dont il ne serait alors que l'esquisse incertaine ou le grossier brouillon. Il n'en est pas le passé révolu, comme le pressentent Wordworth, le poète romantique de l'enfance, et Schelling le philosophe. Il en anticipe plutôt l'avenir, de même que le temps lorsqu'il enfante ses œuvres en s'enfantant lui-même : « le temps est un enfant et un petit-enfant », écrit Rosenzweig [1]. Adulte, son « éternité » se fera nostalgie de soi, volonté qui y aspire et cherche à y parvenir (173). Car « cette unité des forces qu'on trouve dans l'enfance innocente » est une unité « où en vérité toutes les forces sont présentes et (...) s'excitent mutuellement dans une gracieuse réciprocité ». Et « il se pourrait bien que ce type d'unité (...) préfigurât une unité à venir que la vie doit reconquérir, en sa suprême transfiguration, après avoir fait l'épreuve du combat » (172).

1. *Étoile*, éd. cit., p. 417 – le petit-enfant (*Enkel*) désigne ici l'enfant de l'enfant.

§ 16

L'ANTHROPOTHÉTIE, PRINCIPE TRADUCTIF

Si l'éternité divine peut se voir dans sa pure indifférenciation en contemplant un simple enfant qui joue, la raison ou plutôt la racine en est double. D'une part, l'éternité des *Âges* contraste avec toutes les conceptions, nombreuses et dominantes, de l'éternité comme présence immobile et constante. Schelling décrit une éternité vivante, un devenir de l'éternité, soit un devenir divin, « le développement d'un Être vivant, effectif » (11). D'autre part, et pour que l'entreprise des *Âges* soit seulement possible et faisable, il faut que l'homme détienne cette *Mit-* et/ou *Mitt-wissenschaft* de la création (12, 240), c'est-à-dire une sorte de complicité native et oraculaire avec elle. Le temps, pour Schelling, est le meilleur indice et le fil conducteur de cette intime complicité. Dans l'entièreté de sa vie, l'homme enveloppe le temps, depuis la nuit la plus obscure où il prend son origine jusqu'à « l'avenir proprement dit », l'éon qui se tient au-delà du « temps du monde » (220). L'homme contient en lui le temps, stratigraphiquement. Il en est le témoin grandiose et inconscient, naïf et bouleversant. Schelling est donc toujours attentif aux mille signes patents qui quotidiennement indiquent et signifient le point archimédique où les « deux », le temps et lui, l'homme, se touchent en quelque sorte : l'impression de déjà-vu, l'assoupissement de la nuit des temps en l'homme, les couches temporelles (144) dont il est fait et que parlent par sa bouche les deux voix démoniques qui le scindent, le refoulement qui le traverse, les « instants d'éternité » dont il convient de se « remémorer » sans cesse pour avoir « une image approximative de ce que [Schelling] entreprend de décrire ici », dans les *Âges* (161).

Le principe méthodologique et épistémologique qui découle de cette position de fond et, de là, irrigue la narrativisation de la philosophie, c'est l'anthropomorphisme [1]. Schelling ne cesse de le rappeler, avec une insistance qui ne peut pas ne pas frapper : « plus nous prendrons toute chose humainement, et plus nous pourrons nourrir l'espoir de nous approcher de l'histoire effective » (21) ; « qu'on nous permette ici encore de prendre les choses de façon humaine… » (29). Cette méthode – qui est plus qu'une méthode – s'accompagne, dans l'écriture continuée et reprise des fragments, d'un recours nécessaire à « la forme courante » (145). L'hypothèse de fond commande une anthropo-thétie généralisée, laquelle requiert à son tour l'auscultation de la stratigraphie des temps contenus à l'état d'enveloppement isomorphique par et dans l'homme. La contemplation d'un enfant qui joue, le récit d'un homme semi-amnésique, les « merveilleuses correspondances » qui peuvent nous « transposer » dans l'hypersensation de déjà-vécu (134), l'intensité des « instants de félicité et de contentement parfaits » et leur rareté (161) sont autant de petits récits de la vie quotidienne qui se tiennent à mi-chemin de la recherche du temps perdu et de l'expérience habituelle de l'inconscient. Rapportés dans « la forme courante » et simple d'une narration, ils ouvrent sur la considération la plus profonde du temps et de l'éternité – à condition d'être traduits ou retraduits depuis leur langue de départ, l'Absolu ou l'Eternité. L'entreprise des *Âges* se tient dans cette « traduction ». Freud expliquait que nous ne pouvons connaître l'inconscient que comme conscient, « une fois qu'il a subi une transposition ou une traduction en conscient » [2]. Proust notait que seule une « traduction » excédant le regard permettait de saisir le passage du temps sur les traits d'un visage, traduction qui, en un sens plus large, constitue la tâche même de la littérature [3]. Schelling en fait, lui, le moteur de la philosophie des âges du monde et il renverse la direction de la traduction freudienne – mais, à bien considérer la chose, c'est exactement ce que fait Freud lui aussi puisqu'il traduit, certes « en » conscient mais bel et bien « depuis » l'inconscient qui en est la langue de départ, morcelée et partiellement reconstituée dans la langue d'arrivée, le « conscient ». Les signes de l'éternité, attestés par les expériences les plus banales du temps, sont la traduction historique ou temporelle de son caractère vivant et dynamique. Toute traduction à partir de laquelle la philosophie racontante prend son

1. Les *Conférences de Stuttgart* ou encore le débat avec Eschenmayer (*SW*, VIII, p. 167 *sq.*) en réitèrent avec force la nécessité.

2. Freud, « L'inconscient » dans *op. cit.*, p. 65.

3. *À la recherche*…, éd. cit., t. II, p. 278.

envol est *traduction de l'absolu*, depuis l'absolu, depuis sa dérive, depuis son historicisation narrative. Toute traduction fera donc entendre quelque chose de la langue enfouie qu'elle fait résonner en nous et parmi nous. Il y a là un pari décisif où l'échec ou la réussite des *Âges* s'est joué.

Le principe anthropothétique permet de comprendre que, seul parmi tous les étants, ou « toutes les créatures », l'homme peut remonter jusqu'à la nuit des temps, re-parcourir le tout du temps depuis une origine immémoriale et engloutie, en retracer en sens inverse le cours tout entier. C'est de ce statut insigne que témoigne le passage de la con-science humaine de la création, de sa pré-compréhension de la création en quelque sorte, à la connaissance qu'elle peut en prendre depuis sa singularité et sa centralité. Créé, l'homme est pareil à la création. On pourrait se rapporter ici à la thématisation de la théomorphie qu'on trouve chez Rosenzweig, pour des buts et des fins assez voisins de ceux poursuivis par Schelling dans les *Âges*. Les anthropomorphismes du texte biblique, explique Rosenzweig, seraient moins à réduire à leur statut allégorique par des procédures de rationalisation, comme pour Maïmonide par exemple, qu'à entendre comme des théomorphismes autorisés par la création de l'homme « à l'image de Dieu » [1]. L'affirmation du principe anthropomorphique par Schelling procède entièrement du statut créaturiel de l'homme, lequel repose en effet sur une mêmeté, un « pareil » (*gleich*, 12), qui autorisent jusqu'à un certain point la possibilité d'une réversion entre théo- et anthropo-morphisme.

Cette analogie permet donc que soit envisagée « l'éternité » de l'homme, puisqu'elle institue en lui un lien au passé le plus reculé et au futur le plus indéterminé. S'il y a à coup sûr un privilège de l'homme qui sert de loi anthropothétique au projet des *Âges*, il ne vire ni en humanisme ni en anthropocentrisme, pas plus que ce n'est le cas pour Heidegger lorsqu'il évoque en des termes voisins un *Vorrang* du *Dasein* qui consiste en ce que, seul, il « est ontologique ». Pour Schelling, l'homme est le seul d'entre toutes les créatures à détenir ce privilège d'accéder à l'entente des temps puisqu'il est le seul en effet à qui il faut de toute évidence concéder qu'il a « en lui un principe antérieur au commencement des temps » (12, 134), l'analogie créationnelle déjà évoquée. Comme pour le *Dasein* par rapport à l'entente pré-ontologique de « être », l'homme des *Âges*, en sa simplicité

1. F. Rosenzweig, *Foi et savoir*, Paris, Vrin, 2001, p. 177. Cette substitution s'opère, notons-le, à titre de procédure de temporalisation où tout se joue, dans la réinterprétation de l'herméneutique maïmonidienne, sur la différence entre *simultanéité* ou bien *succession* des attributs.

immédiate, comprend déjà ou pré-comprend ce après quoi il questionne et se met en quête. La narration, comme l'anamnèse ou la destruction mais tout autrement, est le mode de restitution qui correspond à cet état de l'homme qui ne sait pas ce qu'il sait et sait ce qu'il ne sait pas.

Ce privilège insigne de l'entente préalable ne signifie en aucun cas que l'homme puisse se constituer comme origine et fondement du tout. D'abord parce que le « principe supérieur n'est pas libre en l'homme » (12). Le statut d'exception, le « seul parmi… », est l'effet du conflit des deux forces. Celui-ci ne se déroule pas dans la pure intériorité d'une subjectivité seulement clivée, laquelle peut bien valoir au philosophe d'incomparables « ravissements » – mais, hélas, « nous ne vivons pas dans la contemplation » théosophique (16). Le privilège et l'exceptionnalité de l'homme sont au contraire l'expression du « principe d'extériorité » auquel la philosophie ne doit renoncer à aucun prix (17) sauf à s'abdiquer de quelque façon. Ensuite, mais les deux aspects se donnent d'un seul tenant, l'homme ne saurait être à lui-même son principe et sa loi parce qu'il est créé. Son « âme », explique Schelling, est « créée et puisée à la source des choses » (12) et « ce qu'il y a d'éternel » (134) en elle est tout à fait « pareil à cette source » (12, 134). La méthode anthropothétique ou encore la pratique analogique s'en déduisent d'elles-mêmes. Elles lèvent en tout cas l'hypothèque de l'apparente contradiction que nous avions remarquée entre la pseudo-intériorité du dialogue comme matrice de dialecticité et le principe d'extériorité qui commande et commandera jusqu'au bout le philosopher schellingien.

Ce statut insigne de l'homme, seul à pouvoir se porter temporellement au-delà du temps du monde jusques aux temps d'avant et d'après le monde (221), est rendu immédiatement possible par l'homologie structurale et stratigraphiée qui l'associe d'emblée à la temporalité du temps. Au-delà du temps du monde signifie *au-delà de l'être ou de l'essence* – de Platon à Levinas une place ici se creuse dans l'extrême différence et la singularité irréductible. Si l'homme, selon le principe extérieur et supérieur qui est en quelque sorte sa loi, entend préalablement et obscurément les temps et leur temporalisation « organique », il s'avèrera à lui-même dans cet excèdement ou ce débordement, cet *über* qu'indique l'allemand, soit dans un outrepassement du présent simple et de toutes les formes spéculatives à la fois plates et sophistiquées, « ostentatoires et parlières » (Montaigne), qui croient en rendre raison en le déterminant comme synthèse ou synchronie ou encore sens. La philosophie dans son ensemble, la version de 1813 le montre plus fortement que celles de 1811 et 1815, a elle-même à outrepasser toute ontologie constituée, arrêtée. C'est sa nature selon Schelling, laquelle la voue à une solitude radicale ou à une mélancolie sans fin. En effet, elle vise un au-delà du monde, non pas *jenseits* mais *über*, non pas au sens d'un arrière-monde, donc, mais au sens du sur-humain nietzschéen ou encore du sur-mondain rosenzweigien : au-delà du présent humain trop humain, mondain trop mondain, au-delà dans car *über* signifie aussi bien en-passer-par. Des *Âges* à la *Révélation*, la philosophie *raconte* le temps depuis le passé, en-deçà du temps de ce monde, puis dans l'au-delà du monde ou l'avenir qui, d'un coup de dès, *abolit* le concept dans le « ce qui sera ». Avant et après l'être tel qu'il est, c'est-à-dire le monde, *Welt*, ses âges, *Alter*, ceux-ci articulent temporellement leurs passages, de l'être à l'être et au non-être. La doctrine schellingienne des puissances tentera continûment et tant bien que mal de thématiser cette articulation sous l'exposant de ces passages. La représentation de l'être comme ce qui refoule en soi une force de négation pour pouvoir commencer à être va dans la même direction. Ainsi l'être animé, actué par une « fringale de non-être » (252), commencé par celle-ci dans « une prise, un rapt, une attraction » (253), échappe-t-il à « l'être purement ontologique » dont la vraie métaphysique ne saurait se « contenter » (128).

Au-delà de l'être, il convient donc de partir « de la Pureté primordiale en son premier avènement » (252). Là se tiennent et les enjeux et les difficultés des *Âges*. Schelling entend bel et bien nous raconter la naissance de Dieu (270), son effectuation (268) – cette *Gottgebährung* pour un Dieu surétant sur laquelle il nous faudra abondamment revenir.

Cette ambition s'auto-comprend d'emblée en rupture avec le « concept universellement admis », à savoir que « Dieu est l'être existant nécessairement » ou qu'il est « une nature nécessaire ». Au contraire, Dieu est avant tout *liberté* (268). Les *Recherches* de 1809 en donnaient le départ métaphysique. L'absolu y est en effet conçu comme liberté – liberté dont celle de l'homme est de quelque façon le pendant. L'absolu est liberté originaire, absolue, *Urfreiheit*, l'homme est liberté créée, finie. Entre les deux, une différence de régime, divin et humain, tout à la fois abyssale et inessentielle – paradoxe qui se règle et se lève dès lors que ladite différence est saisie, comme c'est le cas dans les *Âges*, selon les modes d'existence où elle se donne. Comment comprendre cette différence existentielle ? Exactement comme une différence entre des langues, des idiomes métaphysiques, entre des codages langagiers hétérogènes ; une différence qui ne relèverait plus d'une essence ou d'un déplacement substantiel des catégories, mais qu'on ne saisirait que comme l'effet d'une *traductibilité du divin dans l'humain* ou de ce qu'on a pu déterminer comme « une poétique du divin dans l'humain » [1]. Dans son *Introduction de Berlin* de 1841, Schelling affirmera très explicitement qu'il n'entend nullement démontrer l'existence de Dieu, registre où se déploie une logique entièrement appuyée sur le concept et sa nécessité, mais qu'il souhaite au contraire montrer la divinité de l'existence.

Ce principe de traductibilité du divin dans l'humain n'est qu'une autre façon de nommer l'anthropomorphisme ou l'anthropothétie : point capital qui permet de rendre compte de la série différentielle des homologies structurales de forces (homme, monde ou vie, Dieu, temps, éternité) reposant sur ce même principe de traductibilité anthropomorphique.

1. H. Meschonnic, *Éthique et politique du traduire*, Lagrasse, Verdier, 2007, p. 28 – où il est soutenu que *traduire* ne se peut guère, bien qu'on ne fasse que ça, du *signe* comme totalisation de la forme et du contenu, mais et seulement du *poème*, c'est-à-dire d'un infini, lequel, à coup sûr, ne serait pas du tout chez Schelling ce qu'en attend Meschonnic, mais, toutefois, serait bel et bien. (Je note que la bête noire de Meschonnic ne dit pas vraiment autre chose quand il écrit que traduire poétiquement n'est pas traduire des mots (*Wörter*) mais transcrire des paroles (*Worte*), *cf.* Heidegger, *Qu'appelle-t-on penser*, Paris, P.U.F., 1959, p. 139 *sq.*).

§ 17

MÉTAPHYSIQUE DE LA VOLONTÉ ?

Le principe heuristique et herméneutique de l'anthropothétie détient donc premièrement une vertu de traductibilité – transfert des homologies entre elles et de l'une à l'autre ; passages des forces contraires qui y sont co-agissantes, translation du divin. Il renvoie bien évidemment à la question de la langue, à commencer par celle de la philosophie qui fait l'objet dans les *Âges* d'une profonde interrogation de Schelling, d'une perplexité assumée, voire d'un constat déjà largement pressenti mais qui ne sera établi que dans les années 30 : le constat d'une massive *intraductibilité du concept en autre chose que du concept.* Au point qu'en 1821, dans les *Leçons d'Erlangen*, la tâche même de toute philosophie sera déterminée par opposition stricte avec les sciences du définissable et de la définition, la géométrie en premier lieu. Le « sujet de la philosophie (...) est purement et simplement indéfinissable (...). Il est l'incoercible, l'insaisissable, le véritablement infini... [en philosophie] il me faut justement faire définition de l'indéfinissable, de ce qui du sujet ne se laisse pas dé-finir » [1]. Le narratif des *Âges* est déjà une tentative de traduction de l'intraductible, de l'absolu comme *Wirklichkeit*, effectivité et réalité imprédéterminables. L'anthropomorphie en est incontestablement le principe et la nervure.

Assigne-t-elle pour autant les *Âges* et plus largement Schelling et toute sa philosophie, voire ses philosophies, à l'ère de la métaphysique de la subjectivité, comme le suggère audacieusement, on le sait, la lecture heideggérienne ?

1. *OM*, p. 278.

Dans son cours de 1940 consacré au « nihilisme européen », Heidegger intitule en effet une partie de ses notes « métaphysique et anthropomorphie »[1]. Il y rappelle, du point de vue de l'histoire de la métaphysique ou de l'histoire de la vérité de l'être, en quoi aura consisté ce que les *Chemins* nommeront plus largement encore « l'avènement des anthropologies »[2]. Il s'agit exemplairement de comprendre la signification d'une courbe qui irait de Descartes à Nietzsche, soit d'une subjectivité purement égoïque et essentiellement « conditionnée » à une subjectivité conçue dans l'inconditionnalité de son essence. Au long de cette histoire où l'homme se représente comme un *subjectum* et où il considère par voie de conséquence l'étant comme un objet, s'esquisse une mutation décisive aux yeux de Heidegger, avec le passage de cette métaphysique de la représentation à une métaphysique de la volonté dont Leibniz serait l'inaugurateur majeur. Tout l'Idéalisme allemand, aussi bien la philosophie hégélienne de l'Esprit que les *Recherches* schellingiennes de 1809 qui en sont le point culminant, seront ainsi marqués par la prééminence de la volonté. La métaphysique se sera donc muée, dans sa phase moderne, en « anthropomorphie » de la volonté, c'est-à-dire en une vision du monde pour laquelle l'étant en tant que tel s'interprète selon les modalités humaines de l'être, sans prendre en vue que l'interprétation s'effectue par l'homme. *Wollen ist Urseyn*, « vouloir est l'être originaire », écrivait Schelling dans ses *Recherches* de 1809[3], énoncé fondamental qui ne tombera pas dans l'oreille d'un sourd. Heidegger y sera excessivement attentif et n'aura de cesse de lui faire avouer sa vérité métaphysique. On comprend aussi, d'un point de vue stratégique, pourquoi il considèrera la *Freiheitsschrift* comme la base et le sommet de tout l'idéalisme allemand. La prééminence de la volonté y est affirmée avec une puissance inégalée. L'anthropomorphie consisterait à assigner au critère de la volonté une rigoureuse « astreinte » : renvoyer « l'homme » au « rôle de la mesure absolue et exclusive de toutes choses comme aucune autre métaphysique ne le fit jamais avant elle », c'est-à-dire avant Schelling et Nietzsche ; elle se déterminerait par « le fait de structurer et de concevoir le monde à l'image de l'homme »[4]. Dans le cours de 1941 sur la métaphysique de l'idéalisme allemand[5], la thèse de l'équivalence

1. *Gesamtausgabe* (*GA*), vol. 48 ; trad. fr. P. Klossowski, *Nietzsche II*, Paris, Gallimard, 1971, p. 104 *sq*.

2. *Chemins qui ne mènent nulle part*, trad. fr. W. Brokmeier, Paris, Gallimard, 1962, p. 130.

3. *SW*, VII, p. 350 ; *OM*, p. 137.

4. *Nietzsche II*, éd. cit., p. 104.

5. *GA*, vol. 49.

historiale de la « métaphysique » et de l' « antropomorphie » est reprise et analysée.

Selon Heidegger, qui le dit aussi très explicitement à la fin du *Nietzsche*, Schelling et Nietzsche sont les deux figures principales et terminales de l'anthropomorphie moderne. La « volonté du savoir » hégélienne déjà, la « volonté de l'amour » schellingienne et la « volonté de puissance » nietzschéenne ensuite attestent le rapport étroit et profond entre « volonté », « au sens du se-vouloir soi-même – l'être-soi », et « subjectité » [1]. Heidegger affirme qu'il n'ignore pas les considérables différences qui séparent ces pensées, celles de Hegel et Schelling, foncières et massives, celles de Schelling et de Nietzsche sur le statut de la volonté. Mais selon lui « la différence réside en cela même en quoi consiste l'accord » et « le désaccord est ce qui porte témoignage de l'unité » [2]. Admettons-le. Mais si cela peut se soutenir le cas échéant et sous certains considérants, il sera alors aisé d'adjoindre à cet accord dans le désaccord ou à cette unité dans la différence, et à condition sans doute de la distordre autant que fait Heidegger pour Schelling et Nietzsche, la métaphysique du *Dasein* elle-même en tant que celui-ci détient un privilège insigne sur tous les autres étants qui l'en contre-distingue absolument – ce que la pensée heidegerrienne d'après le « tournant » n'est pas loin de faire.

L'intérêt et la force de la position heideggérienne, à savoir que l'anthropomorphie est l'élément déterminant de la métaphysique moderne en tant que celle-ci parvient à sa fin, c'est-à-dire à l'inconditionnalité de son essence, comme métaphysique de la volonté-subjectité, tiennent à ce que le statut de l'anthopothétie, en effet, n'est pas seulement méthodologique ou heuristique mais qu'il emporte avec soi une ontologie et qu'il détient une signification proprement historiale.

Il est pourtant difficile, à bien lire les *Âges* et plus encore la dernière philosophie, de souscrire à l'hypothèse que la volonté de l'amour puisse relever à quelque titre que ce soit d'une subjectivité substantiellement identifiée à un pur « se vouloir soi-même ». Injuste contre-sens : il ne s'agit guère pour Schelling d'une volonté de soi enfermée dans son être propre. C'est le contraire car la scission ou la séparation (*Scheidung*) qui ouvre et pose tout commencement n'est en aucune façon un acte de volonté ou fondé dans une volonté : la force contractante donne naissance « en dehors de soi » au Fils ou à « l'amour le plus pur » (75). La méditation de la volonté est comme tournée, par force, par la force, vers l'autre, pour l'autre, par

1. *GA*, vol. 42 ; trad. fr. J.-F. Courtine, *Schelling*, Paris, Gallimard, 1977, p. 317.
2. *Ibid.*, p. 316.

l'autre. Dans son *Journal de pensée*, Hannah Arendt suggère une lecture stimulante de l'aphorisme fameux des *Recherches*, *Wollen ist Urseyn*. Elle y voit l'indication d'une tout autre voie de la philosophie, une bifurcation cruciale par rapport à l'*ego cogito – Je veux donc je vis*[1]. C'est l'être-vivant comme jeu des forces qui comme tel serait engagé dans la volonté. La pensée continuée de cette dernière débouche en tout cas sur une méditation profonde et singulière de l'ouverture extatique par l'amour. Le temps est précisément ce qui, de l'être, se déploie et s'extériorise en tant que volonté. On doit dire alors que, si la temporalité est bel et bien pensée, dans les *Âges*, à partir de la volonté, 1. d'une part cette volonté n'est nullement un se vouloir soi-même mais bien plutôt, et déjà de quelque façon en 1813, une mé-volonté, un *Unwille*[2], car Schelling refuse, au moins autant que Heidegger, toute « volonté de volonté » où il discerne le principe même du mal ; 2. d'autre part et pour cette raison même la temporalité est déterminée en son essence comme amour. « Le temps n'est l'allié que de l'amour », écrit Schelling (104), par où l'être comme volonté est détourné, si l'on peut dire, en direction de l'avenir, puisque « l'amour presse vers l'avenir » – détournement qui produit cette constante excession de l'être en tant qu'être et de la volonté qui se veut elle-même par-delà et hors du cadre de la tradition en tant que celle-ci pense, selon Heidegger lui-même, le temps à partir du Maintenant. La temporalisation du temps s'effectue pour l'un et l'autre penseur par l'avenir, mais ni de la même façon (répétition ou scission) ni dans la même perspective (être-en-vue-de-le-mort ou unité du séparé) – bel et bien toutefois en vertu de la co-originarité existentielle des trois ekstases du temps.

C'est encore la question du dehors, de l'extériorité, du hors de soi radical, qui permet de statuer sur l'anthropomorphie tout autrement que le suggère Heidegger.

La compréhension pré-ontologique que prend de l'être le *Dasein* ne fonde pas son interprétation ontologique existentiale – de même que, pour Schelling, la co-naissance créaturielle de l'âme avec sa source ne fonde pas la connaissance de cette dernière ou de l'Archivivant. La précompréhension n'appartient pas rigoureusement au *Dasein*, elle lui survient du dehors et renvoie à une extériorité qui ne se laisse pas médiatiser. Elle est de l'ordre de « l'auto-explicitation », comme l'indique le recours dans *Être et*

1. H. Arendt, *Journal de pensée*, I, Paris, Seuil, 2005, trad. fr. S. Courtine-Denamy, p. 197.

2. *Philosophie der Mythologie*, *SW* XII, p. 88.

temps à la fable *Cura* d'Hyginus [1]. L'analogie humaine, le « nom » d'*homo* mentionné au derniers vers de la fable, est *une voie* – la seule sans doute pour Schelling dans les *Âges*, plutôt une sorte d'expédient pour Heidegger. Autrement dit, l'enquête *passe par* l'homme (*über*), lequel n'est pour aucun des deux penseurs le but ni l'origine. Face à l'Être ou à l'Archi-vivant, l'homme est celui qui en détient ou en recèle comme un *humus*, une compréhension préalable et obscure capable d'orienter vers ce qui est quêté. Parmi tous les étants, il est le seul à pouvoir expérimenter la « merveille des merveilles », à savoir « *que* l'étant *est* », nous dit Heidegger lui-même et selon une proposition très voisine puisqu'elle statue à son tour sur la non-évidence du fini, sans préjuger évidemment de l'aller- de-soi de l'absolu [2]. Ce privilège vaut obligation selon ce que la *Lettre sur l'humanisme* détermine comme « l'éthique originaire », dans la mesure où la « tâche de la pensée » [3] qui en résulte impose de ne pas oublier, sous peine d'insupportable *ubris*, que nous ne sommes pas, n'avons jamais été et ne serons jamais à l'origine des choses. Penser forme donc la condition « éthique » de possibilité de toute habitation de l'homme sur la terre. On remarquera en passant que l'usage du terme *éthique* chez les deux penseurs se dégage immédiatement à la fois de toute normativité (Kant) et de tout conatus (Spinoza) – pour l'un et l'autre penseur il caractérise « l'essence de l'homme », soit, comme le notait fortement J.-F. Courtine à propos de Schelling, « les relations entre le caractère intelligible de l'homme et sa liberté temporelle finie » et « la scansion dynamique des temps au moment de la décision » [4].

C'est donc par « l'essence de l'homme » que transite l'originaire et il ne peut en aller autrement. L'extension du domaine de l'analogie est évidemment inégale chez les deux penseurs et ne donne lieu à la position anthropothétique que chez Schelling. La facture narrative ne se retrouve donc pas dans *Être et temps* et les écritures philosophiques des deux textes se heurtent là même où elles se croisent. Heidegger ne veut pas « raconter d'histoire » et récuse tout compte rendu narratif de l'étant qui consisterait précisément à *μῦθόν τινα διηγεῖσθαι*, comme il l'explique au § 2 de *Sein und Zeit* en reprenant, et en la détournant passablement, l'expression du

1. *Sein und Zeit*, § 42.

2. Postface à « Qu'est-ce que la métaphysique ? », dans *Questions I*, Paris, Gallimard, 1968, p. 78.

3. Cf. *La fin de la philosophie et la tâche de la pensée*, dans *Questions IV*, « Tel », Paris, Gallimard, 1976, p. 279 *sq*.

4. « Temporalité et révélation », *Le dernier Schelling. Raison et positivité*, Courtine & Marquet (dir.), Paris, Vrin, 1994, p. 12.

Sophiste. Schelling s'efforce, lui, même si le temps n'en est pas encore tout à fait venu, d'écrire et de philosopher comme un «narrateur» (19, 141) – mais il s'agit bien sûr de tout autre chose que de « déterminer l'étant par le recours à un autre étant, comme si l'être avait le caractère d'un étant possible». Si, au-delà de l'investigation dialectique et l'outrepassant, le philosophe parvient à s'approcher de l'originaire, alors il pourra *raconter son histoire*. Pour Heidegger, à l'inverse, si les philosophes racontent des histoires, ils exposent par là la représentation de l'être qui les transit et les tient. Autant *l'éthique* déterminait un usage partagé à bien des égards, autant *la narrativité* se trouve chargée de significations hétérogènes et peu conciliables chez Heidegger et Schelling.

En tout cas, l'anthropomorphie des *Âges* n'est pas une anthropologie. Pour bien l'entendre, l'accent d'insistance devra donc porter davantage sur -morphie que sur anthropo-. Cette -morphie n'est pas une -logie. La voie du renversement théomorphique de l'anthropomorphie, esquissée par Rosenzweig et où Schelling aurait sa place, offre peut-être une bifurcation singulière, comme un petit chemin de traverse qui couperait le grand schéma historial qui va de Descartes à Nietzsche et mènerait ailleurs qu'à la métaphysique de la volonté. L'antropo-morphie pose la requête d'une forme que Schelling appelle la « forme courante », la forme humaine, mais non pas au sens de l'interprétation la plus convenue du propos de Protagoras : « à tout étant sa mesure humaine », ce qu'y entend trop vite Heidegger. La forme doit être rigoureusement rapportée à la « pensée-forces » des *Âges*, comme le suggère le cours de 1936 sur Schelling. Elle ne s'oppose pas à un contenu ou à une matière « in-humains » qu'elle viendrait anthropomorphiser pour les faire accéder au sens. C'est la force qui porte entièrement le sens et qui d'emblée l'emporte, avant toute disjonction du narratif et du conceptuel. La force organise les différentes -logies en systèmes de sens. Rosenzweig en a proposé une combinatoire très instructive en assignant la philosophie ancienne à une logique du monde, Cosmologie, la philosophie médiévale à une logique du Dieu, Théologie, et enfin, la philosophie moderne, par où Heidegger se retrouverait, à une logique de l'Homme, une Anthropologie. Schelling montre quant à lui que seuls les forces et le jeu des forces y président. Sous ce considérant, s'il s'agit bel et bien de comprendre l'homme, il convient désormais de le faire à partir de ce qui n'est pas lui et le détermine, à partir d'une dimension à laquelle il ne peut accéder qu'en s'extériorisant, qu'en s'ekstasiant. Tel est le temps, ressaisi depuis l'inadéquation foncière qu'il manifeste avec le Sens ou depuis le bouleversement qu'il ne cesse d'en manifester. L'organisme des temps défait tout « sens » du temps puisque ce dernier se produit hors toute linéarité successive, dans un surgissement qui entrave toute progression d'une signification, tout autodéveloppement dans le concept.

L'homme n'en est nullement le maître ni l'organisateur. Il en est plutôt l'exposant-exposé corporel, la figure toujours déjà temporalisée dans son auto-exposition, dans son « expérience » du temps. L'anthropomorphisme ne serait récusable que si l'on y entendait que le temps lui-même prendrait forme humaine, ce qui n'a guère de sens. C'est l'homme qui est temps, et non pas l'inverse. Il ne peut l'être en outre que dans son excentration radicale et extrême puisqu'il représente cet étant singulier dont la « forme » est « à l'image de » ce qui n'est pas lui. Si l'on considère que cet « à l'image de » est un véritable philosophème narratif et si on le traite en conséquence, « l'homme » se trouve d'office en position de secondarité : la morphie ne désigne pas la position d'un centre, elle indique une relation où prime sur l'homme ce qui n'est pas lui et dont il n'est qu'une image plus ou moins ressemblante et absolument dépendante. L'homme est temps et ce sont les corps humains qui sont faits de temps, comme dit Proust tout au long de la *Recherche* – voilà pourquoi ils peuvent faire tant de mal à ceux qui aiment, écrit-il : « ils contiennent les heures du passé », ils sont comme des vases emplis de projets et d'histoires, de *Stimmungen* renvoyant à un temps sans soi, un temps d'avant le temps de l'amour et qui sans cesse l'inquiète et le désole [1]. La temporalité est cette expérience d'avant toute expérience qui transit l'homme et l'éprouve extatiquement – par où il existe et par où la temporalité elle-même se déchiffre en termes de « considérations éthiques ». Le temps vers quoi cet exister s'existe et ainsi se surmonte, par l'arrachement où il nous met, en nous posant hors de nous-mêmes, dans l'existence et l'ouverture, trouvera ultérieurement son « concept » avec la révélation.

« *Anthropomorphisme* », si l'on en retient les motifs en ellipse qui viennent d'être relevés, ne dit rien d'autre que : « *il y a temps* ». Principe par où « l'homme » se présente comme un facteur intensif, alogique, radicalement non-homogène à soi et à la raison de soi. Les différences temporelles qui le traversent et le *font* ne sont guère réductibles à des distinctions logiques ou chronologiques. Pour parcourir les sections quantifiées de son temps, les semaines et les ans, les heures et les jours, il dispose, comme les automobiles, de « vitesses » très différentes, ou plutôt l'homme propose et la nature du terrain dispose : « il y a des jours montueux et malaisés, écrit Proust, qu'on met un temps infini à gravir et des jours en pente qui se

1. *À la recherche...*, éd. cit., t. VII, p. 364-365.

laissent descendre à fond de train en chantant » [1]. Penser temporellement le temps, retemporaliser la pensée, engagera donc un mouvement de désabsolutisation d'une logique qui a la prétention de se mouvoir dans une sphère extra-temporelle, le geste d'un déboutement depuis l'inadéquation et l'altération du concept que signifie la temporalisation, par où derechef il s'agira de traduire dans la forme humaine une provenance de l'infini, de l'anhumain.

1. *Ibid.*, t. I, p. 423.

§ 18

THÉOLOGIE DE LA TRADUCTION ?

Dans un texte de 1985 qu'on peut lire dans *Du droit à la philosophie*, Jacques Derrida évoque la figure de Schelling en s'arrêtant exclusivement sur les « Leçons sur la méthode des études académiques » qui datent de la période d'enseignement à Iéna. Ce chapitre, intitulé fort significativement « Théologie de la traduction » [1], ne peut pas ne pas nous retenir ici. Il s'attache à décrire le « geste post-critique » de Schelling en 1803 et plus largement de tout l'idéalisme allemand, lequel aura travaillé à produire des « traductions du même » projeté ou réfléchi « dans des ordres différents », c'est-à-dire à rendre compte des « dissociations » critiques kantiennes, selon le mot de Hegel dans la Préface à la *Phénoménologie*, depuis une unité originaire qui fonctionnerait quasiment comme un texte-source reconstitué à partir des cibles qui l'expriment. La révolution post-critique schellingienne déplace et bouleverse, selon Derrida, la hiérarchie kantienne des disciplines du savoir : anthropologie, cosmologie, théologie. Au lieu du découpage général induit par les trois champs circonscrits par les trois Critiques et à la place des grandes césures opératives de l'appareil transcendantal (phénoménal / nouménal, empirique / transcendantal), Schelling dispose leur interconnexion généralisée. Cette entre-inscription dans un rapport incessant et ouvert relève d'un jeu de l'identité et de l'analogie que Derrida analyse comme une « inter-traductibilité » [2]. Seule cette dynamique traductive généralisée permet de lever les hiérarchies verticales au profit d'une série d'équivalences horizontales. Son caractère incessant

1. *Du droit à la philosophie*, Paris, Galilée, 1990, p. 371 *sq.*
2. *Ibid.*, p. 377.

et hyperbolique renvoie à ce que c'est que penser, dans son incessance et sa créativité. Le principe d'inter-traductibilité serait ainsi au fondement même de l'opération anti-kantienne de l'idéalisme et rendrait possible, s'agissant de Schelling, la place de l'art comme organon de l'absolu, par exemple.

Mais pourquoi une « théologie » de la traduction ? En fait, il s'agit aux yeux de Derrida d'une « onto-théologie » qu'il tâche de « présenter » tout au long du texte [1]. La pensée comme exercice d'une traductibilté continuée du savoir ou des savoirs humains, la « transposition », le « transfert », le « transport » qui en sont les modes traductifs, au sens linguistique ou non, sont déposés, au sens où l'on parle d'un dépôt de garantie, dans l'absolu. Les philosophèmes de l'inter-traductibilité schellingienne sont donc garantis dans leurs usages et leur efficacité par l'origination de la finitude dans ou par une source qui est l'absolu, l'*Urwesen* renvoyant à son *Urwissen* et celui-ci aux savoirs multiples qui le réfléchissent.

Mais ce dépôt de garantie dans l'absolu, qui constitue une position de fond schellingienne, n'annule pas les tensions de la finitude, ce que les *Âges* déterminent comme « contradiction » ou « poison ». Cet état de choses appelle au contraire à la conquête continue de formes et de structures langagières inédites. Derrida souligne que Schelling est le premier à évoquer la possibilité qu'une philosophie soit « originale » [2] parce qu'il ne distingue plus le philosophème de sa « forme », de la forme de sa présentation, du choix, par exemple, de la « forme courante ». La narrativité s'éprouve comme l'essai d'une pensée essayante, « péirastique » dira Schelling plus tard, qui expérimente les concepts jusqu'à les rompre et qui tâche de donner à la philosophie des formes traductives inédites. De même que l'anthropothétie détient une force traductive, de même l'inter-traductibilité ne peut signifier que depuis l'humainement humain, si l'on peut dire. En effet, cette exigence n'est intelligible que si la narrativité et l'anthropothétie s'entre-soutiennent sans cesse sous des modalités qui sont, précisément, de l'ordre d'un transport d'une position à une autre, d'un *setzen* à un autre *setzen*, via l'*über-setzen* (l'*über*, encore !) – avec le risque constant d'un *versetzen*, soit d'une mé-traduction [3]. Le philosopher

1. *Ibid.*, p. 390.
2. *Ibid.*, p. 380.
3. « Lecons sur la méthode des études académiques », *SW*, V, p. 299-300, où Schelling évoque la question du « dogmatisme » en philosophie comme ce « déplacement » (*versetzen*) de ce qui ne peut être connu que dans l'absolu vers le point de vue empirique de l'entendement, soit comme une défaillance du traduire (*übersetzen*).

schellingien en est souvent expressivement tributaire. En effet, cette *finitude traduite de l'infini*, Schelling n'a pas cessé de lui chercher et de lui trouver des noms, de la penser sous des appellations et des rubriques diverses, de la traduire et de la retraduire. Dans sa philosophie de l'art, il dit : *Ineinsbildung* – l'œuvre « formant » (*Bildung*, *Bild*) en Un le fini et l'infini, le réal et l'idéal. Coleridge puis Gabriel Marcel ont traduit ce terme de l'esthétique schellingienne par *ésemplasie* (*eis hen plassein*, former ou façonner en un). Je laisse ici de côté ce que cette invention sémantique schellingienne charrie de connotations kantiennes. L'imagination est, comme l'indique son nom allemand (*Ein-bildung*, plus précisément *Einbildungskraft*), une force de formation, une faculté, traduction usuelle de *Kraft*, c'est-à-dire un pouvoir, une puissance et une force, sens trivial de *Kraft*. Le schématisme transcendantal kantien se déploie le long de cet ensemble de lignes que l'ésemplasie schellingienne étire à sa façon.

Si le fini est traduit de l'infini, la traduction pourra servir de modèle ou de trame permettant d'approcher ce rapport/non-rapport du fini et de l'infini, selon l'expression de Levinas. Le propre du traducteur et son épreuve, c'est qu'il est sans cesse en quête de formes [1], comme l'ésemplasie ou la narrativité, entre autres, pour Schelling. On comprend mieux la « phobie de l'imprimé » (Tilliette) du traducteur de l'infini puisque, pour lui, écrire, c'est cesser de penser (Valéry), finir de penser. La traduction de l'infini ne peut être autre chose qu'une traduction infinie appelant des spécifications sans nombre, des individuations formelles, des plasticités dynamiques, autant d'approches de l'infini, autant d'ouvertures à l'absolu, autant de formes de communion, de communication et de communauté, autant d'éclats disséminés de la « grande » traduction, celle qui fait circuler dans tout le corps du savoir le sens du savoir originaire. Ce point est remarquablement situé par le propos de Derrida : « il faut traduire et cette traduction tient à la finitude des individus » [2].

Mais peut-on pour autant la réduire à une « théologie de la traduction » au motif qu'il s'agirait, par la traduction, d'ouvrir l'*Urwissen*, le savoir originaire de l'absolu ? On peut tenir que non. La finitude doit être en effet comprise depuis son traçage infini et l'existence depuis sa « divinité » – et non l'inverse, qui donnerait lieu en effet à une dogmatique des preuves de l'existence de Dieu ou encore à une « théologie » du fini. Peut-on y voir par surcroît une ontopolitique, une « traduction onto-théologique sans rupture, sans opacité, traduction universellement réfléchissante » qui pourrait

1. *SW*, V, p. 264.
2. Derrida, *Du droit à la philosophie*, *op. cit.*, p. 392.

« conduire à une absolutisation totalisante de l'État », voire à un « étatisme »[1] ? Si le texte de 1803 peut parfois, et encore faut-il y voir de près, se prêter à pareille considération, le jugement est hors de propos si l'on en étend la portée à l'ensemble de l'œuvre schellingienne ou même seulement aux *Âges*. Il y a bien plutôt, comme on sait, un anti-étatisme schellingien[2]. Pour en décire le motif et le nerf sous l'aspect limité qui nous intéresse ici, il suffit de souligner que pour Schelling le « péché mortel des philosophes » (Chestov), et en particulier du philosophe Hegel, n'est pas de quêter la vérité de l'esprit dans l'Absolu, c'est de s'imaginer en reconnaître la figure aveugle dans des productions humaines comme la philosophie, l'art, la religion ou l'État. Schelling ne peut qu'échapper en profondeur à ce travers ou à cette idiosyncrasie philosophiques. En effet, pour lui, dans les *Âges* et au-delà, c'est l'absolu qui est vivant. La vie est la *vie de l'absolu* et celle-ci ne peut guère se médiatiser – d'où la difficulté d'avoir à penser la dérivation des choses finies depuis cet absolu absolument vivant et la tentative d'en découvrir une forme possible dans la narration, la traduction et l'anthropothétie. Pour Hegel, également attentif à penser les choses dans l'absolu et l'absolu dans la chose-même, la vie n'est pas vie de l'absolu à proprement parler, mais *vie de l'Esprit*, lequel s'automeut vers l'absolu en passant par des figures complexes et diversifiées, par des stades et des médiations. Cette différence de position de la vie, dans l'Esprit ou bien dans l'absolu, est à la racine de la différence de signification de la « contradiction » chez les deux penseurs, telle qu'on l'a relevée précédemment.

La matrice ontothéologique apparaît donc forcée dans la lecture par ailleurs si juste que propose Derrida de l'inter-traductibilité schellingienne. Si l'on veut parler de « théologie de la traduction », alors il faut aller jusqu'à poser que toute théologie, chrétienne au sens le plus extensif, serait traductive – du Père au Fils – et que toute traduction aurait à voir avec le théologique, c'est-à-dire avec le Sens comme Question. « Théologie » constituerait alors un signifiant en extension dérivante et non pas un principe qui commanderait fondativement la traduction. Il s'agit, dans le texte de 1803, de faire apercevoir une circulation « organique » entre les savoirs, à même le corps (*Leib*) ou les corps constitués de ce savoir et ce, de façon « sensorielle »[3]. Dans les *Âges*, ce savoir lui-même se présentera comme lié au passé et en 1821, dans les *Leçons d'Erlangen*, Schelling expliquera qu'il a encore à se délier, à se « renoncer » dans une pensée

1. *Ibid.*, p. 388.
2. Cf. *infra*, « Annexe », p. 223 *sq.*
3. *SW*, V, p. 248.

exposée au-dehors de soi. Avec un peu de malice, on pourrait aller jusqu'à dire que la narrativité est à Schelling, au milieu des années 1810, ce que la déconstruction est à Derrida. Le projet n'en est pas tenu jusqu'au bout parce qu'il n'y a pas de bout mais la pensée qui le porte est une pensée debout dont les effets peuvent être, toutes choses égales, parfois comparables : décloisonnement des disciplines et des discours ; brouillage des frontières entre la philosophie, la littérature, la théologie, la poésie et l'art ; traductibilité des codes et des langues ; constitution de la connaissance ou du savoir dans des instances traductives par déplacement et transfert ; comparution du corps signifiant du texte devant une extériorité ou une étrangeté inflexibles. En revanche, la séparation tranchée de la philosophie et de l'art, ou de la poésie, reconduirait l'opposition traditionnelle entre la partie rationnelle et la partie sensible de l'homme, laquelle se fonde en dernière instance sur la détermination métaphysique de l'homme comme animal rationnel, au lieu même où leur entre-traductibilité repose sur une tout autre entente de l'homme comme existence et comme parole.

Le statut de la traduction, du traductif ou de la traductibilité comme relevant d'une telle expérience de pensée et non pas simplement d'une technique ou d'une traductologie est donc déterminant pour la bonne compréhension des *Âges*. Il en commande l'entreprise dans sa nature même et il en signifie le « grandiose échec ». Il l'explique même de quelque façon. Pourquoi ?

Traduire, c'est tenter, même provisoirement ou fragmentairement, de rendre, comme on dit, dans une langue, la sienne en général, l'autre langue, sa merveille et son unicité. On peut donc tenir que traduire consiste à passer d'un nom, propre à une langue, à un nom, propre à l'autre langue. Dans une traduction en effet, la langue fait événement par elle-même et non comme simple instrument commun destiné à communiquer le vrai ou du vrai, produit préalablement dans l'adéquation de l'*intellectus* et de la *res*. Traduire, c'est se mouvoir entre deux langues qui sont également actrices et productrices d'une vérité. L'une et l'autre langues sont éléments de vérité. Elles disent vrai, comme un nom propre dit vrai, sans discussion ni contestation. Le nom commun en revanche est porté par un usage du langage réglé par la médiation instrumentale et non pas rapporté indiciairement à sa vérité élémentale. Le nom commun communique en tant qu'il est utile comme un outil qu'on utilise. La philosophie s'en sert comme de concepts qu'il lui faut confronter à une singularité inflexible, ceux-là, les noms communs, censés dire le propre de celle-ci, la singularité. On pourrait aller jusqu'à dire [1] que philosopher, c'est toujours entrer dans cette confrontation où je m'essaie à nommer de noms communs, comme d'autant d'instruments pour aller « aux choses mêmes » (les Idées de Platon, la Substance de Spinoza ou encore les phénomènes de Kant), une extériorité parfaitement inappropriable dans sa singularité absolue. La limite extrême de cette nomination reviendrait, chez Leibniz par exemple, à réduire les concepts à des symboles et la raison à un calcul. Mais la langue naturelle fera toujours retour car la rationalité et l'universalité philosophiques, distinctes de la logique mathématique, auront à s'y dire d'une façon ou d'une autre.

Traduire constituerait alors un mode ou un geste d'inter-médiation foncièrement dissemblable du philosopher car il en irait avec la traduction d'un passage qui n'en passerait pas par le nom commun – on traduit sans concept – mais aurait sans cesse à se porter d'un nom propre vers un autre nom propre. L'enjeu de toute traduction serait ainsi de retrouver, d'une langue l'autre, le nom propre perdu. Une œuvre à traduire est tout entière comme un nom propre, absolument singulière. Il faut au bon traducteur la compétence rare qui consiste à donner à chaque fois son nom propre, et quasiment sa mienneté, à la singularité absolue, par où la traduction cotoîerait la prophétie, voire le « sacré ». Toute traduction, si elle est réussie, est comme une signature, la calligraphie d'un nom propre. En pensant sérieusement « l'originalité » d'une philosophie, Schelling s'achemine vers le paradigme traductif du penser, c'est-à-dire vers la tentative de *philosopher par noms propres*, le premier d'entre ces noms propres se disant dans les *Âges* par le vocable de l'Archivivant [2] dès lors que « Dieu » est devenu un quasi-nom commun [3]. La philosophie narrative n'est rien d'autre que cette tentative. Son échec relatif, Schelling lui-même le prévoit ou l'entrevoit lorsqu'il écrit que le temps des narrateurs n'est sans doute pas encore venu et qu'il faut en attendant travailler comme des investigateurs et des dialecticiens (thème insistant de l'« Introduction » aussi bien en 1811 qu'en 1813 ou 1815) c'est-à-dire *philosopher encore par noms communs*.

1. Je renvoie au remarquable *Singularité et événement* de J.-F. Marquet (Grenoble, J. Millon, 1995), p. 214 *sq*.

2. De façon analogue, on peut tenir que *Dasein* est bel et bien, dans la philosophie d'*Être et temps*, un nom propre qu'il n'y a pas lieu de traduire, non parce qu'il serait intraduisible, mais parce qu'il « fonctionne » comme un nom propre, l'un des noms propres de l'homme ou de l'Homme, ce nom commun, trop commun.

3. « Dieu, celui que tout le monde connaît, de nom », dans J. Renard, *Journal 1887-1910*, Actes Sud, 1995, p. 107.

Sans doute peut-on estimer qu'il y a un modèle traductif de l'universalité que la narrativité des *Âges* aura tenté d'esquisser. Il consiste à soumettre la communauté universelle des noms de concepts à la singularité implacable des patronymes du réel. Pareil philosopher passera par la multiplication des singularités et non par leur effeuillage progressif. Traduire ne se peut en effet d'un singulier vers un universel car l'universel n'a pas de langue propre, mais seulement d'un propre à un autre propre, d'un singulier à un autre singulier, d'une langue l'autre. Et c'est là qu'une sorte de merveille se produit : plus on multiplie les singularités, les langues propres, les irréductibilités, plus on « universalise ». La littérature mondiale, la *Weltliteratur,* ne se peut pas à raison de la langue mondiale qu'elle parlerait. Les « grandes » littératures « nationales » en relèvent, à raison des innombrables langues et des innombrables signatures à quoi elles donnent lieux.

§ 19

NAISSANCE DE DIEU ET EXISTENCE

On peut acquiescer ou non à la lecture heideggérienne et disputer pour savoir si Schelling accomplit quelque chose de l'histoire de la vérité de l'être et de l'essence de la métaphysique, tout comme Nietzsche et avant lui, ou bien si, au contraire, il en produit des disruptions, s'il sort purement et simplement de la représentation traditionnelle, du temps en particulier dont il établirait en revanche et pour la première fois une entente non métaphysique. On peut également élargir ce qu'il conviendrait d'entendre par « théologie » dans la lecture derridienne du texte de Schelling de 1803 et mieux asseoir, comme on a tenté de le faire, les modes de pensée narratifs esquissés dans les *Âges* comme des modes de traductivité *de* l'absolu, c'est-à-dire d'ouverture révélante.

L'essentiel, au point où nous en sommes, est de bien tenir et de marquer définitivement l'homologie structurale, autorisée et par l'anthropothétie et par la traductibilité, de l'homme, des temps, du « grand » temps, de la « vie » et de l'Archivivant. On a à faire ici à une série différentielle de séquences de pensée où des forces s'entreconvertissent par le jeu d'une dynamique en constante tension, entre le « cœur » et l'« esprit », la contraction et l'expansion, la force déployante et la force réfrénante ou encore la « contradiction ».

C'est en vertu de cette dynamique même que les *Âges* entreprennent de raconter la *Gottgebährung*, selon le mot de Böhme déjà mentionné, la « naissance de Dieu », « le procès par lequel s'effectue Dieu » (268). Les forces dont on a continûment marqué le jeu et les tensions sont matriciellement théogoniques. Non pas au sens où les forces qu'on voit à l'œuvre en l'homme, sa temporalité et sa vie, n'en seraient que dérivées, déduites, c'est-à-dire foncièrement non-originaires. Mais au sens très précis, et substantiellement distinct, de la *réplique* et de la *répétition restreinte* qui marque le rapport entre les temps humains et les grands temps, les « âges du monde », par référence à *aïon* et *olam*, respectivement mis en contraste, en grec et en hébreu, avec *chronos* et *zeman*. Ces deux termes, *aïon* et *olam*, désignent à la fois, répétons-le, une ère, un temps, un éon et le monde lui-même, sa durée de vie. Pour Schelling, ceci signifie que les expériences temporelles subjectives, humaines, la nostalgie, l'amour, la mémoire, la joie, sont, dans leurs structures temporelles propres, tout autant objectives car elles nous mettent en présence de la réalité la plus authentique du temps.

S'agissant de la *Gottgebährung*, la première question qu'on se posera inévitablement est celle de savoir quelle peut bien être la légitimité théorique d'une description de la naissance ou du « procès d'effectuation » de Dieu, comme si son auteur y avait assisté en personne. Par quelle extravagance peut-on prétendre s'engager dans la narration d'une histoire de l'absolu et décrire la façon et les modes sous lesquels l'absolu s'historicise ? Quelle peut être la base philosophique de pareille « construction de Dieu » – le mot est de Borgès, appliqué à Spinoza dans un poème du grand Argentin : « Quelqu'un dans la pénombre construit Dieu / Un homme engendre Dieu. C'est un Juif / aux yeux tristes et à la peau citrine… / le magicien insiste et façonne / Dieu dans une délicate géométrie, créant Dieu… / Il continue par sa parole à ériger Dieu » [1] ?

Ces quelques vers permettent de marquer une différence profonde entre « naissance » et « construction » de Dieu. Sans entrer dans davantage de détails, on peut dire que pour Spinoza (ou pour Maïmonide avant lui), Dieu ne se laisse jamais égaler ou approcher dans une forme, une analogie, et toutes les tentatives pour le saisir, c'est-à-dire pour le saisir humainement, débouchent irrémédiablement sur la superstition, le finalisme, le délire et l'aberration (voir l'appendice au livre I de l'*Ethique* en particulier). Il faut noter que la philosophie schellingienne de l'identité demeurait parfaitement spinozienne, sous cet aspect comme sous de nombreux autres, Hegel l'a très bien vu – et Schelling lui-même, dans les *Âges*, continue, non sans emphase excessive, de se placer sous l'autorité de Spinoza, « notre ancêtre scientifique, notre maître et précurseur » (61), alors même qu'il est fort loin désormais des procédures de substitution du Moi absolu à la substance infinie. En déterminant l'absolu comme identité de l'identité et de la différence, la philosophie schellingienne de l'identité en faisait un Neutre, pure identité de soi et de l'autre que soi, pure identité à soi, pure

1. *La monnaie de fer*, Paris, Gallimard, 1983, p. 111.

identité de soi à soi. L'Absolu ou Dieu est impersonnel, panéquilibré en quelque sorte, éternel mais au sens négatif de non-temporel, c'est-à-dire, du point de vue des *Âges*, en un fort mauvais sens. Au fond, Schelling, en passant de la philosophie de l'identité à la philosophie des *Recherches* puis des *Âges*, tente de résoudre l'une des difficultés de la métaphysique de Spinoza que son correspondant Tschirnhaus avait relevée : comment penser l'articulation entre la substance infinie et l'existence de choses singulières, finies, existant de façon déterminée ? Comment démontrer que « l'existence des corps doit suivre nécessairement *a priori* de l'essence de Dieu » [1] ? L'article de 1804, *Philosophie et religion*, se porte exactement en ce point de la discussion Spinoza-Tschirnhaus, à savoir la possibilité d'une déduction du fini à partir de l'infini – ce qui oblige par ailleurs à clarifier la notion de cause immanente à la lumière de la différence fondamentale de la substance et des modes et à décider d'un indécidable, l'inséparabilité et l'hétérogénéité à la fois de la cause et de l'effet. Dans la période de la philosophie de l'identité, Schelling ne cesse, très spinoziennement, de s'opposer à toute humanisation, et donc aussi à toute historicisation de l'absolu. L'inflexion décisive se situe entre 1804 et 1809. L'influence de certains textes mystiques ou gnostiques, Jakob Boehme en particulier, et aussi son disciple Oetinger (1702-1782), « père souabe » dont les œuvres se trouvaient dans la bibliothèque du père de Schelling, aura sans doute pesé de tout son poids, dans les thèmes, les intonations, le timbre et les vibrations de quelques développements. Tout se joue désormais dans le passage de l'absolu à son histoire. La distinction cruciale est établie en 1809 au plus tard – c'est celle du *Grund* et de l'*Existenz*, si décisive que Heidegger ira jusqu'à créditer Schelling d'avoir été le seul, depuis Aristote, à penser la question de l'existence comme existence actuelle [2]. On a à faire à une réélaboration de l'ontologie dont la nature est telle en effet qu'elle a engagé Schelling sur la voie d'une critique radicale de la métaphysique, de la « prétendue métaphysique » (231), et de ce qu'elle n'aura pas pensé. Répétons la question par où tout se met en jeu : comment comprendre le fini, comment surgit le monde phénoménal et sensible, d'où vient-il, si tant est qu'entre le fini et l'infini, il n'y a pas de commune mesure, pas de passage, pas d'émanation ? Cette répétition est requise par l'explicitation formelle du « procès d'effectuation de Dieu » et elle doit en re-passer par le renversement opéré dans les *Recherches*.

1. Lettre à Spinoza du 23 juin 1676.

2. « Dépassement de la métaphysique » dans *Essais et conférences*, Paris, Gallimard, 1958, p. 87-88.

Dans ce texte, une disposition tend à répondre positivement à la question, en accordant un statut positif au fini, ce que le système de l'identité n'autorisait pas. La réponse de 1809 tient en un mot-clé. L'absolu est désormais compris et conçu comme liberté – selon une analogie déterminée avec l'homme. L'absolu est archiliberté (*Urfreiheit*), l'homme est liberté créée, finie. Cette différence, comme celle entre les grands et les petits temps dans les *Âges*, n'est nullement une différence d'essence, comme si on avait à faire à deux libertés essentiellement distinctes. Elle n'est pertinente et n'a donc à se faire valoir dans ses différences que comme existence. Par où l'on retrouve et l'on comprend l'heuristique du principe anthropothétique – car sans anthropomorphisme, un « nihilomorphisme », comme disait Oetinger, prend toute la place. C'est donc la liberté qui permet de comprendre la finitude, le passage à la finitude. La liberté de Dieu, ou la liberté en Dieu, c'est, pour Dieu, la liberté par rapport à sa propre existence. Schelling s'expose consciemment ici, c'est-à-dire dès lors qu'il dit ou qu'il écrit « Dieu », au risque de « l'inintelligible » (233). C'est qu'il lui faut engager un immense effort qui est l'effort de toute la philosophie médiane, pour réintégrer, ré-acclimater à la philosophie ces questions laissées à l'abandon par inertie intellectuelle. « Cela qui s'appelle Dieu en dehors de toute philosophie », comme dira Schelling dans la *Contribution à l'histoire de la philosophie moderne* [1], se dénomme dans les *Âges Urwesen*, *Urlebendiges*. Il désigne cet être plus ancien et plus vivant que tous les êtres vivants, cet être « qui n'est pas un être », qui « advient toujours » (233), se faisant sans cesse lui-même, c'est-à-dire commençant et finissant éternellement – d'une « naissance » qui est bel et bien « commencement », mais « sans commencement de son commencement » (234). Cette sorte d'éternelle finitude de Dieu qui n'est donc pas infini au sens convenu du terme permet de comprendre que l'homme en soit transi. En effet, qu'est-ce que Dieu sinon *l'absolu en tant qu'il se donne* ?

C'est cette donation même qui est liberté. Principe qui, par lui-même, ne suffit certainement pas à constituer une explication de Dieu. Mais c'est bien sur cet arrière-fond, et sur rien d'autre, que l'explication va pouvoir se déployer. On pourrait dire qu'on a de quelque façon l'idéalité de l'absolu d'une part, son absoluité telle que la philosophie de l'identité entendait la mesurer, si on peut dire, et le réel d'autre part, le « réal », libre, coupé, séparé, fini. Par conséquent, libre signifie, quant à la « liberté humaine » sur quoi portent les *Recherches*, autre que l'absolu, détaché de l'absolu.

1. *CHPM*, p. 35.

La liberté par rapport à l'absolu se constitue dès lors comme *un autre absolu*, elle existe dans un autre absolu. La liberté peut porter une violence, elle peut se porter jusqu'à l'*ubris* du refus de sa « justification », au sens où Levinas parle d'une liberté justifiée, dès lors que l'autre absolu s'érige en tant que tel dans sa revendication d'être et de se vouloir l'absolu tout court. C'est une liberté pour le bien et pour le mal, c'est le « tout est possible » des *Frères Karamazov*, non pas parce que Dieu n'existe pas, mais parce qu'il existe comme liberté. Et parce que « l'homme » (et, comme le remarque Heidegger, il n'est question que de lui dans les *Recherches*) peut renverser les éléments qui composent son essence et disjoindre librement son *Dasein*. La théorie de la décision des *Âges* relaie et distord cette position des *Recherches*.

La liberté humaine s'ente donc sur une aporie dont la clé paradoxale s'articule en deux constats : 1. la liberté est inconcevable sans le pouvoir pour le mal ; 2. or le mal est inconcevable en Dieu, dans l'absolu. S'esquisse alors une issue : il y a quelque chose en Dieu qui n'est pas Dieu, il y a en lui-même un *Grund*, une raison *de* son existence, une raison de Dieu, dont il aurait en quelque sorte à s'évader pour accéder *à* l'existence. Ce fond, cette « nature » de Dieu et en Dieu, est raison d'existence, et de soi, du soi divin, et des choses finies. Il signifie donc un désir d'être qui n'est pas Dieu, mais qui pourtant est de Dieu. Schelling pose là ou confirme une thèse essentielle de sa philosophie : à la racine de l'être, il y a du désir, il y a de la volonté, obscure dans le cadre des *Recherches*, pulsionnelle. *Urseyn ist Wille* : le fond de l'être, c'est du vouloir. On voit bien le lien entre cette théogonie ou cette théosophie transcendantale et la détermination de la métaphysique nietzschéenne par Heidegger à partir et ce qu'il nomme « le concept de l'existentiel » qui « peut et doit nécessairement surgir pour la première fois chez Schelling »[1]. Je ne reviens pas sur le verdict heideggerien. Ce concept de l'existentiel court en tout état de cause des *Recherches* à la philosophie positive, en passant par l'histoire ou la naissance de Dieu des *Âges* : l'histoire d'une existence demande à être distinguée d'une raison d'exister. C'est le fait de la liberté qui met la raison en extase ou en abîme. Schelling radicalise Kant sur ce point de la liberté, à l'extrême. Pour Kant, la liberté, comme fait de la volonté, est une idée transcendantale dont l'objet ne peut être donné dans aucune expérience, puisque l'expérience est conditionnée par la causalité alors que la liberté est « le pouvoir de commencer par soi-même un état », pouvoir qui échapperait à une concaténation de causes. C'est bien ce que Kant appelle le

1. *Nietzsche II*, éd. cit., p. 384-385 où Heidegger reprend la formule *Urseyn ist Wille*.

caractère intelligible d'un sujet qui serait cause de ses actes comme phénomène alors que lui-même n'est pas phénomène ; alors que ses actions dans le monde sensible, son caractère empirique, sont déterminées de façon nécessaire, selon des lois de nature. Schelling radicalise ces propositions générales. Dans les *Âges*, la question de la liberté humaine se reformule alors « en termes éthiques » (112) : « le jugement moral universel reconnaît en tout homme (...) une région où il n'y a strictement aucun fond, mais absolue liberté qui à elle-même est destin » (113). Si la liberté suscite chez les hommes effroi, recul et vertige, c'est qu'elle est « proximité de l'abîme », contrainte d'action sans maîtrise de ses effets : « agir en raison de ce qui est sans raison et au fond sans fond, c'est là le talisman secret, l'occulte et effrayant ascendant par lequel de temps à autre la volonté d'un seul homme (...) et le mystère qui l'entoure (...) est peut-être une chance » (114). La liberté finie a quelque chose d'infini : surmonter son caractère est requis par elle, en se gardant toutefois de devenir un homme « sans caractère » (115), en un rapport comparable à celui de Dieu à l'être.

Avant de revenir sur ce point de la liberté comme existence, on peut se demander en quoi la disposition générique *Grund / Existenz* produit des effets propres dans le conflit des forces théogoniques qui préside à cette naissance de Dieu que racontent les *Âges*.

Le fond est l'*upokeimenon*, le fondement de tous les étants, et en Dieu, le fond de Dieu lui-même. C'est un principe obscur, comme le *Gemüth* en l'homme, volonté ou désir pur d'exister, aveugle à soi. C'est donc ce qui en Dieu est pur en-soi, ce qui en Dieu n'est pas encore proprement Dieu, proprement absolu, mais qui n'est que le fond de son existence. Or l'existence a à s'en arracher. Elle ne saurait exister dans la demeure d'une pure limpidité sans jamais sortir d'elle-même faute d'en avoir besoin. Pas davantage elle ne s'exténuera en un un pur et simple être-là, ni *Lauterkeit* ni *Da-sein*. L'existence consiste à être hors de soi ce qu'on est en soi, à s'excentrer par rapport à un fond, non pas à être, mais à avoir l'être, comme dira Schelling. On pourrait poser que *l'existence n'est rien d'autre que le conflit des forces lui-même*, puisqu'il faut pour exister s'extirper d'un sans-forces, d'une sorte de torpeur absolue. Le fond comme fond est le lieu d'où toute force s'absente. L'existence comme donation vient y produire un déchirement dynamique, elle n'est rien qu'un surmontement de son être foncier, de ce qu'elle est au fond pour être extatiquement et se déployer hors de soi – l'existence est « joie » car, selon le mot de Böhme, « c'est dans le surmontement qu'est la joie » [1].

1. *Mysterium magnum*, Paris, Aubier, 1946, p. 157.

§ 20

NAISSANCE DE DIEU
DE LA RÉCLUSION À LA DÉCLOSION

En Dieu donc, le fond ou l'objet ou l'être correspond à ce qui se contenterait d'être dans une *Lauterkeit* ineffable, se maintenant, pourrait-on dire, dans son ontologie pure et primitive, sans tentation d'exister, sans volonté, sans vie. Ce Dieu, qui est celui des preuves ontologiques, *est* bien sûr, mais il n'*existe* pas, c'est-à-dire qu'il ne s'est pas dégagé de soi-même comme fond d'être, il n'est pas sorti de son concept dirait Kant. L'être de Dieu est un principe aveugle, ce qui en Dieu n'est pas encore proprement Dieu, proprement absolu, mais qui n'est que le fond de son existence. S'en arrachant, l'existence passerait à quelque chose comme un « Dieu sans l'être », pour reprendre l'expression de J.L. Marion en une entente possiblement schellingienne, « ce qui est Quelque Chose sans l'être » (161).

Traducteur de l'absolu, le philosophe se porte donc en-deçà et au-delà du Dieu qui est, en-deçà et au-delà du Dieu personnel également, d'un Dieu conscience de soi, déjà réflexif, possible à partir d'une opposition moi / non-moi par où le moi se sait et se saisit comme moi. Ce qui n'a rien à voir, précisons-le, avec les deux Moi de Dieu envisagés comme le nom des deux forces qui viennent en rompre l'équilibre primordial par un surmontement de l'un dans l'autre (118). Ceci sous le préalable déjà maintes fois rappelé du principe anthropothétique dont Schelling rappelle que la lecture des textes bibliques en aura été le stimulus : « ce sont eux qui m'ont appris à ramener les pensées éthérées à l'aune de la compréhension humaine » (89). Ce transport du philosophe, qui tient aussi du ravissement dont il n'a pas à être tout à fait exempt, marque le mouvement de tout le philosopher des *Âges*, d'où l'attention indispensable aux « *concepts intermédiaires* » (176), par exemple le concept de matière spirituelle, et aux « *points de transfiguration* » radicalement négligés par la tradition, attention plusieurs fois répétée par Schelling (123, 178). La dette à l'endroit de Böhme, d'Eckhart, d'Oetinger est patente. Mais elle n'est pas emprunt passif. La pensée des *Âges* en transfigure les éléments épars en les re-configurant selon le théorème de la correspondance analogique *micro-chronos / macro-chronos*, lequel permet seul de saisir ce qu'il en est d'une temporalité vivante. Dans son *Histoire de l'éternité*, Borgès en énonçait le principe en rapportant la mémoire personnelle à « une éternité » rigoureusement transtemporelle : « On sait que l'identité personnelle réside dans la mémoire et que perdre cette faculté entraîne la stupeur. On peut penser la même chose de l'univers. Sans une éternité, sans un miroir sensible et secret gardant ce qui s'est passé dans les âmes, l'histoire universelle n'est que temps perdu – et avec elle notre histoire personnelle, ce qui nous réduit de façon désagréable à l'état de fantômes » [1].

Le philosophe narratif va donc remonter ou se trans-porter jusqu'à la pure inactivité divine, un état où Dieu est en son ipséité un « moi » avant tout non-moi. On peut songer ici à plusieurs références mystiques et spéculatives : l'Un-pur plotinien, la *complexio oppositorum* de Cues, mais surtout la *Weiselosigkeit* de Dieu avec son pendant humain, la *Gelassenheit* chez Eckhart. Il s'agit à chaque fois d'un Dieu avant toute opposition, confiné dans une pure *Lauterkeit* (27), dans une intériorité jouissant de son non-être (28, 265). Il s'agit au fond d'un *Dieu-avant*, soit d'un Dieu avant Lui-même, avant toute conscience de soi bien entendu, mais surtout avant tout conflit, tout inquiètement, tout mouvement. Ce *Dieu avant Dieu*, comme le rien des mystiques ou le premier être de Plotin, est un « Être infini éternellement libre » dans l'allégeance à soi (116), c'est-à-dire un « Être primitif » enfermé dans sa « réclusion » (*Verschlossenheit*) dont l'amour le fera sortir (74). Mais comment ? Et pourquoi ?

Le secret de cet élan, c'est que l'équilibre initial des forces, qui se présente pourtant comme « la nécessité de la nature divine » (116), n'est pas lui-même équilibré : il « n'est pas inactif ou au repos, c'est au contraire un équilibre vivant, dynamique, où s'exerce une force de contraction effective ». L'équilibre est « opposition de forces », « dualisme », processus « profond, dynamique, vigoureux ». Originairement donc, plus ancien que l'équilibre lui-même se tiennent en conflit une « première force ou personne qui pose l'équilibre » et une « seconde « force « qui le surmonte » (117). Les noms des forces sont modulables à volonté, ou

1. *Histoire de l'éternité*, éd. cit., p. 163.

presque : Père et Fils, Oui et Non, Être et étant, sans que ces noms soient équivalents, un peu comme les noms de Dieu d'ailleurs dans de nombreuses traditions religieuses. En tout état de cause, il y va à chaque fois dans les *Âges* de la description ou de la monstration d'une ouverture, d'une décision ou d'une résolution (*Ent-schliessen*) qui ferait passer de la « réclusion » à la « déclosion » (*sich-Aufschliessen*, *Aufgeschlossenheit*), sans tout à fait négliger la tentation, et divine et humaine, du repli sur soi (*Ein-schliessen*) entêté et sclérosé (119). C'est bien un même registre sémantique, gravitant autour du verbe *schliessen*, que balise le passage de la réclusion à la déclosion, avec le fermé et l'ouvert d'une part, le résolu et le repli d'autre part, le décidé de l'*explicatio* et l'indéplié de l'*implicatio*.

Donc si déclosion il y a, et non pas entêtement dans la réclusion, c'est que les forces sont toujours déjà opératives qui donneront naissance à « Dieu ». Quel Dieu ?

En cet état où tout et rien s'équivalent, où Dieu et l'être s'égalisent, où Dieu est l'être mais ne l'a pas, où la *Lauterkeit* est pureté, limpidité absorbée et engloutie en elle-même, en son fond ontologique, en son fond d'être pur et plein, un désir, un amour, « la contraction de la première volonté efficiente » se font éternellement jour. Les *Âges* ré-utilisent de façon plus ou moins explicite le dispositif fond/existence. Schelling entreprend de déterminer de façon plus rigoureuse que ceux-là mêmes qui le posent l'énoncé classique : « Dieu est le fondement de sa propre existence ». Dans les *Âges*, la proposition s'entend clairement depuis « la nostalgie qu'éprouve envers elle-même l'éternité » (173) et qui désenclave le reclus, l'ouvre à la « vie », selon le procès de déclosion décrit par Schelling. Dans le fond, quelque chose se cherche inconsciemment. La nostalgie *de* l'éternité, par le génitif tout à la fois subjectif et objectif qu'elle signale, est inconsciente, elle n'est rien d'autre que *l'inconscient de Dieu* (162). La force d'expansion donne une impétuosité à la prise de conscience, elle fournit l'élan qui pousse vers la sortie hors de l'inconscient de Dieu. « Tout être, loin de se contenter d'être, veut être à nouveau ce qu'il est… (il veut) se montrer comme étant cela qu'il est » (245). Il veut se présenter au-dehors. C'est pourquoi un « être réfractaire fait partout irruption » (279), en tant qu'« Autre indéniable » (279). Dieu tressaille devant cet Autre réfractaire. Et ce tressaillement, c'est en Dieu le frisson d'une volonté d'existence, *Wille zur Existenz*, d'une volonté qui est tentation et à laquelle Dieu va finalement céder. Car il s'agit d'être une nouvelle fois ce qu'on est pour *avoir l'être*. Une nouvelle fois ne signifie pas ici répétition mais nouveauté, commencement plus que recommencement selon le sens de l'adage *einmal ist keinmal*. Ainsi s'engendre cet autre réfractaire et indéniable dont parle Schelling, une altérité à peine vivante encore, en germe, à l'état fœtal faudrait-il plutôt dire – car la métaphore végétale est trop hégélienne, les *Âges* privilégiant celle de l'accroissement organique, de l'enfantement, du Fils comme « délectation » du Père (78). La métaphore de l'enfant, telle que nous l'avons esquissée, est toutefois distincte de la figure du Fils, distinction qui d'elle-même pose cependant le problème de la proximité des différents. Le Dieu-enfant est le Dieu de la « volonté inconsciente » (162), sans parole ni révélation, mais déjà ouvert par le jeu qu'il joue, comme le temps qui s'exerce au tric-trac chez Héraclite. Cette ouverture, cette première déclosion, se reprend dans le Fils où la « force paternelle trouve éternellement à s'épanouir » (76) – reprise autorisée par la différence de l'*enfant* et du *Fils*.

En ce « deuxième » temps, donc – car tout ici se scande temporellement – les « puissances » s'éveillent en Dieu. Dans ce qui n'est qu'ordre, indifférence et calme plat, des forces s'agitent et signifient le début de la « vie » divine. Ce surgissement des puissances, c'est-à-dire des forces, est présenté sur des registres divers. Schelling le décrit aussi comme un processus d'être. Il n'est pas question ici d'exposer autre chose que la façon dont les *Âges* s'efforcent de cerner ce processus – car autrement il y aurait sans doute de quoi partager l'irritation d'un commentateur à ce propos [1], tant les variations schellingiennes autour de la lancinante question « *was ist das Seiende ?* » paraissent parfois infinies [2]. Dans la proposition contemporaine des *Weltalter*, où les forces et le temps s'entre-déterminent, l'étant correspond à ce qui « ne peut subsister en dehors d'une telle altérité » (279), celle de l'Autre indéniable, du *Grund*, ou encore de la « contradiction » – tous vocables qu'il convient d'entendre dans leur résonnance proprement schellingienne, c'est-à-dire dans la singularité qui les qualifie comme événements idiomatiques et conceptuels. Un Dieu étant, c'est donc un Dieu qui a l'être, à la différence d'un Dieu qui l'Est. En tout état de cause, la clé qui ouvre et dénoue les difficultés de ce passage de l'être à l'étant, lequel se décrit autrement sous d'autres registres, dans d'autres développements des *Âges*, c'est la volonté d'existence, la « volonté libre ». Celle-ci, pour l'inconditionné, consistera à « pouvoir être Quelque chose et (à) pouvoir ne

1. W. Beierwaltes, *Platonisme et idéalisme*, Paris, Vrin, 2000, s'en prend à « l'inconstance » de Schelling dans l'usage des termes « être et étant », p. 75.

2. Je renvoie simplement, à titre d'exemple ultra-condensé, aux innombrables modulations de cette question et des réponses parfois parfaitement contradictoires (par exemple p. 5 et p. 40) proposées dans le seul Journal de 1848, *Das Tagebuch 1848*, éd. H. J. Sandkühler, Meiner, Hambourg, 1990.

l'être pas « (155). L'inconditionné, l'absolu, « l'Eternel » se caractérise par cet être « tous les deux », l'être et l'étant (149). Or comment comprendre cette situation, celle d'« un conflit qui est à l'état de repos », au regard de la vénérable tradition de la philosophie et de son principe de non-contradiction ? Transitant par Aristote, les Scolastiques, Leibniz et Hegel, Schelling propose de penser le fameux principe en le rapportant à ce qui de lui doit être « bien compris », à savoir qu'il « se borne à affirmer que l'Exprimant ne peut être qu'un, ce qui n'empêche que l'Exprimé soit deux, et deux opposés » (151). Un jugement d'identité n'affirme pas une identité des termes exprimés, mais l'identité de ce qui les exprime. L'inconditionné n'est ni être ni étant, mais il n'est pas davantage non-être ou non-étant (155). Il est pouvoir-de ou pouvoir-de ne pas. L'inconditionné qualifie un Exprimant libre de prendre ou non en charge l'opposition être/étant (156). Il peut « être les deux » ou aussi bien « délaisser les deux » (155) – pouvoir où s'outrepasse *ipso facto* le spéculatif de type hégélien.

La volonté d'existence, la volonté libre d'exister ou de ne pas exister n'est pas autre chose que l'« union active d'un étant déterminé avec un être déterminé » (155). Quelle est la signification de ce que Schelling nomme ici « déterminé » ? Elle est très précise. Elle consiste pour la « limpidité primordiale » à se « revêtir elle-même d'un être » (113) ou encore pour « le Très Haut » à « se revêtir ou non des conditions » de son existence (156). Cette notion de revêture (*Anziehen*, *Sich-anziehen*) assure la déclosion du reclus, la striction ouvrante par où le fermé sans rivages s'ouvre dans l'étant « déterminé ». Le verbe allemand veut dire à la fois mettre un vêtement, s'habiller, et tirer, attirer. Revêtir ou se vêtir signifie donc d'un seul tenant contracter, se contracter. Pour la *Lauterkeit*, dans la citation précédente, se revêtir d'un être équivaut à « la contraction de la première volonté efficiente » (113). Cette importante notion d'*Anziehung* se retrouve dans la version de 1815, dans la *Contribution à l'histoire de la philosophie moderne* de 1830, ou encore dans la *Philosophie de la Révélation* pour désigner la différence entre endossement (d'une nature humaine) et incarnation [1]. Elle me paraît capitale et il n'est pas surprenant que Schelling y recourt à chaque fois qu'il lui faut décrire « le malheur de tout être », lequel doit ou bien « s'abandonner, et alors il est comme nul, ou bien s'affecter à soi-même (*sich anziehen*) et alors il devient quelque chose d'autre et d'inégal à soi » [2]. Voici comment la *Contribution* décrit l'histoire

1. *PhiRév III*, p. 206.
2. *CHPM*, p. 118.

de la subjectivation du sujet par auto-attraction (*Selbstanziehung*) : « Ou bien il reste en place (il demeure ce qu'il est, donc pur sujet), mais alors il n'y a aucune vie, et lui-même est comme nul ; ou bien il se veut lui-même, mais alors il devient un autre, inégal à soi, *sui dissimile*. À la vérité, s'il se veut, c'est tel qu'il est, mais voilà justement ce qui est impossible directement, dans le vouloir même il devient déjà un autre et se déforme » [1]. On y retrouve sans mal ce que les *Âges* décrivent à propos de l'éveil en Dieu des forces qui le conduisent à la « vie ». La question en suspens consistera à se demander s'il y va là aussi d'un « malheur » – le « malheur de Dieu » serait-il, pourrait-il être la réplique du « malheur » de l'être ou du sujet ? Ou bien serait-ce l'inverse ? Ou bien encore n'y aurait-il entre les deux aucune commune mesure, aucun effet de traductibilité ?

1. *Ibid.*, p. 119.

§ 21

L'EX-POSITION DE L'ÊTRE, LE TEMPS

En tout cas, et si l'on veut mêler les vocables de 1809 et de 1813, l'existence, en s'arrachant au fond, emporte sa propre auto-affectation – à entendre désormais clairement comme striction ou restriction de ce fond, c'est-à-dire en tant qu'elle se détermine en singularité par rapport à l'océanique de l'être, qu'elle nie dans cette détermination. À vrai dire, l'être ne peut se poser qu'à la seule condition qu'y soit préposé, dans cette position même, un absolument Singulier que Schelling s'efforce de *montrer* en faisant usage de l'*Anziehen*. De la même façon, Dieu, s'il était « un Être absolument simple » ne pourait jamais se révéler, c'est-à-dire se singulariser à l'extrême (290). L'usage de l'affectation / contraction / revêture n'est toutefois qu'une autre façon de temporaliser toute détermination, toute contradiction, toute dialectique. Si le principe d'identité pose que sujet et prédicat ne sauraient être *la même chose* pour seulement pouvoir signifier, sa temporalisation indique qu'ils ne sauraient pas même être *contemporains*, que l'un précède l'autre, en tant qu'*antecedens* et *consequens*, et que cette précession est précession dans le temps. Voilà pourquoi « l'être s'est déployé à son plus haut niveau et a été ex-posé par le temps ». Après seulement, il pourra y avoir réintégration ou récapitulation et production du double étagement des temps – par « refoulement » : « la force de contraction reprend ses droits à titre de passé qui la soutient (...) en posant une fois encore comme unité ce qui s'est déployé, en le ramassant (sans toutefois pouvoir le reprendre) ; en sorte que les fruits des différents temps coexistent dans un seul et même temps et se rassemblent en position concentrique autour d'un même centre comme les feuilles et les organes d'une seule et même fleur. Ainsi (...) ce règne archaïque du passé est de plus en plus refoulé par une force supérieure et développé jusqu'à prendre la figure du monde présent» (107). «Le passé n'est pas fugace, le passé reste en place» (Proust). *L'ex-position de l'être dans le temps* qui est ici décrite passe par une « scission dans l'éternité » par laquelle « l'être éternel devient effectivement objet pour l'étant éternel » (173).

Ce point est stratégique car il est évidemment au fondement du « Dieu encore à venir» (173), c'est-à-dire *toujours et encore* (au sens de l'*immer noch* allemand) *celé* au sein de l'éternité. Dieu comme devenir éternel est «devenir advenu de la liberté, advenant toujours et ne cessant jamais d'advenir» (233). La volonté d'existence s'affirme contre et du dedans de l'éternité, par contraction. L'existence ne se met à exister que de cette façon, en se contractant sur elle-même, sur sa détermination, sur une sorte de devenir-conscient, de conscientisation de Dieu. Dans un être sans vouloir, éclot une volonté étante, dans le *Sein* un commencement de *Bewusst-Sein*. Ceci constitue le début de l'intériorisation de la limpidité en sérénité (*Gelassenheit*), c'est-à-dire le début de *l'histoire de Dieu* à partir de son propre désir de se voir lui-même et de se connaître, selon l'expression de la Kabbale qu'on retrouve peu ou prou chez Böhme. Il s'agit bel et bien de «se prendre soi-même afin qu'il y ait Quelque Chose»(252). L' «expulsion» ou «l'extradition» de «quelque chose de lui [Dieu] en dehors de soi» fait advenir au sein de la pure quiétude l'inquiètement de l'existence : c'en est alors fini de « l'indifférence à l'étant » (160).

Le jeu de l'*implicatio* et de l'*explicatio*[1] se présente comme une sorte de travail de Dieu sur lui-même, sur son Inconscient – la version de 1815 étant encore plus explicite que les deux autres sur ce point. L'*implicatio* de Dieu est une pure volonté qui ne veut rien, qui est donc Tout et Rien à la fois et exclut toute conscience de soi, elle exclut de soi toute conscience. L'être indéployé de Dieu signifie son In-conscient : le préfixe ne désignerait pas alors seulement le contraire ou la négation du Conscient, mais son *implication en dedans du Conscient*, son refoulement, selon le mot maintes fois utilisé dans les *Âges*. L'idée d'un In-conscient de Dieu commande d'elle-même une narration puisqu'il s'agit de montrer ou, mieux, de raconter comment une « impétuosité à prendre conscience » s'engendre de façon non consciente (160) comme si Dieu lui-même avait à devenir Dieu avant même de pouvoir s'ex-pliquer. Les *cinq psychanalyses* de Freud relatent cinq histoires si singulières qu'elles obligent leur auteur à recourir à des pseudonymes (Dora) ou des métaphores (l'homme aux rats). La narrativité de la philosophie des *Âges* procède de la même nécessité

1. Cf. *supra*, § 7, « La question-Dieu ».

quasi-technique ou méthodologique – sauf que le point de vue clinique y est tenu par celui-là même qui est le sujet de l'histoire, l'analysant, Dieu – nom propre, pseudonyme et métaphore d'une interpellation, voire du langage humain lui-même, tout ceci à la fois.

Ce que l'*implicatio* contracte dans une réclusion, l'*explicatio* le déploie dans une déclosion. Elle est évidemment dynamique, historique (*geschichtlich*) puisqu'elle signifie ce par quoi Dieu s'effectue et se réalise, *sich verwirklicht*, dans le se-passer et l'advenir du monde, soit dans une prise qui ne cessera jamais de commencer. La narrativité est ainsi absolument requise par le nouveau philosopher puisqu'elle seule peut se reporter au « il était une fois » du commencement. Elle seule peut donc dire, indiquer, montrer, ce qui était au commencement, pure négativité, ipséité égoïste, pré-contraction de l'engendrement, « fringale » (252) – et même au commencement d'avant tout commencement, indifférence où tout sommeille avant « la prise, le rapt, l'attraction », soit l'*Anfang* proprement dit (253).

Dieu devient ainsi de plus en plus effectif, c'est-à-dire de plus en plus Dieu-se-révélant (et ce *sich öffnen und offenbaren* indique que ce Dieu était « auparavant reclus et caché », 288), entre l'*Inbegriff* du commencement, l'être sans étant, jusqu'au passage à l'existence en acte en passant par la mise en mouvement des forces.

Dans ce devenir-effectif de Dieu, structuré comme une extase, l'*explicatio* est non seulement horizontale (panthéisme), mais également verticale (monothéisme), c'est-à-dire qu'elle s'éploie dans une immanence de type théiste. La question se pose alors de savoir si ladite immanence est démentie, ou pas, par la transcendance du « Très Haut », du « Seigneur de l'être », du « Surétant ». Dieu ne saurait se ramener purement et simplement à son fond obscur, ce qui était déjà établi. Par l'existence même qui le révèle et l'excentre, il se tient tout en-haut. Tout se passe comme si l'arrachement à soi signifiait une « christianisation », comme si le *uper-on*, l'*uper-ousion* (264) ne pouvait désigner à la fin des fins rien d'autre « qu'un Très-Haut qui en tout veut se réaliser, se révéler – Dieu » (263). Il faut être vigilant dès lors qu'on parle de christianisme ou de rechristianisation des concepts, de façon plutôt impropre d'ailleurs. Il s'agit simplement d'indiquer comment la transcendance va se rejouer comme thème, depuis les théologoumènes qui l'autorisent jusqu'à sa repensée si radicale qu'elle conduit à pro-poser qu'« il faut savoir se passer de Dieu » (235).

En effet, l'immanence est une possibilité de Dieu, conservée en lui et avec lui en même temps que l'autre possible, « *alles in allem* » comme écrit Schelling, l'un dans l'autre et tout dans tout. L'être serait alors laissé à soi, à chaque instant l'être serait laissé être, à chaque instant la victoire de Dieu sur le néant ou sur le mal se répèterait. Mais Dieu est le Décideur – dont l'homme est comme la réplique micro-chronique lorsqu'il tranche et qu'il décide à son tour. Il est aussi bien l'Avant puisque nul ne le précède et le Provenant. Ces qualifications mises ensemble signifient qu'il est avant tout le Libre, l'Absolument libre. Entre la possibilité d'être et la possibilité du rien, entre Logos et Chaos, il n'y a pas d'une fois pour toutes, mais la répétition dans l'instant de l'exercice d'une liberté, comme toute-possibilité, pour ainsi dire, comme puissance antérieure à tout jugement, division, distinction (*Krisis*, *Urteil*). Si « toute crise est un jugement » [1], Dieu en est l'auteur car il en précède de toute éternité l'effectuation – aux hommes d'en produire après-coup et dans le fini une traduction, à eux d'en re-produire en petit la structure théogonique, le jeu des forces. C'est dans l'être même de l'homme qu'il y a donc quelque chance de saisir l'être à rebours de Dieu. Le commencement absolu de l'être se com-prendra dans le savoir de son propre commencement fini, comme « science » et comme « passé », celle-là « provenant » de celui-ci (247). Le monde porte sans cesse en lui sa propre réponse, il est à lui-même cette réponse. Ce qui requiert en revanche du temps, ce qui exige la profondeur d'un passé, l'immanence d'une durée, ce sont précisément les questions.

1. *Conférences de Stuttgart*, *SW*, VII, p. 483 ; *OM*, p. 257.

§ 22

EXTASE DE DIEU

Dans le droit fil de la distinction eckhartienne entre *Deus* et *divinitas*, entre *Gott* et *Gottheit*, la différence entre être et étant de Dieu permet une sorte de tri entre la diffusion, l'effusion, l'expansion, et l'être. Ce tri n'est pas parfaitement clair dans les *Âges*, non pas en raison de déterminations trop pauvres, mais au contraire par la profusion des monstrations et des descriptions. En tout cas, les conséquences théologiques de cette proximité avec Eckhart se diffractent à cause de l'usage proprement schellingien des forces. De l'aséité de Dieu, de son essence absolument transcendante, nous ne pouvons peut-être rien affirmer positivement. Mais d'une part le *Grund* demeure comme le lieu d'une mise sous tension des forces, comme retrait, repli de Dieu sur sa nature, soit sur quelque chose qui en lui est effectif et de quoi l'existence s'est arrachée, en lui infligeant une dé-faite. D'autre part, mais c'est tout un, comme il est possible, par l'attention au jeu infini des forces, de décrire la *Gottheit* en tant qu'elle s'engage dans des rapports, c'est bel et bien une histoire de Dieu qui se substitue à toute théologie apophatique ou négative. Lesdits rapports se structurent en processus internes (l'autodifférenciation, la trinité, la procession des personnes divines) et externes (la création, essentiellement).

La clé de cet ensemble de rapports vivants et incessamment modulés se trouve dans l'*extase*, modèle et matrice de toute la philosophie de Schelling[1]. Si bien qu'il n'y a nul anachronisme à parler ici, à propos des *Âges*, d'extase de Dieu. On peut en effet estimer que la philosophie schellingienne, avant même son explicitation sur ce point dans la dernière

1. *Cf.* J.-F. Courtine, *L'extase de la raison. Essais sur Schelling*, Paris, Galilée, 1990.

période, s'articule en entier autour d'actes libres, logiquement indéductibles, producteurs de différences d'avec l'essence, en quoi consiste l'exister, et, par conséquent, susceptibles d'une connaissance *a posteriori*. La structure de base de cette articulation, c'est l'extase : l'extase de la *temporalité* organique présentée dans les *Âges*, on l'a vu, l'extase finie de l'*exister* humain qui cherche sans cesse à sortir de soi, l'extase de la *raison* que thématise l'*Introduction de Berlin*, enfin l'extase de ou en *Dieu*, absolument libre, qu'expose toute la philosophie de la Révélation [1], et qui est censée faire pièce au modèle hégélien de la libre *Ent-äusserung*. On peut considérer que ce modèle de l'extase de Dieu est largement esquissé dans les *Âges*, les linéaments en ont été largement présentés dans les paragraphes précédents. Si l'on se reporte, pour mémoire et par anticipation, aux textes ultérieurs de Schelling, on l'apercevra sans trop de peine.

Commençons par le rappel de ces quelques lignes de l'*Introduction à la philosophie* de 1830 : « Dieu est mis hors de soi, et méconnaissable, de même que nous disons d'un homme qu'il a été mis hors de soi. Dieu est pour autant qu'il est Dieu dans l'extase, et par là le commencement de toute existence, qui elle-même n'est précisément rien d'autre qu'extase, puisqu'il ne fait aucun doute que le latin *existere* n'est autre que le grec *eksistanai*. Dieu qui, en soi et pour soi aussi est pure essence, est par cet être, par suite d'une *eksistasis* librement consentie hors de l'essence. Cette liberté de sortir hors de soi, on ne peut la dénier à Dieu sans lui ôter toute liberté de mouvement. Le mouvement ou la vie ne réside que dans la liberté de devenir inégal à soi-même… » [2]. Cette extase de Dieu est comme un abaissement. Mais cet abaissement n'est que la conséquence de sa plénitude. En d'autres termes, sa perfection est telle qu'elle lui permet la négation, la limitation, la suspension. Dans cet infini inapprochable en quoi consiste l'être que « revêt » Dieu lorsqu'il sort de sa divinité, on a le fondement de la création, sa possibilité. L'extase de Dieu, c'est la possibilité suivie de la réalité effective, l'abandon à la puissance afin de rendre effectif le monde. Ce modèle doit beaucoup à la Kabbale lourianique, Schelling l'a dit, Habermas a soigneusement analysé cette dette. Il prend à rebours tous les schèmes scolastiques qui procèdent logiquement de la puissance à l'acte pur même s'ils paraissent poser l'*actus purus* au commencement. Ici, Dieu accomplit le mouvement inverse, un mouvement extatique d'exinanition, de kénose qui irait de sa pureté ou de son absoluité anhistorique, comme dit Schelling, à son entrée dans le règne

1. Je renvoie en particulier à *PhiRév II* et *PhiRév III* déjà cités.
2. *Intro1830*, p. 129.

de la puissance et de l'être. L'extase est aussi un suspens. Dieu se suspend comme *actus*, ce qui n'a rien à voir avec l'*Entäusserung* hégélienne : « Dieu ne s'aliène donc pas en monde, comme on a l'habitude de dire aujourd'hui… Aliéné, il l'est dans l'exister aveugle, imprépensable ; en tant qu'il aliène celui-ci, pose cet exister hors de lui (comme un autre que lui), il entre de ce fait en soi-même. Mais en même temps, si Dieu suspend l'*actus* de son exister nécessaire (…), (c'est) pour poser à sa place un être différent de lui », le monde [1].

Par l'isomorphie de la sortie de soi pour Dieu et pour l'homme, *la structure même de l'extase emporte la grande thèse de l'anthropothétie*. La même volonté, les mêmes forces explicitent la création du monde et l'existence humaine, la révélation et la décision, le Fils et l'excentration désipséisante – mais à bien entendre l'isomorphie, le même n'est plus le même, évidemment, il n'est plus le même même. Car les deux termes de la série s'avèrent avec le même reste possible, le même écart, la même rétention, avec quelque chose que Schelling appelle parfois mystère de l'être. L'extase vaut donc aussi anthropologiquement. L'homme aussi cherche à sortir de soi « pour être heureux », pour se produire lui-même dans l'objectivité, c'est-à-dire dans l'extériorité qui ne peut jamais tout à fait devenir objet pour la pensée – alors que Schelling appelle le plus souvent subjectif l'ordre logique, c'est-à-dire ce qui fait de ses objets propres des objets pour la pensée. Si l'homme sort, veut sortir et s'il y voit la condition de son être-soi, de son existence heureuse, c'est parce qu'il est travaillé par cet infini manque d'être ou manque à être si souvent évoqué par Schelling. Il n'est plus ce qu'il est, il n'est pas ce qu'il devrait être, il existe dans un écartement d'avec soi. Ces deux extases, divine et humaine, « cette communauté réciproque des propriétés humaines et divines » (289) ouvrent sur une interprétation du verset biblique relatif à l'homme créé à l'image de Dieu – et Schelling, dans les *Âges*, et ailleurs plus tard, s'interroge sur cette notion d'image qui irait du même même à un autre même et qui ferait l'interface de la double série extatique homme / Dieu.

L'extase détermine donc l'anthropothétie foncière des *Âges*. On l'a déjà noté à propos du temps, *micro-chronos* et *macro-chronos*. Le jeu des forces, la tension du G*emüt* et du *Geist*, se laisse décrire comme la dynamique d'un conscient et d'un inconscient dans le sujet humain. Or ce sujet humain est un sujet continûment temporalisé, se-temporalisant sans fin. Il n'est rien d'autre que du temps, lequel s'arrache extatiquement depuis une éternité se temporalisant elle-même infiniment. C'est la raison pour

1. *PhiRév III*, p. 372.

laquelle la pensée ne peut guère se satisfaire de déterminations conceptuellement articulées – le temps, c'est foncièrement ce qui ne se laisse pas tenir et maintenir dans un concept. Et si le sujet est le lieu d'une possible narration du jeu des forces qui l'habitent dynamiquement, si cette structure emporte l'exigence de sa narrativisation, c'est parce que le temps lui-même ne prend consistance et ne peut être saisi dans son être intime, que comme « conflit entre deux principes » (146). Le rapport « extatique » entre temps et éternité est homologue à la relation entre l'être et l'étant de Dieu, « différents mais non pas disjoints » (150) comme précise Schelling selon une tournure qui caractérise intimement sa pensée en général, laquelle se porte très souvent en ces points de délicatesse exhibés par une sorte de *quasi-*. *Là où affleure le quasiment-pareil, là gît la vraie différence.*

Le Dieu vivant, le Dieu sans l'être, le Dieu-Vie – dont la parole pourrait être en effet « Je veux donc je vis » (Arendt) – oblige à une postulation conceptuelle mais s'en dégage dans le temps même de cette postulation. Il s'agit, on l'a dit, de comprendre le « devenir » de Dieu afin que soient pris réellement au sérieux « des termes aussi évidents (...) que "vie" et "vivant", appliqués à Dieu » (234). De là vient la nécessité pour la pensée « d'aller jusqu'à penser Dieu lui-même comme non-étant » (234). Mais attention, cette nécessité ne renvoie à nulle effectivité. Elle est d'ordre strictement logique, commandée par la contrainte d'une exposition claire : « Non que (Dieu) eût été de fait, à un quelconque moment, non-étant (lui qui éternellement se meut vers l'être), mais par simple clarté conceptuelle, et afin que tu sois à même de comprendre ce devenir » (235).

La distinction anticipe la différence axiale de la dernière philosophie entre démonstration « négative » et facticité existentielle. Elle est reprise un peu plus loin dans les *Âges* à propos du temps : elle serait à la fois requise par les besoins d'une démonstration et caduque pour toute science qui exige de « tout voir en vie et en action » (238). « En devenir », en « mouvement éternel vers l'être », ce Dieu est *esquisse de Dieu*, intradivinité extasiée vers son propre mouvement de conscientisation ou encore, pour utiliser une formule lévinassienne, de « venue à l'idée ». Il est donc le Prius absolu. Qu'est-ce à dire, dans le contexte des *Âges* ? Avant tout que ce devenir et ce mouvement, nous n'y assistons pas puisqu'ils sont ceux d'un « imprépensable », rigoureusement et littéralement, soit de « ce qui est déjà là avant même que nous y songions ou que nous nous en avisions, ce qui a toujours déjà occupé les lieux de l'inconditionné et par rapport à quoi, si tôt que nous partions, nous arrivons toujours trop tard » (250). Nous n'y sommes pas et à ce rendez-vous, nous serons toujours en retard et « rien n'y fera » (Lyotard). Et pourtant, la narrativité parvient à la restituer traductivement après-coup, elle peut en dire quelque chose – de seconde main si l'on veut. C'est que les « concepts » de la philosophie narrative ne sont pas des représentations abstraites de l'objet ou des formes synthétisées de l'effectivité, mais de simples rapports expressifs mettant en tension des forces, soit en fin de compte des condensations temporelles. Le Fils et le Père, par exemple, désignent avant tout des temps, un peu comme le Messie dans la pensée ou la philosophie juives.

§ 23

MUTATIONS DANS L'ONTOTHÉOLOGIE

La philosophie des *Âges*, la narrativité qu'elle s'efforce d'organiser, consistent en une dramaturgie de la pensée s'autorisant d'une traductibilité de l'absolu et visant à l'invention de formes métaconceptuelles, voire extraconceptuelles. Décrire la naissance de Dieu, sa *nessence* comme naître à l'existence, si l'on peut se permettre d'ouvrir à ce que l'assonance suggère, aura emporté quelques mutations d'importance dans l'histoire de l'ontologie. Il fallait les examiner avant même de s'interroger sur l'être plus ancien que tous les êtres et qui n'est précédé par aucun être, le surétant, le plus vivant des vivants, *Urwesen*, *urlebendig* – cet Absolu immédiatement déployé dès l'Introduction aussi bien en 1811 qu'en 1813 et 1815. Rappelons très brièvement ces mutations.

Tout être est déterminé extatiquement, être ne se contente pas d'être, être « veut être à nouveau ce qu'il est (...) se montrer comme étant cela qu'il est » (245). L'existence consisterait donc à être-hors-de-soi ce que l'on est en soi, pour le dire au moyen d'une conceptualité qui n'est plus tout à fait adéquate à ce qu'elle voudrait décrire. Il faudrait plutôt poser l'équivalence entre exister et montrer et en examiner la circulation à double sens. L'existence est monstration, la monstration est excentration par rapport à un fond, par où l'existence « a » l'être. Voilà pourquoi l'existence n'est rien d'autre que le conflit des forces lui-même : il lui faut en effet de toutes ses forces s'extirper d'un sans-forces, d'une torpeur absolue, le fond (*Grund*) consistant précisément en une absence localisée de toute force.

Voilà pourquoi toute révélation, voire toute révélabilité, sont assignables à une forme de traduction. La monstration, l'excentration se tiennent dans une sorte de citation de soi, dans le double sens littéraire et juridique. L'être, s'il ne se cite pas dans une seconde fois de soi, s'il ne se cite pas à comparaître – n'existe pas. La révélation traduit et cite, depuis un « imprononçable » comme dit Schelling en se remémorant à sa façon ce qu'en expose la pensée juive des noms divins, du *chem haméforach* en l'occurrence, soit du nom distinctif, lequel, pour les Juifs, demeure en tout état de cause imprononçable (292). C'est à cette condition (qui est une incondition puisqu'elle est l'existence même) que l'existence manifeste l'étant, la venue en présence du *Grund*, l'extase de l'être. Le fond est sans cesse travaillé par ce qui va advenir comme formes langagières. Ce *Grund*, point aveugle des forces, ne peut devenir présence, surgissement, existence, que par ce travail, lequel n'a rien à voir avec le travail du négatif car ce *Grund* toujours *demeure*. Il est là, inaboli, replié, rétracté, et sans cesse creusé par l'arrachement existentiel. Les structures de la dialectique spéculative sont bouleversées puisque les concepts, travaillés par les forces, ne peuvent jamais être purement et simplement révoqués dans une relève qui les supprimerait en les conservant, par où du coup et l'une et l'autre, et la suppression et la conservation, deviennent hautement douteuses.

De là la grande thèse schellingienne, inédite, selon laquelle l'essence de la subjectivité, si on peut encore dire la chose ainsi, ne réside pas dans la raison-de-fond, mais dans l'existence, La subjectivité de tout sujet n'est pas l'être en tant que simple fondement de son exister, c'est bien plutôt, pour reprendre une distinction schellingienne centrale, l'être en tant qu'il existe en déchirant son rapport à soi, à son propre fondement. La subjectivité de tout sujet / Sujet ne consiste pas à reposer en soi et sur soi : l'absolu comme autoposition, autofondation, Dieu comme être nécessairement existant. Dans une distance conquise de haute lutte avec la tradition, Schelling y voit des « concepts universellement admis » (268) et s'oppose en toute conscience et à ce qui est admis, et à ce qui est universel. Si la subjectivité de tout sujet n'est pas d'être à soi-même le substrat de ses représentations ou de ses volontés, c'est qu'elle a à se trans-figurer, par la traduction, par la citation, par le transfert extatique et monstratif, par et dans une existence, par et dans une expansion de type « amoureux » (104) qui emporte la rupture de l'ipséité du sujet. Ainsi, Schelling est bien le premier à penser radicalement l'*existentiel*. Le premier aussi à poser, s'agissant de Dieu, que le réal de l'existence est ontologiquement supérieur à l'idéal de l'être.

Qu'en est-il de la *Gottgebährung* telle que nous l'avons décrite jusqu'ici, envisagée désormais depuis ces transformations de la pensée de l'être en tant qu'existence ?

Nous avons le monde, le fait du monde, avec son caractère énigmatique qui ne laisse pas de surprendre et d'étonner dans sa facticité. Cet être mondain, cette existence du monde, doit se comprendre depuis l'absolu et selon un principe général qui est celui de la traductibilité. Mais alors par où « commencer » ?

On pourrait évidemment commencer par Dieu, par l'in-différence absolue, puis en déduire ensuite le monde, comme faisait la philosophie de l'identité. Après le tournant « mystique-gnostique » de 1809, cette position n'est plus tenable. Bien sûr, Schelling ne renonce nullement à penser le monde depuis le lieu de l'absolu. Mais il faut désormais que l'absolu puisse être saisi dans « l'acte constant d'un désenveloppement » de soi (276). Cette *explicatio dei* doit procéder (logiquement, pas historiquement) d'une considération de l'*implicatio*, d'un état où l'être en son entier sommeille encore, où l'être est avant l'être, dans sa pure limpidité. La philosophie ne peut donc plus se contenter de « commencer par » Dieu comme l'existant nécessaire, ce qu'elle a toujours fait. Elle doit s'interroger sur le commencement de ce commencement, elle doit scruter son histoire, ses mouvements, ses contorsions internes. Elle doit donc penser la divinité, la *Gottheit* de Dieu, comme liberté. Dans l'horizon qui se dégage dans les *Âges*, Dieu a à être pensé comme le contenu le plus intime et le plus immédiat de la raison, comme le transcendant rendu immanent à la raison, ainsi qu'écrira Schelling dans sa *Philosophie de la révélation*. S'interroger sur le commencement du commencement, c'est, pour le moment, se poser la question du passé, de la « nuit des temps » de l'*implicatio* absolue, à laquelle l'écriture des *Âges* se consacre en entier. Seule l'investigation de ce passé plus passé que tout passé, de cet « imprononçable » archi-originaire, peut autoriser l'intelligence de la « création » en tant que ce qui « insuffle la vie » (292). La « *Real-dialektik* » à quoi se réfèrent à plusieurs reprises les *Âges* porte l'ambition expresse d'excéder le simple mouvement intralogique et de décrire cet acte originaire par lequel les puissances s'agitent en Dieu et s'opposent à lui. Sa fonction est de trouver un passage vers l'extérieur. Sans doute prend-elle son départ, elle aussi, dans l'idéalisme d'une téléologie de la réalisation, mais, à même le texte schellingien (p. 263 par exemple), on voit la catégorie logique se convertir en force, en puissance, en faculté d'engendrement extra-rationnelle.

Le passage vers l'extérieur est donc une sortie vers le *réal*. Le *Wesen* requiert de toutes ses forces – car il y a des forces dans le *Wesen*, dans l'être – ce passage en force. Son histoire, qui constitue une instance de la naissance de Dieu, est l'histoire de cette sortie, de cette excédence sur soi-même, existence transontologique, transcendance. L'être n'est pas posé par Dieu de toute éternité, c'est un devenu-temporel, une dynamique. Il ne procède donc pas d'une nécessité incluse en Dieu, mais d'une volonté de Dieu de dé-velopper et d'ex-pliquer son être, soit de faire passer le monde de la simple idéalité insubstantielle à la *Realität*. Dieu veut le *réal*. On a souvent figuré Schelling comme le Platon de l'idéalisme allemand. À juste titre, sous bien des considérants. Mais il y a aussi un antiplatonisme schellingien. Si les Idées ont leur être en Dieu, elles ne l'ont pas à un degré supérieur, mais au contraire à un degré moindre, car c'est l'existence réale, soit la réalité, qui est la mesure de l'effectivité des idées. Celles-ci, autrement, ne sont que des visions silencieuses de Dieu sans réalité ni contenus, des images, des archétypes au sens de Philon. La création déploie conflictuellement, c'est-à-dire réellement, dans le réal, des puissances, des forces. Voilà comment les idées acquièrent réalité par la création, par leur création réale, par la voix ou le cri humains enfin donnés au silence de Dieu. L'histoire de l'être commence donc avec l'abîme de l'être en Dieu et se poursuit sans fin ou bien, ce qui revient ici au même, jusqu'à la fin des temps, la fin du monde, la fin de l'être. Elle inclut, parce qu'elle est *histoire*, des événements comme la chute, la rédemption, l'exil, l'existence. Les âges du monde sont des *âges de l'être*, des temps de l'être, soit des temps de l'étant, des figures ex-plicatives.

§ 24

FINIR PAR DIEU, COMMENCER PAR DIEU ?

En se proposant de dégager Dieu de son « concept le plus universellement admis » – geste continûment affirmé jusqu'à l'exigence de « laisser tomber le concept » de Dieu de la *Philosophie de la révélation*[1], Schelling esquisse une sorte de « métaphysique concrète » dont la descendance ira jusqu'à Gabriel Marcel ou Bergson en passant évidemment par Schopenhauer et Nietzsche. Les mutations *dans* l'ontothéologie ne sauraient donc simplement tenir entre ses quatre murs. Elles s'en dégagent aussi.

Premier effet de ce dégagement : il est exclu que la philosophie puisse logiquement « finir par » Dieu, le plus éminent de tous les êtres, *ens realissimum*, comme c'est le cas, même si cette fin est donnée artificieusement comme un « commencement » dans la tradition ontothéologique depuis Aristote. Dieu n'est pas pour Schelling l'Idée dans sa réalisation la plus haute, on l'a vu, il n'est pas Puissance idéale, il n'est pas Concept. Il s'agit désormais de l'approcher comme Réal, c'est-à-dire ni essence ni puissance ni universalité. Dieu renvoie, si l'on peut dire, à une existence absolument singulière précédant toute possibilité et toute essence, c'est-à-dire toute preuve. L'absolu schellingien est du côté de l'absolue Singularité et non pas du côté de l'universalité du Concept. Pas plus que le géomètre ne doit commencer par prouver l'existence de l'espace pour faire son travail de géomètre, pas davantage le philosophe n'a à démontrer l'existence de Dieu – de toutes façons une existence ne se « démontre » pas. L'argument ontologique qui va de l'essence à l'existence tombe. Si la philosophie ne peut

1. *PhiRév I*, p. 187.

donc finir par Dieu à partir de la remontée d'une chaîne implicative, doit-elle alors « commencer » par Dieu ?

Oui puisque Dieu est « au principe » de la philosophie, comme on peut lire dans les *Conférences de Stuttgart*[1] ? Mais cet « au commencement » de Dieu, son *béréchit* si l'on peut dire, doit être très rigoureusement distingué de tout principe logique. *Archè*, il est plus de l'ordre du commandement décisionnel que de l'ordre du commencement chronologique.

Comment s'y prendre ? Vers où s'orienter ? On a vu que Schelling, dans les *Âges*, se met en quête de Dieu avant le Monde, soit de quelque façon de Dieu avant Dieu, en son état inactué, reclus, indéplié, indifférent, dans une intériorité jouissant de son non-être (28, 265). La tâche du traducteur de l'absolu qu'est le philosophe narratif consistera à remonter jusqu'à cet absolu en repos absolu, c'est-à-dire jusqu'à l'être le plus ancien de tous les êtres avant même qu'il soit. Le verbe *remonter* est impropre. Il ne s'agit pas de mettre en place ou de traverser une série de médiations ascendantes, il est question de raconter une histoire, celle de l'*Urwesen*, de la restituer, de retrouver non pas la logique d'une nécessité démontrable ni même une logique d'effectuation, mais le récit d'une mise au monde. Cette annonce ouvre immédiatement l'Introduction de 1811 et s'accompagne de la nécessité de l'anthropothétie (21). En 1813, c'est la question du temps qui est immédiatement posée, là encore de façon humaine. Sans doute y a-t-il là l'indice d'une extraordinaire difficulté de composition – tout le chantier des *Âges* en témoigne, on le sait. Schelling l'avoue et avoue du coup que la difficulté n'est pas résolue, qu'elle ne peut l'être. Il préfère purement et simplement s'en débarrasser, c'est-à-dire renoncer à régler « l'œuvre » en l'ordonnant : « j'ai retiré tout ce qui pourrait servir à introduire à l'œuvre (…) pour le mettre au beau milieu de l'œuvre (…) je ne m'inquiète nullement d'avoir dû commencer d'emblée par les sujets les plus ardus et les plus obscurs » (232). Au lecteur de composer pour son propre compte (avec) « l'œuvre ». En l'occurrence, introduire en accentuant la narration ou bien en accentuant la temporalité oblige sans doute à un choix de présentation qui est loin d'être sans importance. Mais il s'agit bel et bien d'un même fond, à savoir l'historicité de l'être, sa dynamique, qui impose que soit temporalisée, c'est-à-dire narrée la « naissance de Dieu ». En effet, « la métaphysique » concrète, celle des *Âges*, « ne se contente pas d'un être purement ontologique, elle demande un Existant effectif » (128). Non pas un Être, donc, mais Un Existant qui aurait l'être, comme dit plusieurs fois Schelling – ce qui signifie simplement que l'existence précède l'essence

1. *SW*, VII, 423-4 ; *OM*, p. 205.

car exister consiste à extasier une « essence » afin de « l'avoir », après-coup ; autrement, si on ne l'avait pas après-coup, elle viendrait précéder l'existence en l'essentialisant.

Revenons sur la question et la difficulté cernée par Schelling. De fait, on ne peut ni finir par Dieu, ce qui en ferait le couronnement de l'édifice ontothéologique, ni commencer par lui si on entend par là le premier terme d'une chaîne déductive ou causale. Le préfixe *Ur*, en prédéterminant constamment le nom non-théologique et non-ontologique de Dieu dans les *Âges* (*das Urlebendige*, *das Urwesen*, etc.), indique parfaitement où se situe la ligne de fuite schellingienne : dans le temps, dans le temps d'avant le temps, *Urzeit*, soit dans une archi-origine absolument imprépensable. En allemand, *Ur* correspond plus au moins à l'*archè* grecque et renvoie avant tout à l'originaire, à l'archaïque, au primitif, au commencement absolu. Les exemples sont innombrables, aussi bien dans la langue courante que dans les usages théoriques. Mais il suffit de rappeler trois occurences particulièrement significatives : *Ursache*, la chose première, traduit la *cause*, *Ursprung*, le prime saut, traduit l'*origine*, *Urteil*, la partition ou la répartition inaugurale, traduit le *jugement*. À chaque fois, une instance archi-primitive est matriciellement indiquée qui continue son office hors d'elle-même, perte (de l'origine) et répétition (de ses actes) tout ensemble. Le *Ur* schellingien joue sur ce registre en s'appliquant au projet narratif et théogonique des archi-temps. Il s'agit de se porter jusqu'à cet *Ur*, un peu comme ferait un promeneur en forêt qui se mettrait en quête des maigres traces de la forêt primitive qui fut là avant tout aménagement humain – forêt primitive ou vierge qui se dit *Urwald*, précisément. Tenter d'aller jusqu'à cet *Ur* de l'*Urwesen* et de l'*Urlebendige*, c'est approcher un état primitif ou vierge de Dieu, pur de tout développement, de toute *explicatio*. Le *Ur*, c'est la vierge et la vivace et la belle *im-plicatio*. Voilà pourquoi poser que Dieu est « au principe » de la philosophie doit s'entendre « bibliquement » sous la plume de Schelling : une genèse, une force de création, un élan, un *béréchit*.

Au fond, cet *Urgott*, si l'on ose se permettre une expression qui dirait la signification de ce Dieu non encore devenu, pointe un enjeu : comprendre Dieu comme devenant, un « Dieu (qui) n'est pas quelque chose d'infini », mais « ce qui éternellement est venu à stance » 234). L'opposition s'éclaire depuis ce qu'écrivait Schelling dès 1806, dans les *Aphorismes sur la philosophie de la nature*, lorsqu'il expliquait que l'éternité est en quelque sorte une catégorie du temps comme l'infini est une catégorie de l'espace :

« toute chose est éternelle *actu* par opposition au temps, de même qu'elle est infinie *actu* par opposition à l'espace »[1]. Ce qui bouge profondément entre la philosophie de l'identité et la philosophie médiane, celle des *Âges* en particulier, c'est l'idée séismique du « Dieu en devenir », c'est-à-dire du Dieu comme Archi-Temps : « la vie divine (...) a elle aussi ses temps et ses périodes de développement » (102). C'est depuis cette idée que « *l'éternité enfant du temps* » (268), centrale dans les *Âges*, peut seulement s'entendre – les *Aphorismes* la formulaient déjà, à leur façon : « la véritable éternité n'est pas l'éternité par opposition au temps, mais l'éternité comprenant le temps lui-même et le posant en soi comme éternité – non point l'être opposé au devenir, mais l'être en unité éternelle avec le devenir éternel »[2].

Dans la philosophie de l'identité, l'absolu se signifiait comme « indifférence absolue », un neutre formulé dans l'équation S = 0, le signe égal marquant l'équipollence du sujet et de l'objet. Ceux-ci, un peu comme les puissances, sont des outils universels utilisés par Schelling alors même que ce qui les meut et les « pousse » « se situe en dehors » d'eux[3]. Dans la philosophie médiane, ils servent, par les formes et les figures qui s'y substituent peu ou prou, à caractériser des points d'appui, des pôles magnétiques – par où les concepts se convertissent incessamment en forces et en figures du vouloir, par où ils se traduisent, se transposent et se déplacent.

Le Sujet se transpose dans l'être de tous les êtres, *das Wesen aller Wesen*, une affirmation et un épanchement infinis, ce qui se communique à tout, c'est-à-dire l'amour. On songera ici à ce que le Midrach détermine comme l'égide de la mansuétude, l'une des deux *middot* au moyen desquelles Dieu créé le monde par un dosage mesuré et savant. L'autre *midda*, l'égide de la rigueur[4], correspondrait alors à l'Objet, soit à ce par quoi Dieu est pour lui-même un existant pour soi, à son ipséité fermée ou encore à ce qui en Dieu en est le principe obscur, le fond qui en lui n'est pas proprement lui-même mais sa quasi-nature, comme ce qu'est pour l'homme son propre corps, le lieu où les forces trouvent à s'éprouver, à se ressentir (53-54). Le fond de l'existence est à la fois le plus radicalement intime et le plus étranger à soi. Sujet et Objet relèvent donc désormais de forces, d'actions, de volontés, à l'instar des « égides » du Midrach. Le Fils

1. Aphorisme CCXXII, *OM*, p. 110.

2. Aphorisme CCXVIII, *OM*, *ibid.*

3. X. Tilliette, *Schelling. Une philosophie en devenir*, éd. cit., 1, p. 331.

4. *Midrach Rabba*, tome I Genèse Rabba, Lagrasse, Verdier, 1987, p. 157-158. Les deux *middot* qualifient les deux nominations de Dieu, YHVH (mansuétude) et Elohim (rigueur). Le passage du Midrach que je viens de citer les réunit, comme dans « l'action conjuguée » décrite par Schelling.

et le Père, l'expansion effusive et le « retardement » inclusif (104), l'être et l'étant contribuent à une « action conjuguée » d'où « résulte » « la configuration du monde visible », soit la « victoire remportée par l'amour divin sur l'ipséité divine » (104), le surmontement de l'unité première, rigide et close, dans la création, dans la temporalité du devenir que signifie expressément l'amour (104).

Il faut se rapporter à la théorie « pharmaceutique » de la « contradiction », exposée plus haut, pour entendre pleinement ce propos. Comme force et comme poison, la contradiction, pour Schelling, ne prend sens que sur *fond* de non-contradiction, sur l'abîme de l'être, sur ce retrait en soi-même du fond qui ne cesse jamais. On l'a dit amplement : nulle dialectique ici, au sens d'une ouverture déployée de soi vers soi où le passage par l'extériorité assurerait le surmontement du fond, sa mise en lumière, et l'annulation de son obscurité rétractée. Les forces n'obéissent guère à une logique de la régulation mutuelle car elles ont leur prime constitution, leur *Urstiftung* dans la temporalité primordiale qui fournit l'horizon de l'être, aussi bien du *ontos on* que du *aei on*. Lorsque les *Âges* se proposent de « remonter » jusqu'à la nuit des temps, il n'est pas question de constituer une gradation spéculative capable de rendre compte d'une logique rétrospective de la création, parfait oxymore comme le notera Rosenzweig, mais de procéder un peu à la manière des astrophysiciens contemporains. La clé de la cosmologie qu'ils esquissent se tient dans le rayonnement fossile qu'on appelle également le fond diffus. Grâce à ce rayonnement, on peut en effet « remonter » jusqu'à des régions du ciel qui se trouvent dans le passé le plus profond, situé à des milliards d'années-lumière du présent d'où nous l'observons. Ainsi nous assistons au spectacle de la quasi-naissance du monde et des temps, peu après le *big bang*, c'est-à-dire au déroulement d'une narration qui nous porte jusqu'à l'enfance du monde, jusqu'au *baby universe*. Les forces primordiales qui s'y ex-posent sont d'abord l'opacité la plus épaisse d'une soupe primordiale qui dure plusieurs centaines de milliers d'années jusqu'à ce qu'ensuite des particules de lumière se mettent à y circuler et finissent par donner lieu sans transition à un éclair, au surgissement d'une lumière primordiale.

L'hypothèse schellingienne, dans les *Âges*, table également sur l'idée d'un *rayonnement fossile* des grands temps à même le microchrone qu'est l'homme, soit sur la capacité à »refaire en sens inverse le long chemin des développements qui séparent le présent de la nuit des temps », à « remonter jusqu'au commencement des temps » ou des « choses » (12, 134, 222) – c'est-à-dire jusqu'à l'enfance universelle du monde dont les « enfants » précisément fournissent la métaphore la mieux ajustée : « Regardez un enfant (…) et vous aurez en lui une image de la plus pure divinité» (27, 265), c'est-à-dire de la moins différenciée et de la plus recluse en soi. Dieu n'est donc pas seulement, à son commencement, nuit, fond obscur qui s'arrache dans la douleur à son être empêtré dans ses rêves. Il est aussi pure jouissance enfantine, pur Là avant tout être-Là, pour Moi avant tout non-Moi, sans savoir des abysses qui l'habitent et lui cachent encore ses «possibilités».

§ 25

LE TEMPS ÉTERNEL

C'est donc bien à la lettre une *généalogie narrative* que proposent les *Âges*: de Dieu ou de la Vie, du monde, des temps, et même de l'espace (105), de l'homme en qui rayonne le fossile de l'*Ur*, témoin co-natif du passé le plus ancien. La difficulté de son exposition, qui conduisit en bonne part à « l'échec » du projet, tient à l'articulation, évidemment « impossible », du divin et de l'humain, du micro et du macro, des « grands » temps et de leur « réplique ». Il ne s'agit d'ailleurs pas tant d'articuler que de figurer une mise en perspective et en parallèle anthropothétique entre les deux régimes. C'est à partir de la temporalité qui est la nôtre et des affects qu'en elle nous pouvons éprouver qu'un système des âges du monde est pensable : le passé comme temps d'avant le monde, « nuit des temps », le monde lui-même comme présent où surgissent perpétuellement les trois dimensions du temps des hommes, l'avenir enfin comme temps d'après le monde, futurition radicale et « principe organique des temps » (101). La naissance de Dieu depuis son « fond diffus » est donc stratégiquement centrale pour se rendre à l'évidence des temps et de ce qu'ils charrient dans leur organicité explosive et instantanée.

Le temps est d'origine intradivine. Il naît hors l'éternité à partir d'une crise, d'une contradiction, d'un conflit entre des forces contractives et expansives qui engendrent par leur empoignade le temps à même l'éternité. Cette strate descriptive, abondamment développée plus haut, doit se tordre à présent en un sens précis : *sans cette temporalisation, il n'y aurait pas d'éternité*. Il ne suffit pas de montrer que « le temps naît à nouveau immédiatement à partir de l'éternité » (97). Il faut encore, et c'est sans doute le plus important, ajouter qu' « avec l'éternité se trouve donc posé du même coup immédiatement le temps» (267). N'y a-t-il pas une contradiction (*in adjecto*, cette fois) entre le «à partir de» et le «du même coup immédiatement» ? Pour l'amortir et l'expliquer, Schelling recourt à une catégorie qui, autrement formulée, «temps non-temps», jouera un rôle considérable dans la pensée du temps de Franz Rosenzweig : le «temps éternel».

Ce temps éternel représente une stase temporelle, une sorte de sas permettant le passage entre deux milieux hétérogènes et incompatibles, deux pressions atmosphériques exclusives. Il «n'est pas un temps durable, ordonné: contraint à chaque instant par une nouvelle contraction, par la simultanéité (qui, en ce conflit, luit fugitivement comme espace), il lui faut engloutir à nouveau les créatures qu'il vient d'engendrer; c'est pourquoi il n'est pas non plus un temps qui pourrait trouver son commencement effectif, qui pourrait devenir explicite, manifeste» (96). Le temps éternel est le mouvement par lequel Dieu commence, mais ce commencement ne peut advenir «un beau jour» (267), il «a commencé de toute éternité, il commence encore et jamais ne cessera de commencer (…) commencement éternel» (267). En vertu de ce «temps éternellement débutant» (267), temps et éternité peuvent être com-posés et alternativement pensés comme s'entre-précédant l'un l'autre, en fonction de ce qui est à montrer et à décrire. Le surmontement extatique continué que signifie la temporalité peut et doit alors s'entendre avant tout comme un *engendrement* (*Gebährung*) d'un type particulier, comme le rapport entièrement temporel du fils au père et du père au fils. Le temps est le *fils* de l'éternité ce qui n'empêche nullement que l'éternité soit *fille* du temps. La double série fils / père et temps / éternité se règle de façon très claire, au point que les termes pourraient aisément se substituer les uns aux autres : si «la force du père était avant le fils, elle était tout autant avant le père»; ainsi «le père n'est tel que dans et par le fils» et le fils peut même être dit «cause de l'être du père». Schelling se rapporte alors à la formule des alchimistes: «le fils du fils est celui qui était le père du fils» (77). Il aurait pu aussi bien citer un poème de Wordsworth de 1802, *My Heart Leaps Up* qu'on connaît aussi sous le titre *The Rainbow*, où l'on peut lire: «The Child is Father of the Man».

L'engendrement se spécifie dans la notion plus concrète et plus plastique de filiation qu'on peut d'ailleurs tenir pour un anthropomorphisme justifié par le principe d'anthropothétie. En effet, l'origine intradivine ou intra-éternitaire du temps est le socle que les structures de la temporalité extatique finie qui s'y déposent font apparaître comme tel, comme socle, lequel aura du même coup son «origine» ou son effectivité propre dans cela même qu'il soutient – comme pour le père et le fils, le socle n'est socle que s'il supporte un objet dont il s'avère être la base et sans lequel il ne serait pas ce qu'il est. Il y a donc également une « origine » intra-temporelle de l'éternité. Le « temps éternel », en se détachant de l'éternité proprement dite sans pouvoir commencer dans l'effectivité d'une durée ordonnée et successive, est à la fois fils (de l'éternité recluse) et père (du temps « explicite » ou « manifeste »). Avec les *Âges*, c'est donc bien à partir des structures organiques, dynamiques et généalogiques du temps humain telles que les pense Schelling que la crise dans le premier Existant, devient hypothétiquement et narrativement intelligible comme naissance de Dieu. Mais en outre ces structures – où l'on voit le temps surgir à chaque instant en se dissociant dynamiquement en dimensions particulières séparées et conjointes à la fois – approprient immédiatement le temps à l'existence. La figure anthropothétique de la mise en parallèle de l'humain et du divin, c'est le temps. C'est le temps et lui seul qui en autorise les attendus car il est lui-même traversé par la diagonale autour de laquelle se distribuent les grands temps et leurs répliques finies. Il convient toujours d'en partir. Mais ce départ est un requisit anthropothétique, il n'est pas l'indice d'une succession chronologique.

Écrivant ces lignes, par exemple, je ne suis ni dans un présent simple, le présent d'une pure présence, ni dans un présent subdivisé en trois présents, mais dans la temporalisation contractive du temps en entier, dans l'incessante différenciation de ses dimensions et la convocation vécue de ces différences, c'est-à-dire dans une une surdétermination existentielle continuée de ce temps extatique.

Le temps nous met « hors de nous », comme dit Schelling à maintes reprises. Autant dire qu'il n'est rien d'autre que l'existence en sa temporalisation même, pour ajouter du tautologique au tautologique. Le temps vers quoi l'existence s'existe et se surmonte en est la révélation. Il n'y a temps que par temporalisation, de même qu'il n'y a différence que par différenciation (101) ou Dieu que par divinisation (268). Cette temporalisation du temps, son hétéro-position, qui préside aussi à la « naissance » de l'éternité, consiste dans la co-originarité (il faudrait dire : la co-origination) de l'arrachement extatique et de la contraction des trois dimensions, dans leurs différences se faisant sans cesse dans l'inadéquation au concept que, toujours, signale le « grandiose » du temps. Schelling comprend l'homme à partir de ce qui n'est pas lui et le détermine, le temps avec cette inadéquation qui fait sa signature, c'est-à-dire à partir d'une dimension à laquelle il ne peut accéder qu'en s'extériorisant, qu'en s'extasiant.

« Chez Schelling, dit Heidegger, déjà cité[1], l'homme est expérimenté en ce qui le conduit et l'expose au-delà de lui-même ». Cette appartenance foncière de l'homme à ce à quoi il est sans cesse exposé et qui n'est pas lui, le temps, l'absolu, oblige d'ailleurs à nuancer, pour le moins, la position heideggerienne sur la métaphysique comme anthropomorphie[2]. Les motifs que tissent les *Âges* sont tout à la fois théo-anthropologiques et radicalement extra-ontologiques – la description de la « naissance de Dieu » consistant précisément à ne pas se contenter d'un « être purement ontologique » (128). Il est donc hasardeux, on l'a dit, de réduire Schelling à la tradition ontothéologique et de l'y inscrire purement et simplement. Il est impossible de le rapporter à un humanisme philosophique, à une anthropologie, l'anthropothétie désignant chez lui la possibilité d'une forme (humaine) ouvrant un accès à l'absolu et dont l'homme serait comme le berger et, en tout cas, le traducteur. C'est Eckhart qui ouvre cette voie bien plus que l'ontologie traditionnelle. Ce qu'il nomme *Abgeschiedenheit* désigne la sphère de l'existence humaine où l'homme s'émancipe des déterminations qui le retiennent encore dans le régime des représentations, des preuves, de la causalité. Ce dé-tachement ou cette séparation, la « pauvreté spirituelle », la « sérénité », le « célibat » ne sont pas simplement l'espace d'un retrait, *negatio negationis*. Car Dieu lui-même n'est rien d'autre que le surmontement des représentations, des images et des concepts humains et il faut le prier de parvenir à le « laisser », lui, Dieu, à se séparer d'avec lui et à se faire son célibataire, afin que son altérité absolue demeure inentamée. Ce geste est celui de Schelling, des *Âges* au moins jusqu'à la requête d'avoir à « laisser tomber Dieu selon son concept » de la philosophie positive.

1. *Schelling*, éd. cit., p. 282.
2. Cf. *supra*, § 17.

§ 26

COMMENCER, AU MOINS

S'il faut sans faillir *partir* du temps, il convient de prendre garde à ne pas entendre ce départ comme un point précédant d'autres points, comme le premier terme d'une série chronologique. Il faut au contraire l'envisager sur le modèle de la « décision » schellingienne. Engager quelque chose de soi comme soi temporalisé, on l'a vu, c'est prendre une décision. Les temps eux-mêmes, dans leur surgissement instantané et interminable, ne sont rien d'autre que des scissions, des coupures qui ne cessent de se jouer et de se rejouer dans la co-originarité des trois dimensions, laquelle ne se laisse saisir qu'à titre de différenciation ou de différence se faisant, et « se faisant toute seule », « moins posée que se posant soi-même », comme écrit Schelling à propos du Prius, certes, mais la référence explicite à Augustin dans la fin du passage permet une extrapolation au temps lui-même, opération schellingienne par excellence s'agissant du rapport de la temporalité à l'existence (250).

Se décider, c'est donc engager et dégager *de la* temporalisation, selon le principe du jeu des forces. La décision marque, chez Schelling, le lieu tranché de ce que Heidegger appelle ex-position au-delà de soi-même. Elle consiste, dans l'authenticité temporelle de soi, en quelque sorte, à reprendre, comme un destin, ce qui nous échoit et à quoi nous n'échappons pas, et cela de façon strictement irrévocable (213). L'avenir met alors en crise le présent de la décision et le temporalise dans sa tension-vers. Dans cette mesure, le modèle de la décision règle partiellement ce qu'il faut entendre par « partir du temps », soit couper, trancher, esquisser ainsi un *Anfang*. Bien des difficultés de composition des *Âges* s'éclairent de cette question du « partir de ». Par exemple, dans la version de 1811, le temps n'est explicitement abordé qu'assez tardivement dans le cours des développements (92 : « c'est donc ici que naît… »), alors qu'il est annoncé en grande pompe dès l'Introduction. Selon cette première disposition, il faut attendre, pour que le temps fasse son entrée en scène, que soit atteint le point où, dans la description du jeu de forces, dans l'épisode tourmenté de la « naissance de Dieu », une crise aiguë s'annonce, un conflit implacable entre les forces de contraction et d'expansion, entre l'être et l'étant, entre l'ipséité et l'amour. Dans le tirage de 1813, il en va autrement : la question du temps et de la temporalité finie intervient beaucoup plus tôt. Ce n'est pas qu'en 1811 Schelling ne « parte » pas du temps alors qu'il le ferait délibérément en 1813 (pour ne rien dire de 1815). Il s'agit de trouver un mode d'exposition de ce « partir du temps », soit de ce que Schopenhauer, après d'autres, détermine comme « ce qui nous est connu immédiatement »[1]. Il est en effet porteur d'une double contrainte. D'une part, il est établi que la structure temporelle de la subjectivité est la clé de toute compréhension. Mais que s'agit-il de comprendre ? Rien de moins que le passage (temporel) de l'éternité à la création comme création du temps. C'est tout un : en se donnant décisionnellement le temps de créer, en créant dans le temps par conséquent, Dieu se re-crée en créant le temps créaturiel lui-même. Ensuite ce tout-un s'expose et s'existe dans des différences aussi considérables que ce que lui-même indique, par exemple dans la distinction irréductible entre liberté absolue, toute-liberté, et liberté « progressante » comme dit Schelling, liberté plus temporelle, soumise à un « progrès » fait de déploiements vivants et de « restrictions auxquelles elle n'a pas librement consenti » (102). Cette liberté temporalisée, c'est l'homme : il n'est pas le fondement de tout mais, parce qu'il détient « un principe supérieur et extérieur au monde » (12), il parvient à la conscience de sa créaturialité, de son statut de non-fondement ultime – un peu comme le *Dasein* a toujours-déjà une entente singulière de l'être (et du temps) qui ne lui appartient cependant pas, mais qui lui survient.

Au terme de l'exposition de l'impossible rapport entre le temps et l'éternité, l'éternité et le temps, faut-il considérer que la temporalité humaine n'est que dérivée par rapport à l'éternité divine et même au temps éternel et qu'elle n'est donc nullement originaire ? Cette lecture théologique des *Âges* peut certainement s'autoriser de passages entiers des différentes versions et de leur interprétation correspondante. Mais elle ne rend nullement compte de la radicalité de l'anthropothétie schellingienne,

1. *Le monde…*, éd. cit., 2, p. 1456 : « ce qui nous est connu immédiatement doit nous fournir l'interprétation de ce qui nous est connu médiatement et non l'inverse ».

laquelle présuppose continûment que l'expérience humaine de la temporalité ouvre seule l'accès à ce temps originaire qu'est l'éternité divine en son état de crise. À fronts renversés, rien n'empêche d'a-théiser la position schellingienne et de poser le temps humain dans son originarité au moins relative et l'éternité ou le temps intradivin dans leur caractère dérivé. Cette lecture ne rendrait pas davantage justice à ce qu'entend inventer en le racontant Schelling. La seule façon d'approcher cette question, comme nous l'avons fait dans cet essai de compréhension des *Âges*, consiste à ne pas céder sur la matrice traductive, y compris pour aller du « théologique » à l'« athéisme », et de celui-ci à celui-là.

Par la langue d'arrivée et depuis elle, je peux accéder, même imparfaitement ou partiellement, à une impossible langue de départ. Partir de cette langue d'arrivée, selon le paradoxe d'une traduction à rebours, c'est cela que nous nommons ici *traduire de l'absolu*, depuis un absolu déjà traduit, forcément. Cette position de pensée, dont Schelling aura instruit, est certainement malaisée mais elle est la seule dont nous pouvons disposer, jetés dans le fini et ses vocables humains trop humains, comme nous le sommes. Nous n'avons donc pas d'autre choix que celui de l'anthropothétie, des anthropomorphismes et des anthropopathies qui en sont la petite monnaie, et de la traduction à rebours qui seule peut prendre l'absolu à même son déchiffrement. Schelling, tout au long de sa carrière philosophique, explicite et élucide cette situation singulière qui est la nôtre. Dans les *Âges*, il avance par exemple les deux notions de temps absolu et de temps complet (100), le premier désignant le temps non encore étant et le second le temps dernier. Ces deux figures indiquent que nous vivons entre l'entièreté du temps et l'avenir du temps. Nous vivons : le *wir leben* est récurrent sous la plume de Schelling, comme s'il s'agissait pour lui de montrer un horizon d'immanence, un au-delà des fins individuelles. Nous vivons, mais nous vivons « entre ». Nous sommes et l'entièreté et l'avenir du temps, l'une et l'autre à la fois. Vivre-entre, ce n'est donc certainement pas errer dans un *no man's land* qui les exclurait tous deux. C'est exister. Et exister signifie exister entre un centre excentré et cette excentration même où quelque chose du centre viendrait à se ressaisir tout en en demeurant irrémédiablement éloignée. Dieu, ce syntagme, cette question, ce signifiant hors-signe, « n'est pas quelque chose d'infini » (234). Son obscurité n'est pas une clarté diminuée. Que nous dit Schelling en effet ? Si Dieu ne se présente à nous que comme sa Traduction, il ne faudra pas en conclure que Dieu, traduit, est irrémédiablement trahi, faussé, mais au contraire que la Traduction en constitue la nature même, l'essence de l'Absolu en quelque sorte. Dieu n'est pas le Tout Autre, ou plus exactement il l'est et ne peut l'être que sous l'espèce traductive qui seule autorise à le qualifier par cette détermination. C'est en vertu de la fonction ouvrante et découvrante de notre être, soit du *Gemüth* en tant qu'il éveille et rend vivant en nous ce qui y est déposé depuis la nuit des temps, que nous sommes capables de connaître (222), par « séparation et révélation de ce qui est latent » en nous (223). L'homme contient en lui le sommeil de Dieu et peut-être ses rêves mêmes. L'éternité n'est pas un songe creux et fantasque mais ce que nous expérimentons dans le temps, à la faveur d'un petit événement, d'une impression, d'un souvenir ou d'une faille de la mémoire.

À la fin de la *Recherche*, à la fin du *Temps retrouvé*, le Narrateur proustien décrit très précisément cette expérience de transfiguration par où il fait l'épreuve magnifiée de l'éternité dans le temps, hors du temps, avec le temps. À partir d'une multitude de « signes » qui le saisissent dans la bibliothèque de l'hôtel de Guermantes depuis qu'il y a aperçu *François le Champi,* un livre d'enfance, le Narrateur est plongé dans une forêt d'« impressions bienheureuses » : « je les éprouvais à la fois dans le moment actuel et dans un moment éloigné, jusqu'à faire empiéter le passé sur le présent (...) au vrai l'être qui alors goûtait en moi cette impression la goûtait en ce qu'elle avait de commun dans un jour ancien et maintenant, dans ce qu'elle avait d'extra-temporel, un être qui n'apparaissait que quand, par une de ces identités entre le présent et le passé, il pouvait se trouver dans le seul milieu où il pût vivre, jouir de l'essence des choses, c'est-à-dire en dehors du temps »[1]. À chacune des ces « résurrections » de la mémoire, des « fragments d'existence soustraits au temps » ouvrent à une « contemplation d'éternité », « fugitive » mais indéniable[2]. Cette « joie extra-temporelle » révèle au Narrateur, à travers le « renouvellement spirituel » qui s'y accomplit, la tâche qui s'ouvre impérieusement devant lui, immense et bienheureuse, le devoir qui désormais ne le quittera plus, écrire le Livre du Temps, le Livre de « notre place dans le Temps », le Livre de l'éternité retrouvée à même le temps : « cette découverte (...) de ce qui devrait nous être le plus précieux et qui nous reste d'habitude à jamais inconnu, notre vraie vie, la réalité telle que nous l'avons sentie et qui diffère tellement de ce que nous croyons, que nous sommes emplis d'un tel bonheur quand un hasard nous apporte le souvenir véritable »[3]. Ici, c'est « le passé » qui est « pressenti », en-deçà du « savoir » qui en permet l'accès et de la « connaissance » qu nous pouvons en prendre au présent. Mais les

1. *À la recherche*..., éd. cit., t. VII, p. 190.
2. *Ibid.*, p. 193-194.
3. *Ibid.*, p. 199.

premières pages de la version de 1811 notaient aussi que « nous pressentons qu'un organisme réside, profondément enfoui, dans le temps, et cela jusqu'en ses plus intimes divisions » (25). Et en 1815 : « des temps différents (concept qui comme tant d'autres a totalement disparu de la philosophie moderne) peuvent bien, en tant que différents, être simultanés, voire *doivent*, pour parler exactement, être simultanés. Le passé n'est pas un temps aboli. Certes, ce qui est passé ne peut pas exister comme s'il était présent, mais il doit coexister en tant que passé dans le présent. Ce qui est à venir n'est certes pas comme une chose présentement étante, mais il coexiste avec le présent en tant qu'il est un futur étant, et il est tout aussi absurde de penser à l'être-passé qu'à l'être-futur comme à un non-être total »[1].

Les *Âges du monde* sont aussi un Livre comparable à celui qui s'impose au Narrateur de Proust comme le livre de la « vraie vie ». Schelling le dit et le répète, il y va pour lui de l'écriture du « poème que dicte le temps lui-même » (243) et il lui faut donc « se risquer » à une forme de « consignation par écrit » des « multiples facettes » qu'offre le temps (24). L'attention, phénoménologique de quelque façon, aux impressions et aux événements strictement « humains » de la vie quotidenne, même dépareillés dans l'exposé schellingien, affermit le rapprochement que je me contente de suggérer hâtivement pour finir. La différence avec Proust, c'est que les *Âges* entendent *partir à l'assaut du ciel*, certes pas au sens des Communards, de Vico ou de Marx, mais afin de « pouvoir s'élever jusqu'au ciel » sans jamais « sacrifier ni rejeter la pesanteur terrestre », comme l'aigle qui fait de la « résistance de l'air » le moyen de son « ascension » (230).

C'est ainsi qu'il faut lire et entendre l'adresse au lecteur qu'on trouve dans un fragment prévu pour le premier Livre : « Gardez donc le silence esprits qui vous croyez pieux et qui n'avez à la bouche que votre "sentiment" et votre "proximité de Dieu", vous que l'on surprendrait presque à dire que vous ne sauriez un seul instant vous passer de Dieu. Il est des moments dans la vie où il faut savoir se passer de Dieu, et demeurer calme et serein même à défaut de Dieu, s'il est vrai du reste qu'il est loisible à Dieu de retirer à l'âme sa lumière et sa force. L'abandon cherche Dieu » (235).

L'abandon cherche Dieu. La formule d'Angelus Silesius signifie, pour Schelling un programme de travail, un projet philosophique interminable.

1. *Les Âges du monde* (1815), trad. fr. P. Cerruti, Paris, Vrin, 2012, p. 167.

S'il n'a pas « achevé la tâche », il ne s'en est jamais « détourné »[1], il l'a entamée avec audace. Les *Âges du monde* sont ce commencement, de la terre au ciel et retour.

1. Rabbi Tarfon dans les *Pirke Avoth* (2, 16) : « il ne t'est pas demandé d'achever la tâche, mais tu n'as pas le droit de t'en détourner », tu ne finiras jamais par tes seules forces, mais ce n'est pas une raison pour ne pas commencer.

ANNEXE

LA TRADUCTION DU « SYSTÈME » DANS L'ONTOLOGIE DE STUTTGART

L'ENTRAIN DU CONCEPT

PUISSANCES ET DIALECTIQUE

PHILOSOPHIE ET RELIGION LE STATUT DE LA RÉVÉLATION

LES TEMPS DE L'HISTOIRE

UNE POLITIQUE NÉGATIVE

LA TRADUCTION DU « SYSTÈME » DANS L'ONTOLOGIE DE STUTTGART [1]

Ce qui me paraît marquer le plus notablement les *Conférences de Stuttgart* de 1810, c'est leur statut intermédiaire entre les acquis des *Recherches philosophiques sur l'essence de la liberté humaine* de 1809 d'une part, et tout ce qui va se mettre en place dans les *Âges du monde* ou plus exactement qui *est en train* de se mettre en place au même moment ou à peu près puisque la première version des *Âges*, celle de 1811, est quasi-contemporaine, dans sa rédaction, des *Conférences*.

J'y distinguerai donc une tension, des écarts instables entre une langue et ce qu'elle entend dire, entre son dire et son dit, en quelque sorte. D'abord et avant tout à propos du « système », de ce qu'il faut entendre par là et de la différence entre « son système », celui de Schelling, et celui des autres, à commencer par le « système » de Spinoza. D'une part, Schelling défend longuement « son » système panthéiste contre les reproches « de diviniser la nature » ou « d'identifier Dieu à la nature ». Il explique qu'il est disposé à affronter ces critiques à condition que les « noms » soient clarifiés en leur signification « suivant [son] système », ainsi que l'acte de la « nomination », de Dieu tout particulièrement, mais aussi bien de la Nature, qu'il s'agit à chaque fois d'identifier selon qu'elle désigne, dans son système, « l'Être » et non « l'étant » de Dieu [2]. Pourtant, quelques pages plus loin (446), d'une façon qui paraîtra sans doute un peu désinvolte, il s'exclame : « mais en voilà assez sur les caractéristiques générales du système ». Si, en ce moment de Stuttgart, il y a bien une *crise du système*, il s'agit avant tout d'une crise du *mot* même de système, lequel doit

1. Inédit.

2. *SW*, VII, 441, *OM*, 221. Dans la suite, j'indique, dans le corps même du texte, la référence à *SW*, laquelle est mentionnée en marge de la traduction française des *OM*.

certainement s'expliciter par rapport au « spinozisme » de Schelling lui-même, ce qui n'empêche nullement, une fois la clarification opérée, qu'il faille passer à tout autre chose.

C'est que, les premières lignes des *Conférences* le posent avec force, il y a système et système : « il y a déjà eu un système, bien avant que l'homme ait songé à en faire un – le système du monde. Trouver celui-ci, telle est donc la tâche véritable. Le vrai système ne peut être *inventé*, il ne peut qu'être *trouvé* comme un système déjà subsistant en soi (...). La plupart des systèmes philosophiques ne sont que l'œuvre de leurs auteurs (...) quasi semblables à nos romans historiques » (421).

Entre un système tel que celui promu dans la philosophie de l'identité, ravalée elle-même, du coup, au statut de « roman historique », entre un système de l'identité, donc, ou tel ou tel autre, et le « *Weltsystem* » qui l'aura toujours précédé puisqu'il est un système d'avant le système, il y a donc la différence de l'*inventé* de toutes pièces et du toujours-déjà *trouvé*, pré-trouvé. Une première observation s'impose d'emblée : distinguer entre deux types de systèmes sans les articuler comme des ensembles ou des sous-ensembles liés et reliés, c'est évidemment mettre en péril l'idée de systématicité comme idée elle-même systématique. Entre ces deux systèmes, celui que nous offre le monde dans son autosubsistance, sans que nous n'y soyions pour rien, et celui qu'en tant que philosophes nous avons à inventer, à former, il faudra donc constituer, comme partie de l'invention elle-même, un mode de passage expressif, une retranscription du système de l'identité dans des termes relevant de l'action, de la liberté, de l'histoire, dans une langue, donc, qui ne soit plus celle des formes logiques qui l'ont accompagné jusque là. Le moment-Stuttgart témoigne à coup sûr d'une insatisfaction profonde de Schelling devant sa philosophie de l'identité et d'une exigence d'avoir à la dire autrement sans encore y renoncer tout à fait. On a donc affaire à une *traduction*, entièrement requise par une situation de transition et la contrainte d'un transfert. La langue de départ, la formalisation logique « inventée » par la philosophie de l'identité, est là, elle est encore là, et elle continue à parler. Mais elle s'articule désormais à l'extrême limite d'elle-même et de ses possibilités de dire. Schelling croit améliorer, compléter ou approfondir la philosophie de l'identité et de l'in-différence, « son » système, en fait il s'en éloigne et le met en péril. Mais sans doute n'aura-t-elle été qu'une tentation, brève et radicale.

Je voudrais m'arrêter sur quelques aspects de cette labilité du système en train de se traduire qui me semble symptômalement caractériser les *Conférences*. Il s'agit en effet pour Schelling de montrer comment s'effectue la séparation à partir de l'indifférence. Le problème est interne à la philosophie de l'identité, à sa logique, il se formule dans son cadre et dans ses termes. Mais il est pourtant historique car la séparation, ici, est celle du Fils et du Père. Une différence et une séparation doivent être posées pour passer de l'essence à l'existence (424). Comment cette position peut-elle désormais devenir effective ? Toute la systématicité constituée dans la philosophie de l'identité et « ses expressions scientifiques » (432), soit sa conceptualité, est ébranlée. Car il s'agit à présent d' « exposer dans un langage tout humain » (432) le procès par lequel Dieu va se dés-in-différencier et, dans ce devenir-conscient, « se faire lui-même » (432) et créer le monde. Par où, désormais, « intervient avec sa nécessité philosophique le concept de Révélation » (463). Cet ébranlement affecte nécessairement les contenus « scientifiques » des grands pôles de condensation déterminés dans les *Recherches*. À même la langue de la philosophie de l'identité, reconvoquée, s'observent glissements et mutations, d'autant plus remarquables que, justement, ladite langue y est réactivée, mais aperçue peut-être, à présent, « toujours flottante dans l'universel » [1].

L'Absolu, A = A, va ainsi se décliner de diverses manières depuis la formule renouvelée A / A = A. Le but de cette première « métamorphose » est de montrer comment s'effectue la séparation du Père et du Fils hors de leur indifférence première, hors de l'absoluité lisse du divin, de son « identité vide » (435). La nouvelle formule permet de passer de A = A à A = B. Elle montre qu'en Dieu il faut une séparation, une scission des forces, l'idéal et le réal, le sujet et le fondement, l'existence et l'existant, « expressions abstraites » qui cherchent encore « leurs désignations » (439) en « langage tout humain ». Du coup, un certain nombre de mutations par rapport à la *Freiheitsschrift* de 1809 sont notables. Le *Grund*, c'est la *Selbsheit* désormais, le fond une ipséité qui »fonctionne » comme une force négative de repliement sur soi, le « physique » ou « l'obscur » évoqués dans *Clara*, ou encore la *Kraft und Stärke* du *Denkmal* [2], toutes choses dont il faut reconnaître l'existence ou la présence en Dieu, ou plutôt à même le divin. Le « sujet de l'être » (430) est également affecté d'une transformation, il est déplacé puisqu'il est libre à l'égard de l'être : « si donc Dieu s'est scindé dans lui-même, il s'est scindé comme étant de son Être » (436). Imperceptible glissement du logico-identificatoire au dynamico-historique, de la formule à son animation, dont l'effet d'entre-deux prend vie dans l'entrée en scène de deux puissances, de deux termes. Ceux-ci

1. *Clara*, p. 37. Ce récit dialogué, de 1810 ou 1811, est contemporain des *Conférences*.
2. *Denkmal der Schrift von den göttlichen Dingen*, *SW*, VIII, p. 65.

demeurent encore subsumables sous le concept de l'Absolu, mais il faut tout de même en penser l'existence actuelle, c'est-à-dire la non-simultanéité, l'histoire, le passage effectif : « le réel dans le temps, ce ne sont que les diverses restrictions par lesquelles passe un être » (431). Il ne s'agit de rien de moins que de «*forces*», la «force (du) propre», ipséisante, et «l'amour», la force «expansive, infiniment communicative» (438-439). Schelling fait son bien du *Spiel der Kräfte* de Böhme ou encore du « lien des forces de vie » d'Oetinger.

L'ébranlement du «système» s'atteste ainsi de ce que le concept, s'il est encore pleinement là puisqu'il articule les formules de la philosophie de l'identité, requiert cependant son passage à une exposition de la scission des forces, laquelle ne se peut qu'historiquement. «L'identité absolue du réal et de l'idéal» nous fournit à coup sûr « le concept de l'être originaire » mais il faut encore que «nous le possédions comme un être *actuel*, effectif» (424). Un concept systématique peut bien être pleinement valide – par exemple «l'essence de l'homme» sera déterminée comme «une identité absolue de liberté et de nécessité» – mais il n'aura jamais rien à voir avec une existence réelle, en l'occurrence avec «un homme effectif vivant» (424). «Aucune mathématique ne nous permet de convertir Mme d'Arpajon et Mme de Montpensier en quantités homogènes» [1]. Il y faut tout autre chose qu'un bon concept ou qu'une savante mathématique, il y faut une extériorisation, une actualisation, une *révélation* (*Offenbarung*). La révélation comme manifestation ouvrante apparaît ici comme le complément du système, et même, à lire le texte et à bien considérer son développement argumentatif, comme son substitut indispensable.

Dans la philosophie de l'identité, Absolu et Nature se contreposaient comme le Sujet et l'Objet, celui-ci correspondant au Fond de l'existence de celui-là. L'Absolu s'y déterminait par ailleurs comme *Indifferenz* du subjectif et de l'objectif. Après le tournant de 1809, Dieu est explicitement nommé comme tel, il est le synonyme vivant de l'Absolu, sa transposition traductive, un Nom propre. Son usage toutefois, tel qu'il se manifeste dans les *Conférences de Stuttgart*, le distingue de toute une série de figures. Il n'est pas en effet le Dieu de la théologie, thématisé dans les « preuves » de son existence : comme l'espace pour le géomètre, il est toujours-déjà là comme ce qui n'a pas à être prouvé (423). Il n'est pas davantage ce « Dieu vissé métaphysiquement sur les hauteurs» (429), soit le Dieu «étant achevé une fois pour toutes et subsistant immuablement» (432), « identité

1. M. Proust, *Le côté de Guermantes* II, chap. II dans *À la recherche du temps perdu*, éd. cit., t. IV, p. 192.

vide» (435), ou encore «*Wesen*» «flottant dans les airs» (438). Il n'est pas davantage le Dieu du panthéisme dont il se démarque par de nombreuses «différences» (443). Afin d'échapper à ces diverses figures d'un Dieu qui ne serait au fond que «songe silencieux sur soi-même» (432), le Dieu des *Conférences*, pour pouvoir être nommé par son Nom, en passe par sa «parfaite personnalisation», c'est-à-dire par l'autorévélation qui le dés-in-différencie (433) hors toute dialectique de l'identité et de la différence.

S'il est tout à fait clair que «la différence séparant ma philosophie (...) de la théologie», comme écrit Schelling (423), est hors de doute, comment comprendre que *Dieu* soit désormais nommé comme tel, nomination qui serait le préalable à toute mise en mouvement vers un «système» (435) ? Dans l'explication qu'il fournit et la réponse qu'il donne à cette question, Schelling sait très bien qu'il offusque «le mode de considération abstraite qui est couramment en usage» (435) puisqu'il va lui falloir supposer qu'«il doit nécessairement y avoir en Dieu quelque chose qui n'est pas *Lui-même*» (458). Dieu nommé par son nom de Dieu est au Dieu de la métaphysique, voire à l'Absolu avant qu'il ne s'historicise, ce que l'homme effectif et vivant est au concept universel d'homme. «Dieu a en lui les mêmes principes que nous» (433), c'est-à-dire les mêmes «forces», l'une qui désigne «les ténèbres innées» qui en nous-mêmes comme en Lui nous «devancent» (433) et l'autre qui «désire constamment refouler» cette force tout en la tirant paradoxalement à soi, à la clarté du soi (435). La pensée-forces, pour reprendre la si pertinente expression de Heidegger, tend ici à refouler la pensée-concepts.

C'est donc la scission et la rupture des forces qu'il s'agit de décrire, c'est-à-dire leur explicitation en tant qu'elle ne peut procéder que d'un acte libre dont l'agent porte un nom, Dieu, lequel ne saurait être déterminé strictement, et simplement, trop simplement, dans la conceptualité identitaire de l'Absolu indifférent. En même temps, et c'est le problème des *Conférences*, leur caractère transitionnel et leur conceptualité aléatoire, la polarité Sujet / Objet sont maintenues. D'où cet effet de vacillation et cette instabilité théorique : ils proviennent d'une co-existence ou plutôt d'une *juxtalinéarité* du «système» et de sa traduction en «jeu des forces». Le système, en effet, produit, en vertu de son caractère «inventé», la contemporanéité stricte des éléments de l'Absolu. Il oblige dans sa rigueur à une décomposition de l'Absolu et au postulat de l'indifférence de ses éléments entre eux, sous leur concept identitaire, afin que soit préservée l'absoluité de l'Absolu. Avec la succession qui régit le jeu temporalisé des forces, c'en est fini du «roman» de l'identité. La pensée schellingienne s'achemine alors vers l'hypothèse, extravagante au vu d'un système de l'identité (mais Schelling en est déjà à un tout autre « système », celui des *Âges du monde*), d'un refus en Dieu de « demeurer en concrétion avec son Être » (436), par où Il se limiterait, Il s'auto-limiterait, à l'une des deux forces.

Il faut alors changer de registre, il faut traduire.

L'indifférence doit être pensée au-delà d'elle-même ou tout autrement représentée. Elle se dira dans les *Conférences* « mélange » (*Mischung*, 434, 475) [1]. Mélange de bien et de mal dans la nature, de corps et de cœur en l'homme, d'une matière et d'un sujet en Dieu, d'une ipséité égoïste et d'un idéal, d'une puissance contractive et d'une force expansive, par où l'on voit que « dans tous ces procès, le spirituel est développé à partir de la profondeur de la matière » (450). Le mélange est quasi-empirique alors que l'indifférence était logique.

Le mélange autorise le pendant anthropologique illustré par la considération sur les « hommes contractifs (429) – et, plus tard, dans les *Âges du monde*, l'heuristique anthropomorphique ou anthropothétique ; alors que l'indifférence ne permettait au mieux que l'invention d'un concept « subjectif » de l'homme.

Quel est l'intérêt de cette *quasi-substitution du mélange à l'indifférence* – que Schelling écrit toutefois en les juxtaposant encore ? Le mélange, en son empiricité, est autre chose qu'une composition systématiquement ordonnée entre des éléments différents. Il représente en Dieu « le plus bas » dont il faut se dissocier (434) et il exige par conséquent une auto-séparation interne, par l'effet d'un refoulement, ou l'acte d'un commencement. Cette opération ne se peut que comme séparation entre des forces mélangées, et non pas entre des concepts entre-équilibrés. La différence entre exposé systématique et narration de l'autorévélation est de plus en plus marquée. On l'observe très nettement lorsque Schelling, au plus près du Kant de l'*Essai sur les grandeurs négatives*, propose de distinguer entre *les opposés* qui s'excluent aussi bien qu'ils s'échangent logiquement et *les inconciliables* qui s'entr'appartiennent comme des forces entr'intriquées et qui subsistent en eux-mêmes (473 *sq.*). Toute la pensée de l'État des *Conférences*, laquelle s'arc-boute en bonne part sur une théorie du mal, repose sur cette représentation de forces inconciliables qui cependant jouent entre elles et qui, par ce jeu, produisent, au sens fort, le mal, la maladie, l'État. Cette pensée de la disharmonie positive (468), de l'unité seulement physique et externe (463), ouvre à la considération en

1. Böhme proposait d'entendre *Mensch*, l'homme, comme *Mesch*, le mélange ou le mélangé dans *Mysterium magnum*, éd. cit., p. 160.

profondeur d'un Rien qui est Hautement-effectif (459). Le mal « moral » tout comme la maladie « corporelle » sont des états, parmi d'autres, par où « une non-essence résolue », un « non-étant », tout ensemble, ne devraient pas être mais sont et, du coup, possèdent « une terrible réalité » (437). Si ces entités « redoutables » n'étaient pensées que sur un mode spéculatif ou dialectique, ou si elles étaient encore traitables par une philosophie de l'identité demeurée en son intégrité théorique, elles ne détiendraient nulle effectivité, nulle positivité ; elles ne seraient que des figures servant d'appuis pour la pensée, des réalités de pensée sans doute, mais pas des *choses spirituelles*, si l'on peut dire, d'une spiritualité *sachlich*, d'un « spirituel développé à même la profondeur de la matière » (449). Méditant sur l'impossibilité de se souvenir d'un nom qui se dérobe à la simple volonté de le rappeler à la mémoire, Proust conclut : « toute action de l'esprit est aisée si elle n'est pas soumise au réel » [1]. Les choses spirituelles, ces non-essences qui sont, pourraient aisément se laisser penser si elles étaient intégrées à une dialectique dont elles seraient un moment, le moment d'un tout qui leur assignerait une place où »une action de l'esprit » viendrait les thématiser. Ce qu'entend faire désormais Schelling, mais à vrai dire il philosophe ainsi depuis toujours, c'est penser une « soumission au réel » qui ne se paierait pas de mots ou de concepts, qui saurait ce que ne peut pas l'action de l'esprit (se remémorer un nom, penser la réalité d'une non-essence), qui ne verrait enfin dans « la raison » que « l'accueil de la vérité » (472). Voilà le stimulus qui innerve la quête de Schelling, le passage du métaphysique à l'historique, du système à la narration.

De cette quête et de ce passage, les *Conférences de Stuttgart* montrent avant tout la possibilité logique, les *Âges du monde* en raconteront avant tout l'effectuation historique.

Avec l'ontologie de Stuttgart, on peut donc voir comment le système s'abandonne, se renonce, sans se dénier tout à fait [2]. Les *Conférences* de 1810 élaborent en effet un contenu qui en bonne part est déjà celui des *Âges*, mais, on l'a vu, en le présentant dans une modalité d'exposition qui doit encore beaucoup à la philosophie de l'identité et recourt aussi à la conceptualité de la philosophie de la Nature.

Entre 1809 et 1813, date de la seconde version des *Âges*, Schelling entreprend de bouleverser très radicalement la pensée de la relation entre l'homme et l'absolu. La transvaluation de la doctrine des puissances qui s'effectue à la fin des *Conférences* l'atteste (permanence et mutations des

1. *À la recherche…*, *Sodome et Gomorrhe II*, éd. cit., t. IV, p. 276.

2. *Cf.* J.-F. Marquet, *Liberté et existence*, Paris, Gallimard, 1973, p. 431.

puissances traversent d'ailleurs toute la trajectoire de pensée de Schelling, comme une marque de son extrême difficulté). Il convient en effet, explique-t-il, de se représenter l'intrication des trois puissances « sous la forme de règnes successifs » (484), de périodes historiales ou de règnes, voire, plus significativement encore, de « faces » (465). On a encore incontestablement dans notre texte une dynamique triadique et un fonctionnement qui entend se maintenir dans le systémique. Mais il ne trouve à se dire qu'en termes de forces ou d'affects – ce que désignent les « faces », le « cœur » et l'« esprit » qu'on retrouvera dans les *Âges* comme les noms des deux forces qui structurent et l'homme et Dieu dans le devenir-fini de l'infini, et aussi l'« âme ». La forme systématique et le vocable strict des puissances sont toujours à l'œuvre, car chaque face se subdivise en triples interfaces. Mais ils demandent à sortir d'eux-mêmes, à se traduire en autre chose qu'eux-mêmes. Les forces, les affects, les « faces », le « désir » comme « faim d'Être » (466) sont les opérateurs éminents de cette trans-position. Ainsi les « séries continues » qui assurent les multiples passages entre les faces et les forces n'officient nullement selon l'ordre d'une *Aufhebung*, d'une relève par où l'action de l'esprit deviendrait « aisée ». Elles obéissent à un « guidage » (469, *Leitung*), c'est-à-dire à un frayage réel à travers des luttes, des conflits, des obstacles et des résistances (469). Ainsi, pour se rapporter à un exemple célèbre, Schelling montre que l'entendement « n'est rien d'autre que de la folie réglée » (470), c'est-à-dire son « guidage », depuis l'érection d'un non-étant qui veut être, jusqu'à sa maîtrise, sa retenue et son ordonnancement, jusqu'à « l'efficacité opérative » (470) d'une folie qui ne saurait plus, du coup, s'absenter absolument de l'intelligence qui veut saisir, comprendre, « venir en avant » de soi (470).

S'il peut être une cause de trouble et parfois de difficulté dans la lecture des *Conférences*, l'enchevêtrement du logique et de l'historique est toutefois hautement stimulant car il s'enveloppe souvent dans la nécessité d'avoir à démêler ce qu'il emmêle. La distinction des deux forces, A, B, par exemple, et tout autant leur scission doivent donner à comprendre la nature du lien séparé, si l'on peut dire, Père/Fils dans la création. La contrainte logique consisterait simplement à expliquer qu'une fois séparés A et B vont interagir, A actif éveillant B jusqu'à en faire un A virtuel et vice-versa. Or, une fois le schéma de la création élucidé, c'est la créature, l'homme, qui vient figurer le point de jonction entre les séparés, le point où les deux forces se tendent et s'équilibrent, le point du *Et*, comme dira Rosenzweig. L'homme accueille la jonction dynamique de la nature et de l'esprit, du réal et de l'idéal, de l'être et de l'étant, de la raison et de l'entendement. Ce *Et* juxtapose, co-ordonne, forme un deux-en-un, un un-en-deux, « une « présentation du rapport originaire » des forces dont chacune « est pour soi réelle, donc indépendante de l'autre dans cette mesure, et pourtant n'est et ne peut être sans l'autre » (453). L'amour est la figure suprême de ce « lien » qui pourrait ne pas être mais qui se veut comme tel, les « tentatives de produire une unité » factice en attestent en revanche l'inversion mauvaise, funeste (464). En tout état de cause, le *Et* ne va pas vers l'apaisement du conflit des forces en un tiers terme. Et lorsque les *Âges* évoquent à ce propos une « dialectique », le terme ne signifie rien d'autre que la description par provision, et en attendant qu'une philosophie véritablement narrative puisse voir le jour, d'un « jeu des forces » (Böhme).

Il s'agit en effet moins de résoudre une contradiction que de faire en sorte qu' « aucun de [ses] deux [termes] ne soit éliminé », par où « notre humanité doit s'avérer » (425) car il s'agit ici d'un « posé (...) selon l'*existence* » (427). Cette contradiction, en 1810, est celle du système et de la révélation. Le lien indissoluble non seulement n'exclut pas la séparation (*Scheidung* ou *Trennung*) mais il l'inclut et la porte. Comment comprendre cette grande proposition des *Conférences*, articulée autour de ce qu'on pourrait appeler en téléscopant quelque peu les termes de Schelling la « contradiction selon l'existence » ? *Grâce au temps, grâce à la succession, grâce à la position temporalisée* : « la première « puissance », par nature, doit précéder la seconde ; entre les deux « puissances », il y a donc une priorité et une postériorité ; le réal est *natura prius*, l'idéal *natura posterius*. Le plus bas est posé par là avant le plus haut (...) mais selon l'*existence* » (427). Un « commencement du temps » advient alors, puisque Dieu se restreint à l'une des forces seulement, bien qu'il pourrait les être toutes, alors qu' « auparavant », c'est-à-dire dans la philosophie de l'identité *stricto sensu*, « les « puissances » se trouv[ai]ent à l'état de complète indifférence ou indistinctibilité » (428).

Dans le passage de l'identité à l'effectivité, les puissances se transforment « désormais en périodes de l'autorévélation de Dieu » (428). Et l'autorévélation de Dieu requiert que soit engagée une narration du jeu des forces car il faut bien commencer par décrire comment Dieu se restreint, lui qui « se révèle le maître » « dans la restriction », selon une formule goethéenne citée par Schelling (429).

Les principes, les puissances, les forces « unitairement présents » en Dieu comme en l'homme (438), le jeu de l'amour et de la « colère », de l'épanchement et de l'égoïsme, de l' « infiniment communicatif » et du « propre » (439), les résistances et les surmontements, tout ceci ne tient plus dans un système, fût-il « du monde ». Ils se transfigurent en philosophèmes qui en excèdent la logique et la rigueur. Car s'ils « persistent » dans l'indifférence, « ni Dieu ni quoi que ce soit d'autre ne peut se développer » (439). Il y faut une activité, une vraie réalité, de la succession, de l'avant et de l'après, il y faut *le temps de la traduction*. Schelling doit en passer désormais par le projet d'une narrativité philosophique, capable de convertir A = B, comme résultat de la liaison ou bien comme lien au « lien vivant des deux », du Père et du Fils (442). Le lien, ce n'est plus l'identité A = B, c'est le Verbe, la parole d'évangile.

L'ENTRAIN DU CONCEPT [1]

> Il y a une raison, une pure puissance de l'être, équanime, libre de préjugés, démesurément ouverte. Cette puissance infinie ou le « pouvoir-être infini » est le Prius immédiat, le concept immédiat de l'être même. Elle est le contenu inné, autochtone, connaturel et inarrachable de la raison… Le concept de l'être, la puissance infinie, est par nature la mobilité même, l'impatience irrépressible, le saut spontané dans l'être… [2].

La relation de la raison et de la connaissance est aussi ancienne que la constitution du logos, aussi originaire que la naissance de la philosophie. La figure grecque du philo-sophe s'y détermine par différence et négation. En quête, c'est-à-dire en puissance, de sagesse, le philosophe est celui qui ne la détient pas mais la poursuit de ses amicales assiduités. Il n'a pas la raison, il ne l'a pas toute, ce qu'on peut bien décliner en des sens multiples. Par contraste, le sage, dans de nombreuses traditions, actualise sans cesse sa sagesse en la possédant et en la transmettant sereinement, là où le philosophe s'y efforce en puissance comme le conquistador fiévreux à l'orée d'un monde. Cette figure de l'ami ou de l'amant de la sagesse est une éminente façon de la potentialité, de la puissance. Et quand on dit d'un bon artisan qu'il est l'ami de son art, c'est pour dire qu'il est en puissance de son produit, de même que l'ébéniste fait du bois qu'il est en train de travailler la potentialité de la table en train d'advenir. La considération schellingienne de la philosophie, habitée par la mélancolie des ruines, est toujours commandée par la représentation d'une histoire empêchée dont

1. *Iris Annales de philosophie*, volume 24, Beyrouth, 2003.
2. X. Tilliette, *Schelling*, *op. cit.*, p. 310.

l'empêchement ne cesse d'éveiller l'appétit de la raison : la philosophie serait « préface interminable d'un livre toujours attendu en vain » [1], toujours espéré, en passe ou en train d'émerger en son effectivité comme pensée de l'effectivité. Dans la leçon IV de l'*Introduction de Berlin* de 1841, c'est-à-dire dans l'abord de l'exposé de la méthode de la science rationnelle intégré dans l'exposé historique général [2], Schelling dispose cette relation, le connaître comme puissance, pour l'établir à partir d'un rappel de Kant. Celui-ci, comme on sait, distingue deux sources de la faculté de connaître, la sensibilité, faculté dite inférieure et comprenant les sens et l'imagination, et la raison caractérisée comme faculté supérieure de connaître, avec l'entendement et la faculté de juger. La raison est donc une faculté, *Kraft*, *Erkenntniskraft*, soit déjà une force. Comme force, elle demande à s'extérioriser, à s'appliquer à un objet extérieur, à se dynamiser. Faculté, force, sont des termes qui désignent d'emblée une puissance : la raison comme possibilité expansive.

C'est déjà là, et intégralement, la signification schellingienne de la raison comme puissance et, au-delà, la détermination de la métaphysique comme métaphysique de la puissance. La raison est une faculté, une possibilité, une potentialité qui tend sans cesse à, c'est-à-dire qui peut, se déployer en elle-même, s'actualiser dans sa sphère propre, produire des actes de pensée. À ces déterminations, somme toute kantiennes, Schelling n'ajouterait-il rien ou peu ? Se contenterait-il de les étirer sur toute la longueur de l'exposé historique ? Certainement non si l'on prend simplement acte de sa situation philosophique singulière. Ce qu'en effet il transforme de ce legs, c'est tout l'acquis de l'histoire de l'idéalisme, les avatars post-kantiens d'une histoire de la raison qui débouche sur cette figure absolument décisive qu'est la *raison absolue*. Tel est, aux yeux de Schelling, le résultat inédit de sa philosophie de l'identité, moment de sa carrière de philosophe entièrement réintégré et réinterprété comme matrice de l'achèvement de la philosophie rationnelle ou négative dans l'exposé historique de 1841 – c'est ce que X.Tilliette appelle le remodelage de la « maquette de la philosophie négative en vue de la philosophie positive » [3]. Qu'est-ce que cette raison absolue ? Schelling en donne une définition au § 1 de sa *Darstellung meines Systems der Philosophie* de 1801 [4]. Dans le

1. *SW*, XIII, 178.

2. *PhiRév I*, p. 53-116 (exposé historique) et p. 81-101 (méthode de la science rationnelle).

3. *Op. cit.*, II, p. 314.

4. *SW*, IV, 115.

jeu des puissances du sujet et de l'objet mis en dispositif par la philosophie de l'identité, l'absolu comme absolument non-objectivable et non-objectal se tient dans une « indifférence ». Cette « indifférence » commande une pensée de la raison qui ne se présente plus guère comme un simple prédicat de l'homme (animal rationnel) ni non plus comme une faculté partagée selon les usages qu'on on en a. La « raison absolue », justement, on ne l'a pas car elle n'est pas un instrument utilisable à des fins de connaissance ou appliqué à des conditions extérieures. Une certaine critique de la raison instrumentale perce déjà sous la promotion de la « raison absolue » : « la raison n'est pas une faculté, un instrument, elle ne s'utilise pas ; d'une façon générale, il n'y a pas une raison que nous posséderions, mais seulement une raison qui nous possède » [1]. La raison absolue est une raison devenue à elle-même rationnelle que ne sauraient hypothéquer ni la Chose en soi ni le Moi possédant le Monde. À cet absolu qui est en nous comme raison, comme Idée, qui dispose de nous de quelque façon, Schelling a continûment pensé qu'il fallait faire droit. La dernière philosophie l'explorera comme Absolu tout court, « idée de Dieu » ou « Dieu qui vient à l'Idée » en quelque sorte. Cette « raison absolue » qui nous a et que nous n'avons pas, est aussi bien « cela même qui est » pour le dire avec les mots hégéliens de la *Phénoménologie de l'esprit*, elle est l'être même de quelque façon. À l'époque d'Iéna en effet, ce « résultat » est partagé par les deux philosophes surmontant Kant dans l'idéalisme. Le moment de la philosophie de l'identité schellingienne est le moment Schelling-Hegel, si l'on peut dire, avant la grande rupture contemporaine de la *Phénoménologie de l'esprit*. D'où les imputations de plagiat et d'ingratitude, et les malveillantes accusations portées un peu plus tard par Schelling contre son ancien compagnon du *Stift*. Pour Hegel, la raison est le réel, c'est-à-dire que sa logique est proprement une ontologie (ce qui est gros, là encore, de toutes les critiques ultérieures de cette philosophie « négative »). Une ontologie abstraite tout d'abord, une ontologie de l'entendement, qui se dépasse et s'accomplit comme Nature puis comme Esprit. On a à faire, en tout état de cause, à une figure post-kantienne de la *raison absolue* ou de la *raison comme effectivité* (du rationnel comme réel) qui se présente comme l'instable équilibre d'un point d'intersection où tout se croise et tout se redistribue [2]. Cette raison fondative ne peut plus être désormais « prise

1. *SW*, VII, 149 ; *OM* p. 30 (il faut lire les aphorismes 42 à 54 sur la « raison comme connaissance de l'absolu »).

2. C'est ce qui permet à certains interprètes de l'idéalisme allemand et de son histoire de trancher la question de l'achèvement (hégélien) ou de la sortie (schellingienne) en concluant

subjectivement » comme dit Schelling dans la leçon IV de l'*Introduction de Berlin*. Elle n'est plus la raison maniée par tel ou tel sujet. Elle est ce qui se fait à soi-même objet, elle n'est plus individuelle mais substantielle, pour parler comme Hegel. C'est une puissance non plus simplement passive mais active de connaissance. Cette puissance est « infinie ». Son infinité, c'est l'infinité de son « rien », de son « en-puissance », de son vide. Le vide infini de sa pure potentialité réside dans son statut même de puissance dès lors qu'il s'agit bien d'une puissance active. Cette activité est forcément infinie comme l'est l'esprit lui-même dans sa quête de « l'envers de l'être », du « pot aux roses », de la doublure des choses. Ladite quête en effet, comment ne serait-elle point infinie ? En aucun cas, elle ne saurait s'arrêter à tel ou tel objet, se fixer sur la finitude objectale des étants.

La détermination de la raison comme puissance infinie du connaître a suscité une certaine perplexité chez les auditeurs de Schelling. En témoigne la mise au point par laquelle il estime nécessaire d'introduire sa cinquième leçon : « La question m'a été posée de savoir comment nous parvenons à la puissance infinie du connaître, alors que nous ne sommes pourtant jamais conscients d'un objet infini correspondant. À vrai dire, parler ici d'*objet* ne convient pas tout à fait – car dans notre raison à tout le moins nous avons plutôt conscience d'un contenu immédiat qui, sans être objet, c'est-à-dire un étant, est simplement la puissance infinie de l'étant. Impossible d'inverser la relation en disant : donne-moi un objet infini de connaissance et je t'accorderai alors une puissance infinie de connaître ; cela reviendrait en effet tout simplement à prétendre transgresser immédiatement les limites de la raison (...). Poser une telle question, c'est donc croire, semble-t-il, qu'il ne saurait y avoir aucune puissance infinie de connaître avant que n'existe un objet infini à connaître... Il nous faut donc accorder que cette puissance de connaître existe – puissance simple, infinie, libre par rapport à toutes choses, et telle que *rien ne saurait* la précéder »[1]. En répondant à son auditeur, Schelling cerne un véritable paradoxe. Si l'infini est représenté et pensé comme un objet, cet objet infini sera le contenu d'une raison finie et l'on reviendra en-deçà de la raison absolue, de la raison comme certitude de la conscience d'être toute la réalité effective. Or, *il y a* une puissance infinie de connaître avant tout « objet infini », *il y a* un « rien » qui la précède alors même qu'un autre

qu'on aurait à faire à deux variantes d'un même idéalisme objectif de la subjectivité absolue ou, chez Heidegger (*GA*, 49, 184), à deux concrétions ontothéologiques terminales d'une seule et même histoire de la métaphysique de la subjectivité, savoir (de l') absolu.

1. *PhiRév I*, p. 95.

« rien ne saurait la précéder » et ce « rien » qui la devance, c'est la puissance de l'être, « ce qui est ouvert à tout, égal pour tout, ce qui n'exclut rien ». Que dit ce paradoxe ? Une chose toute simple : l'infini n'est pas un objet, la vérité n'est pas une chose. Un objet est fini, en effet, et une vérité ne peut être arrêtée. Que conclure de ce dit ? Que le principe d'infinie potentialité qui caractérise la raison est *un principe d'infinie mobilité*. Que la puissance, si elle s'oppose à l'acte, est aussi de quelque façon toujours déjà active. Là se tient la différence « ontologique » entre cet infini pouvoir-être que la raison aspire bien légitimement à « percer à jour » dans une infinie quête des « arrières » de « l'être » [1], et l'être invariable de la scolastique, l'*ens* qui « occupe le devant de la scène », la puissance réduite à la pure et simple possibilité passive.

Si le contenu de la raison ne saurait être un objet, si elle est au contraire elle-même déterminée comme sujet-objet, c'est-à-dire comme sujet vide se faisant à soi-même objet dans la visée du moindre objet transcendant, du premier objet venu, ce contenu de la raison, que peut-il bien être ? Il se constitue comme ce que Schelling appelle l'étant, « la puissance infinie de l'étant ». Comment comprendre cette formule ?

On a déjà dégagé les conditions de cette saisie, mais il faut à présent autrement les déployer. La raison est une puissance infinie parce qu'elle n'est pas la simple application d'un raisonnement subjectif sur les objets du monde. Elle est à elle-même son propre objet infini, c'est-à-dire un non-objet puisque sa condition subjective, c'est de s'objectiver elle-même en subjectivant le monde – sujet-objet pour demeurer dans le lexique de l'idéalisme de la philosophie de l'identité. Ce qu'elle vise, c'est l'être tout bonnement, à la fois « tout être » qu'il lui faut examiner en tant que tel et successivement et « tout l'être » qu'il lui faut épuiser dans cet examen : la raison absolue potentialise la totalité de l'être. Cet être – il faut y prendre garde car cette (apparemment) petite différence est grosse de conséquences dans le discord Schelling-Hegel –, cet être que l'*Introduction de Berlin* nomme « puissance infinie de l'être » n'est nullement la réalité effective, la *Wirklichkeit*. Il est un pouvoir-être à son tour, une puissance. Ce qui signifie précisément qu'il n'est rien d'autre que « le *concept* immédiat de l'être même » [2] dont la raison est en quête, qu'elle voudrait découvrir, mettre à nu dans sa vérité celée, démasquer : la raison est enquête autour de

1. *Ibid.*, p. 97. C'est tout l'inverse de la théologie des « arrières » de Dieu (voir *Ex.*, 33, 23) pour laquelle c'est l'être en majesté et souveraineté de Dieu, l'avant-scène, qui est ontologiquement inaccessible.

2. *Ibid.*, p. 84 (c'est Schelling qui souligne).

« l'essence, la puissance, la cause (autant de concepts qui, en vérité, sont synonymes) » [1].

Dès qu'est en jeu le *pouvoir*, la puissance, la possibilité, la potentialité, il y va du concept. Autrement dit, « l'être » ici quêté demeure dans le concept comme totalité de l'étant, des étants. Pouvoir, dans sa verbalité singulière, fait signe vers le concept et vers la tension, la quête ou l'enquête qu'on vient de décrire. Autour de cette double mais à vrai dire unique détermination, Schelling invente un jeu de mots qui est aussi un vrai *Witz* philosophique dont il faut mesurer la profondeur ou plutôt le vaste horizon. Il module la locution familière *im Begriff sein* selon ses deux registres et ses deux significations : « être sur le point de » qu'on doit étendre jusqu'à l'acception « être en train de » [2] et, à la lettre, « être dans le concept » -ce qui nous autorise à parler dorénavant d'un entrain du concept, par où le double jeu sur le mot peut être approximativement restitué en français. La première conclusion qu'on en peut tirer, selon Schelling, c'est qu'être dans le concept, c'est toujours être en train de passer, être dans un processus, dans une transition. Entre quoi et quoi se joue cette traversée ? On l'a dit : le concept, dans sa mobilité propre, est toujours en train de passer de la puissance à l'être. La pensée ne peut jamais simplement pouvoir ou pouvoir être, elle veut progresser, elle veut être puisqu'elle le peut. Mais il faut être ici d'une prudente délicatesse. On toucherait à une sorte de point exquis où le doigté du philosophe, son esprit de finesse ou son sens esthétique, comme dit Schelling, aurait à discriminer soigneusement, à discerner des différences. Le concept, dans son mouvement irrépressible de passage à l'être, dans son effet propre d'entraînement, ne va pas de la pensée à l'effectivité expériencielle. Car alors il n'y aurait plus passage, mais sortie hors du concept, ou retour en-deçà de lui. On changerait ainsi très radicalement de terrain, on migrerait d'un continent à un autre, puisque l'existence, c'est là son moindre défaut, ne se laisse pas conceptualiser, elle n'est jamais prenable dans la prise et les filets du concept. Pourtant, « il est inévitable que beaucoup pensent d'emblée à un passage effectif et se représentent que ce qu'il s'agit ici d'expliquer, c'est le devenir effectif des choses. Mais par là le sens serait totalement manqué » [3].

1. *Ibid.*, p. 97. En d'autres termes, la possibilité, c'est la pensabilité. Mais la puissance active, *potentia activa*, excède la simple possibilité logique (passive), ce qui autorise que la raison soit pensée comme cette puissance.

2. La langue elle-même y convie qui passe, c'est le cas de le dire, de « *im Begriff sein* » à « *in etwas begriffen sein* » : être en train de, c'est être pris dans, de cette prise qui, par ailleurs, est celle du concept lui-même.

3. *Ibid.*, p. 85.

Quelle serait alors la différence entre un « passage effectif » et le passage du concept de la puissance à l'être, son entrain particulier ? L'actualisation de la puissance infinie du connaître consiste en un processus de passage d'un « rien », la pure puissance, à un étant déterminé. Or la détermination de tel étant n'a de sens qu'à le déterminer quidditativement. Un étant déterminé est donc encore une entité conceptuelle que n'affecte point le « devenir effectif des choses ». Une chose étante « est un étant même si elle n'existait jamais effectivement »[1]. Il faut remarquer que Schelling, lorsqu'il s'efforce de déterminer positivement le rapport de la science rationnelle à l'expérience, nomme cet « étant » « l'effectif » compris par la raison lorsqu'elle restitue ce qui se produit dans l'expérience, et qu'il propose de distinguer radicalement de « l'effectivité » sur laquelle elle n'a pas prise, « qu'elle ne peut comprendre » [1]. *Das Wirkliche*, c'est l'être dans lequel passe la puissance, un être-dans-le-concept qui appartient évidemment au concept, le passage de la puissance pure au processus qui vient l'emplir dans et pour la pensée, le passage du rien à la détermination logique. *Die Wirklichkeit*, c'est la facticité expériencielle elle-même, l'existence inattrapable, incomprenable, ce que la raison ne peut atteindre quand bien même elle vise et touche, si on peut dire, les étants en tant que déterminations de pensée.

Puissance infinie du connaître, la raison n'est donc rien d'autre qu'une puissance incoercible de passage à l'existence, elle veut ce saut, elle est cet élan. La raison est puissance d'entraînement hors de soi, son entrain désigne à la fois sa mobilité, le mouvement qui la meut elle-même et hors d'elle-même, et le potentiel créatif qui accompagne naturellement ce mouvement. Cet entrain ne saurait donc laisser le concept demeurer dans sa mêmeté immobile. L'entraînement est une altération, un devenir-autre. Toute la question, énorme, tient désormais dans la nature précise de ce devenir, de cette altération, de ce passage. Les pages de l'*Introduction de Berlin* auxquelles nous nous référons sont hantées par la grande ombre portée de l'adversaire majeur, l'unique objet du ressentiment, sans doute, mais aussi l'occasion d'un puissant et prometteur commentaire : Hegel, forcément Hegel. En caractérisant la raison comme puissance infinie du connaître, puissance se pulsant elle-même vers l'être, qui veut l'être en acte et qui veut s'actualiser elle-même dans son interminable travail de potentialisation, Schelling rend un bien involontaire hommage à son ancien compagnon de séminaire. En effet, il reconnaît nettement à présent que le concept est transit, mouvement ; qu'être-dans-le-concept, c'est être en

1. *Ibid.*, p. 81.

train de passer ; qu'il y a proprement un entrain, un effet d'entraînement du concept lui-même. Nul mieux et plus profondément que Hegel n'a montré, évidemment, le concept dans sa mobilité, son travail comme traversée de moments successifs et altérés, comme le mouvement même en son essence intime. Il suffit de se reporter, entre autres textes, à la « logique subjective », au chapitre premier de la première section du troisième livre de la Grande *Logique* [1]. Le concept est à la fois subjectif et objectif, ce qui signifie que son mouvement est celui de la pensée et de l'être, « l'esprit vivant de la *Wirklichkeit* », dit Hegel : il n'est donc pas une forme de la pensée, un simple produit de l'abstraction et de l'entendement, mais l'unité de l'être et de l'essence, de l'immédiateté et de la réflexion, le sujet-objet hégélien, soit le sujet comme unité du sujet et de l'objet. Qu'on lise également les pages extraordinaires sur « l'esprit en son aliénation » dans le chapitre consacré à la « religion manifeste » à la fin de la *Phénoménologie de l'esprit*. Le concept n'est qu'à être son propre contraire à même soi, écrit Hegel, ce qu'il faut précisément entendre comme une mobilité extrême, un « étrangement à soi » qui assurerait, illusoirement selon Schelling, on va le dire, « le passage effectif » au « devenir effectif des choses ». Pour dépasser les formes de la représentation, pour éviter que les moments qui sont « l'être de l'esprit » ne se fixent en substances isolées et inamovibles, la *Phénoménologie* invite à penser le concept lui-même « comme une poussée du concept » (*ein Drängen des Begriffes*), un dépassement de soi en soi qui se dépasserait aussi comme « instinct » (*Instinkt*) [2].

On mesure ce que le *Witz* schellingien draine de réminiscences hégéliennes, dissimulées ou inconscientes. « Être-dans-le-concept », c'est tautologiquement être dans « la poussée du concept », dans son entraînement « instinctuel », dans sa pulsion si l'on ose dire. Toute la question, cruciale, que soulève avec une insistance théorique tenace Schelling est de savoir si ce *Drängen* est interne au concept, si le devenir-autre est un devenir-autre dans le même. À Berlin, l'enseignement de Schelling accorde bel et bien – ce qui n'était pas tout à fait le cas à Munich – que le concept est mouvement d'accomplissement de l'être, accru, enrichi, à chacun des moments traversés, de toutes les alluvions dialectiquement déterminées. Mais la critique n'en est nullement atténuée, c'est plutôt le contraire nous semble-t-il, elle se fait encore plus rude en raison

1. « Le Concept ». *Cf.* également le § 244 de l'*Encyclopédie* dont Schelling critique à maintes reprises la figure qu'on y trouve de l'Idée expulsant librement de soi la Nature comme moment de sa particularité.

2. *Phénoménologie de l'esprit*, trad. fr. B. Bourgeois, éd. cit., p. 628.

proportionnelle de ce dont elle prend acte, à savoir « l'intensification [hégélienne] du concept » [1].

Le devenir-autre de la *Logique* permet de passer de l'Étant à un étant, celui-ci étant en effet autre que celui-là « mais il n'est autre qu'*essentiellement*, c'est-à-dire selon le concept, non pas *actu* ». Il y a là une vraie progression, mais ce n'est qu'une « progression de la pensée, ce n'est pas un procès effectif mais un procès purement logique… L'être dans lequel passe la puissance appartient lui-même au concept, il n'est donc qu'un être dans le concept… Le passage est *simpliciter* un devenir autre ; à la place de la puissance pure qui, comme telle, est le non-*étant*, apparaît un étant, mais la détermination « un étant » est elle-même ici purement *quidditative*… C'est pourquoi le monde au sein duquel, dans la science rationnelle, nous nous mouvons, n'est qu'un monde logique » [2]. Il ne s'agit pas de préférer à ce mouvement, à cet automouvement qui est un intramouvement, une pure potentialité immobile dans laquelle aurait dû se tenir la puissance infinie : celle-ci est bel et bien le prius d'où procède *a priori* tout « l'effectif », lequel est à nouveau une possibilité, une nouvelle puissance de connaître. La raison enchaîne les déterminations logiques comme autant de potentialités neuves : de chacun de ces étants déterminés quidditativement, elle peut déduire par éliminations sucessives, comme le montre très bien Schelling, une nouvelle série d'étants dans le concept. Ceci est sa tâche propre et l'effectivité, l'être-là, l'existence n'ajouteraient strictement rien à cet entraînement du concept qui fait sa créativité propre. Qu'elle se retrouve sans cesse et à nouveau avec une possibilité, et pas avec une *Wirklichkeit*, ne saurait donc l'embarrasser ou nuire à son exercice.

Hegel tient ici, dans l'exposé de l'*Introduction de Berlin*, une place considérable que Schelling, à bien le lire, ne cesse d'avouer en en déniant inutilement la portée. À partir de Hegel en effet, le propre du Concept, c'est qu'il est « auto- » par quoi tout revient toujours au *Selbst*. Le Concept, ce n'est plus les concepts, tel ou tel concept. Il se produit lui-même comme mouvement de saisie et de saisissement (*begreifen*) à travers une longue série de négations des concepts particuliers, lesquels, telle est leur condition d'« existence » et de possibilité, sont à chaque fois abstraits, unilatéraux, formels, limités dans leurs significations. Le Concept en tant que tel en permet la circulation, il réalise l'affranchissement de leur sens. Il est cette mobilisation qui les réintègre en les niant. Il est contradictoire par cela

1. *PhiRév I*, p. 93 : intensification qui, bien que portée « à sa plus haute puissance », « demeure concept sans que par là fût donné un passage à l'être-là *effectif*, à l'existence ».

2. *Ibid.*, p. 85.

même, il unifie et réconcilie le contradictoire, il s'oppose ainsi à la pensée « par concepts », c'est-à-dire à l'entendement. Plus qu'aucune autre figure de la philosophie, il se tient dans une extrême tension vers le réel, dans un incessant passage à la limite. Aussi, plus qu'aucune autre figure, il est exposé au forçage, au passage en force à l'effectivité : le plus loin en avant vers la sortie, le plus sujet à la fausse sortie. Le risque, immense à vrai dire, consiste en effet à prendre un étant-déterminé dans le concept pour une effectivité, à confondre un concept et une existence. Tel serait le « raté », la « confusion », emportés par la logique hégélienne, la *mégarde*, pour le moins, qu'elle susciterait chez les « nombreux » qui s'y laissent prendre [1].

S'il y a une fausseté de l'hégélianisme, elle n'est certainement pas dans la pensée d'une « poussée du concept », l'en-train schellingien ne dit pas autre chose que cet automouvement. Elle se signale seulement mais gravement lorsque ce mouvement du concept est donné pour apte à opérer par lui-même la sortie vers quoi tente si difficilement de se porter la philosophie positive schellingienne. Dans le chapitre déjà mentionné de la *Logique* intitulé « Le Concept », Hegel expose comment les déterminations se dissolvent et passent successivement dans leur autre. On sait que, pour Schelling, la nature et le statut de ce devenir autre à soi font lourdement problème dans la mesure où ce « passer dans son autre » est donné comme mobilité de la vérité, laquelle permettrait d'assurer la sortie effective vers l'effectivité. Hegel ajoute en effet que par ce mouvement le Concept cesse d'être ce qu'il est en soi et par soi ; il devient extérieur à soi-même et entre dans l'effectif. Pour Schelling, cette entrée tient du coup de force, ce passage relève en entier de cette « mimétique expressive » avec le réel. Il y aurait même là, explique-t-il souvent, une sorte de geste insensé effectué en sous-main. Le Concept, comme le baron de Münchhausen, se tirerait lui-même par les cheveux pour se hisser hors des sables mouvants de l'abstraction et immanentiser l'extériorité. Le défi schellingien en philosophie consiste à l'inverse à empoigner cette question de la « sortie », foncièrement tributaire d'ailleurs de celle du « commencement », à affronter le problème de l'extra-idéalité, d'une effectivité radicalement

1. Dans *Une pensée finie* (Paris, Galilée, 1990, p. 198), Jean-Luc Nancy, attentif à l'écoute hégélienne de la langue, les *Dinge* et le *Denken*, les choses et le penser, justement, à l'accord entre les unes et l'autre, c'est-à-dire entre la disposition du réel et l'exposition de sa vérité, écrit : « Hegel ne prenait pas garde cependant que cette pulsation, cette raison, est immobile en vérité. *Immobile en vérité* : (les choses et le penser) ne se livrent pas à cette mimétique expressive que Hegel veut y voir ». Schelling évoque également ce qu'il nomme le « faux mouvement », le « surplace » (*PhiRév I*, p. 119), l'illusion optique impliquée dans cette « mimétique expressive ».

hétérogène à la rationalité et aux déterminations quidditatives. Arc-boutée sur ces points sensibles, cette pensée est à sa façon héritière de Hegel, quoi qu'elle en ait, mais elle conteste avec une remarquable vigueur jusqu'à l'héritage dont elle hérite. Schelling est bien ce « chaînon manquant entre Hegel et ses héritiers frondeurs », comme dit le P. Tilliette, mais davantage aussi, du coup, « le précurseur de la réaction postidéaliste », du marxisme à l'existentialisme [1].

Qu'en est-il en vérité de la *Wirklichkeit* ? Est-elle nécessairement condamnée à se muer en réalité pensée dès lors qu'elle est pensée, comme pourrait le soutenir impeccablement l'idéalisme hégélien ? Comment autrement penser la réalité effective en la laissant indemne de toute contamination par l'essence qui vient la déterminer ? Est-ce seulement possible ?

Telles sont les formidables interrogations qui tissent la trame de la philosophie positive. Elles sont avancées comme pulsations de la question elle-même, sans terme proprement dit. Autant le mouvement du Concept permet et conduit à une *Versöhnung* du rationnel et de l'effectif, à une figure résolutoire que nous pouvons nommer, comme on l'a fait plus haut, le *Selbst*, autant les scansions de la pensée schellingienne, dont les hésitations et les contradictions à quoi elle s'expose attestent la grandeur, ainsi qu'Heidegger sut le souligner, demeurent dans une irréconciliable tension. La philosophie positive prend acte d'une in-conciliation ultime de la raison et de la *Wirklichkeit* et ouvre, à partir de ce constat, à la tâche immense d'avoir à *penser sans concept*, à expériencer l'inconcevable pour le penser de quelque façon, sinon pour le concevoir [2], à faire le saut que l'entrain ou la poussée retiennent encore en le mimant expressivement. Il s'agit dès lors de « laisser tomber le concept », c'est-à-dire de n'en plus « partir » [3] et de se rendre capable de considérer en face « la nécessité résidant dans la philosophie elle-même qui la pousse à dépasser la simple logique » [4]. Cette poussée déboute la « poussée du concept », sa contraction intensive, laquelle est l'indice symptômal d'un vouloir et d'une visée de la raison qui la feront déboucher sur son « extase », sur son propre basculement stupéfait hors d'elle-même.

On voit qu'à Berlin, dans les années quarante donc, la dramaturgie du concept est orchestrée avec bien plus de tensions sombres et vives qu'à

1. X.Tilliette, *Schelling, op. cit.*, II, p. 73.

2. C'est pour Schelling (cf. *Intro1830*) le signe de l'effectif : le concept est concevable, le réel est in-concevable, incontenable dans le concept.

3. *PhiRév I*, p. 184.

4. *Ibid.*, p. 164.

Munich, dans les années trente. Schelling est très attentif à la nature amphibologique de la raison. D'une part, le passage à l'être qui fait sa mobilité la plus intime ne qualifie jamais un passage effectif à l'effectivité. D'autre part, ce passage ne mène pas pour autant à une pure chimère ou à une creuse conceptualité, il conduit vers « ce qui Est » [1]. La raison doit donc sans cesse dépasser la connaissance à laquelle elle est parvenue car elle veut véritablement « ce qui Est ». La raison veut l'être. Ce vouloir de l'être, ce vouloir comme être, comme *Urseyn*, oblige à réévaluer la place et la fonction de la science rationnelle. Celle-ci est science de l'*a priori*, du concept, elle déduit l'effectif. Or c'est l'effectivité qu'elle veut impérieusement atteindre. Elle n'est dans sa sphère propre que là où règnent le possible, la puissance, le « pouvant-être » qui est aussi comme le nom patronymique du concept. Or, ce dont elle se met incessamment en quête, c'est ce qui ne peut pas ne pas être, ce qui est de toute nécessité. Voilà la zone frontalière où elle court tous les risques, et en particulier celui de son propre sabordement. Une fois devenue « raison absolue » – et son entrain l'y mène résolument, à un rythme d'enfer –, une fois parvenue à un concept d'étant absolu et parfait, c'est-à-dire à un concept d'où aura progressivement été éliminé tout le contingent, tout ce qui peut être ou n'être pas, elle se trouve destituée comme « puissance » de connaître. Fin de règne.

Tel est le mouvement de la science rationnelle : il consiste à sortir de l'immobilité qui aurait pu préserver de l'affrontement avec la contingence (mais qui n'est pas même possible, le contenu de la raison une fois déterminé comme potentialité – l'immobilité, ce serait alors simplement l'impensée) et à procéder ensuite à l'élimination progressive des contingences successives.

Cette activité de dissociation établit le caractère critique ou négatif de la science rationnelle. La raison pose l'étant contingent en dehors d'elle parce qu'elle reconnaît cet étant comme n'étant pas : « la puissance infinie n'est donc l'Étant qu'essentiellement (…), à savoir de telle sorte qu'elle peut encore ne pas être ce qui *Est* ; elle n'est donc l'Étant (…) que *provisoirement*, aussi longtemps qu'elle ne se meut pas elle-même, mais dans la mesure où elle surgit de son pouvoir, elle sort aussi par là même de la sphère de ce qui *Est*, elle pénètre dans la sphère du devenir, elle est donc l'Étant et elle ne l'est pas ; provisoirement ou *a priori* elle est l'Étant, mais après coup elle n'est pas l'Étant » [2]. Quelque chose dans son intimité la plus

1. *Ibid.*, p. 92.

2. *Ibid.* ; l'étant comme n'étant pas est donc l'étant comme n'étant pas *encore*, l'être de la possibilité est l'être d'une futurition (*cf.* également p. 78).

propre porte sans cesse la raison à s'excéder, à sortir d'elle-même, à se mouvoir entre être et non-être, entre l'étant qu'elle atteint « provisoirement » et l'étant qu'elle n'est qu' « après-coup ». Dans ce procès d'éliminations progressives, la raison élimine de « l'autre ». « Cet autre »[1] qui n'est pas l'étant même, il lui faut en effet l'exclure, mais il est pourtant « l'inséparable », l'indissociable. « Cet autre » est ce que ne veut pas la raison et ce qu'elle est cependant bien obligée de poser dans son travail de dissociation critique. Elle est donc contrainte, et c'est là son absolu paradoxe, d'exclure cet autre contingent en le « laissant surgir »[3]. Parvenir à la perfection du concept de l'étant, voilà sa quête, l'objet ultime de toute ses investigations. Or la perfection du concept signifiera à la fin qu'en lui tout le possible aura été éliminé. Tout le possible *c'est-à-dire toute la raison*. En son état de perfection, la raison n'aura plus aucune place en elle-même, elle aura à subir un déplacement inattendu, délogée de chez soi, expulsée.

Ce qui signifie qu'en elle-même et par elle-même, sous l'effet de sa propre poussée entraînante, entre ses quatre murs, elle ne parvient qu'à un concept *négatif* de l'étant. Sa démarche d'évidement de la contingence la conduit jusqu'au concept de « ce qui n'est pas non-étant ». Le point de butée du négatif fait désormais signe vers l'existence absolue que ne peut contenir nul concept. La philosophie ne peut plus alors se contenter de l'essence des choses, de leur possibilité, elle ne peut plus s'abstenir, se tenir dans une quelconque réserve mentale.

Elle doit à présent se prononcer quant à l'existence effective du monde. C'est bien ce sentiment d'une crise terrible traversée par la philosophie de son temps qu'exprime Schelling dans les deux premières leçons de l'*Introduction de Berlin*. Il aura montré dans les leçons qui suivent comment la connaissance *a priori*, parce qu'elle cherche à déterminer l'être, pour peu qu'on la considère pour elle-même, est aussi, si on la prend dans son rapport à une positivité, à une facticité, une science négative qui fonctionne par éliminations. À son terme, elle signifie sa propre élimination au profit d'autre chose, tournée par une sorte de tropisme vers l'étant tout court, ce qui apparaît « à la fin comme résultat de (la) dissociation »[2] qui se tient au-dehors. « La confusion dans laquelle la philosophie est tombée ces derniers temps »[3] provient d'une indistinction entre l'être vide comme concept de l'être et l'étant même, l'existant qui précède toute possibilité. Hegel, puisque c'est de lui qu'il s'agit toujours et encore, rapatrie dans la pensée ce

1. *PhiRév I*, p. 90.
2. *Ibid.*, p. 91.
3. *Ibid.*

qui de tous côtés lui échappe. Le processus dialectique qui exprime et « effectue » cette réintégration s'oppose absolument à l'excentration, au hors-de-soi de la *Wirklichkeit*, à son exinanition comme dit le P. Tilliette. Il en est la reprise, la relève, une fois le moment hémorragique épuisé. Il réinsère l'Étant même qui est au-dehors à l'intérieur du processus et « confond » ce qui est un point abyssal où la raison s'interrompt avec un résultat interne. L' « extase » au contraire dit la déprise de la raison, l'abdication qui la requiert avant de repartir à la recherche du positif. Le difficile en philosophie, tel serait l'enseignement de Schelling, n'est pas d'entrer dans la sphère de la pensée et de viser l'effectif comme tel ou tel étant pensé, mais d'en sortir pour faire l'épreuve d'un séjour dans l'effectivité. Ainsi, la philosophie ne peut se réduire à une construction nécessaire et déductive. Foncièrement, elle procède d'un vouloir de l'être, d'un vouloir-être, pure redondance si l'on se souvient que l'être lui-même est volonté primordiale, immémoriale, bien plus qu'envers du néant purement là. La philosophie positive schellingienne trace les contours d'une véritable volonté-de-philosophie qui échappe à l'ordre de la nécessité du concept et qui relève ultimement d'une libre décision : « la philosophie positive est la philosophie libre à proprement parler ; celui qui n'en veut pas peut la laisser (...) je dis seulement que si quelqu'un veut un procès effectif, s'il veut une libre création, etc., il ne peut obtenir tout cela que sur la voie d'une pareille philosophie. Si la philosophie rationnelle lui suffit et qu'il ne demande rien en dehors d'elle, il peut en rester là, il doit seulement renoncer à vouloir obtenir de la philosophie rationnelle et en elle ce qu'elle ne peut absolument pas posséder : à savoir (...) *la procession effective des choses*... » [1]. Hegel ou Schelling : c'est à cette croisée des chemins, relève ou extase, qu'une décision philosophique engage qui la prend sur des voies sans retour.

1. *PhiRév I*, p. 157 (souligné par moi).

PUISSANCES ET DIALECTIQUE[1]

Je voudrais ici prendre en vue une question en forme d'objection possible adressée à *l'hypothèse qui structure l'ensemble de cet ouvrage, à savoir qu'il n'y a guère de véritable dialectique schellingienne*, ce que son statut aléatoire et éphémère dans les *Âges du monde* atteste amplement, comme on a essayé de le montrer.

Il s'agit de savoir si la doctrine schellingienne des puissances ne serait pas au fond la véritable dialectique spéculative schellingienne, soit une dialectique de l'effectivité inventée dans la période de la philosophie de l'Identité, rémobilisée dans les années 1830 et à laquelle Schelling n'a jamais renoncé, au point qu'on a pu y voir « la bonne à tout faire » (X. Tilliette) de sa philosophie toujours remise, par ce biais aussi, sur le métier. La philosophie de l'Identité, représente, on le sait, un moment de l'itinéraire philosophique de Schelling qui est celui de sa plus grande renommée philosophique et littéraire en Allemagne et en Europe. C'est aussi le plus *formel*, constructiviste et structural, voire « structuraliste ». Il s'agit alors de penser la philosophie comme construction de l'Absolu, construction qui consisterait à montrer comment dans la multiplicité des phénomènes se réfléchit l'unité absolue elle-même et comment l'antinomie de l'Absolu et de ses formes finies doit se surmonter en présentant dans ces formes elles-mêmes l'identité de l'Absolu. Schelling n'a pas cessé de travailler, de réélaborer et de reformuler cette doctrine des puissances.

1. *Cahiers d'histoire de la philosophie Schelling*, J.-F. Courtine (dir.), Paris, Cerf, 2010 – version remaniée.

Je m'arrêterai sur sa remobilisation dans la philosophie de la Révélation. Elle est opérée en particulier dans la prise en vue du « *ce qui sera* » comme le concept par excellence[1]. On est là dans une modalité parmi d'autres de l'exposé auquel Schelling se consacre tout au long de sa dernière philosophie, à savoir la méditation du passage de la philosophie négative à la philosophie positive. Son terme se tient dans la monstration d'une rupture, d'un accueil de l'altérité radicale, hors toute ontologie. La *déduction* métaphysique de la divinité à partir de l'existence et l'*exposition* de l'actualité primordiale, de la liberté pure, du *Dass* impré-pensable, c'est-à-dire de Dieu, constituent les deux voies argumentatives dont le « ce qui sera » assure en quelque sorte la liaison.

La première puissance, que Schelling appelle la « source de l'être », constitue le pur pouvoir-être. Cette source se compare à une volonté au repos, éteinte, à une « volonté qui ne veut pas ». « Pure volonté », cette volonté originaire (*urständlich*), s'apparente finalement à un non-vouloir[2]. Schelling la décrit comme pure essentiation substantielle (*das rein Wesende*[3]), comme pure étance, suspens de l'être en tant qu'il n'est pas encore, mais qu'il peut être ou qu'il veut être mais sans le vouloir, car vouloir l'être serait vouloir passer à un autre-que-soi. Le pouvoir-être est donc cette essentiation, cette étance, ce passage à l'être. Cette dynamicité de l'être, cet être pensé selon la puissance, se trouve également chez Hegel, on le sait. Il faut noter que l'exposé de la doctrine des puissances dans les années 1840, le recours ou le retour des puissances, consiste en une récapitulation nécessaire de ce qui, dans la philosophie, est inévitablement dialecticité, mouvement de transit. Cet « entrain du concept » et sa nature passagère (*im Begriff sein*) sont associés à l'équivoque du pouvoir-être, soit à ce qui le détermine à assurer sa fonction de « prius du commencement », c'est-à-dire sa capacité à engager un mouvement. Le pouvoir immédiat d'être est placé sur une pointe où il ne peut pas se maintenir. Dans cette position « intenable », il « se soulève », « s'allume » instantanément et brûle vers l'être jusqu'à s'y consumer tout entier. En effet, la transition de la contingence (le pouvoir-être emporte évidemment avec soi un pouvoir-ne-pas-être) à l'être, transition elle-même contingente, produit un irrévocable immédiat et non-répétable, *l'irrévocable de l'être*. Du peut-

1. Je renvoie en particulier, dans les citations qui suivent, à la leçon X de *PhiRév II*, p. 54 *sq*. (les références à *SW*, XIII, sont intégrées à la pagination de l'édition française).

2. *Ibid*., p. 59.

3. Il utilise le vieux werbe *wesen* pour dire le passé de l'être en tentant, contre l'usage convenu, de le mettre au participe présent.

être/peut-être-pas, de la contingence, à l'être se produit un passage de la liberté à la nécessité. Cette relation du pouvoir-être à l'être commande *logiquement, c'est-à-dire du point de vue de l'exposition selon les puissances*, le passage à une seconde puissance, le « purement étant ».

Cette seconde détermination constitue le contraire du pur pouvoir-être. Elle désigne en effet l'étant infini qu'aucun pouvoir ne limite. Mais, très dialectiquement, c'est un contraire qui est aussi le même. Pourtant, même dans ce jeu de la déduction, de la force est incluse – ou vient en tout cas le contaminer : Il s'agit de déterminer l'être, à travers ses deux exposants, le pouvoir-être et le purement étant comme « ce qui sera », et les puissances elles-mêmes comme les moteurs de cette futurition. Ce ne sont pas des effectivités, mais des points d'entraînement et de passage, des liaisons interactives et réciproques. Le purement étant, la seconde puissance, est une volonté qui n'a plus à vouloir puisqu'elle est infiniment, sans limite. C'est une puissance sans puissance, purement positive, un pur vouloir infini qui ne contient ni désir ni manque, « *gelassen* », dépouillé et serein, impassible. Les deux déterminations, le pouvant-être et l'étant-purement, traduisent sous une perspective à chaque fois différente quelque chose de l'Absolu. Elles diffractent la totalité en une opération logique. Elles ne se constituent pas dans leur rapport à l'être actuel comme des forces, des entités effectives et séparées ou des substances qui subsisteraient hors relation à leurs autres. Elles sont inscrites dans un automouvement de l'être. Le jeu des puissances culminera d'ailleurs dans une adéquation, dans une position d'identité, alors que, précisément, l'effectivité est marquée du sceau de l'inadéquation et du déchirement.

Cette position d'identité est produite par le rapport d'inter-négation entretenu par les deux premières puissances. En vertu de sa nature ambiguë, le pouvoir-être a à passer au contraire de soi, à se dépasser dans son autre, hors de soi. Il ne tient pas dans ses limites, il pousse aveuglément à ce qui va le précipiter dans son malheur, dans sa frustration sinistre, l'être, le purement étant, la défaite de tout pouvoir[1]. Il perd son pouvoir en devenant purement étant. On a à faire à ce que Schelling nomme une double négation relative, de l'être dans le pouvoir-être, du pouvoir dans le purement étant. L'opposition dans sa pureté s'échoue alors dans la mutuelle et suprême entr'acceptation des deux puissances, dans leur radicale non-exclusion, dans leur unité. L'Un, l'Un différent de soi comme disait Hölderlin, nomme donc la troisième puissance.

1. *PhiRév II*, p. 73-74.

Le jeu des deux premières puissances manifestait un vouloir déficient, une volonté qui se marque et se manque. Le pouvoir-être ne veut pas vraiment l'être, il ne veut pas ce qu'il est censé pouvoir, il ne se veut donc pas lui-même comme pouvoir, bien qu'il soit le siège de ce vouloir. Il veut et il peut son autre, mais il ne se veut pas pour ce qu'il peut. Le purement étant quant à lui est à coup sûr un purement voulant, mais le vouloir pur ne fait que se vouloir lui-même jusqu'à l'épuisement. Le purement étant doit vouloir un retour au pouvoir, à la puissance, afin de se vouloir vraiment dans un acte. Il veut le pouvoir-être. Cette circularité que souligne abondamment Schelling[1] oblige à poser la question d'un but du vouloir de la chose. Ce but est d'abord décrit comme la fin déterminée de tout processus de savoir[2] puis comme futur en tant que trait le plus propre du concept, celui-ci ayant toujours à passer à une futurition de soi[3]. Il est ensuite déterminé comme « tiers » : « En quittant le pouvoir-être pour ce qui est purement étant, nous ne *voulons* à vrai dire ni l'un ni l'autre, nous voulons déjà un tiers, ou, plus exactement, nous voulons le « ce qui sera » en tant que tiers »[4]. Le caractère logico-dialectique ou hypothético-déductif du mouvement des puissances est ici débordé par le « nous voulons ».

Autrement dit : le tiers n'est pas seulement le concept venant synthétiquement équilibrer la tension ontologique entre les deux premières puissances, soit l'Un. Il est aussi ce par quoi la positivité travaille au sein même des dispositifs rationnels de la philosophie, comme une sorte de pulsion sourde. De semblable façon, l'usage schellingien de la doctrine de la prédication est entièrement teinté par l'*Unvordenklich* et l'*Anziehung*, l'imprépensable et l'attraction[5]. C'est cette bâtardise, entre puissances et tiers, entre prédication et force, qui doit retenir l'attention – et contraindre à conclure à une profonde instabilité de ces développements, à une fragilité insigne de la remobilisation de la doctrine des puissances. Ainsi « le tiers ne peut pas être autrement défini que *comme ce qui est effectivement libre d'être et de ne pas être*, parce que dans l'agir ou dans le vouloir il ne cesse

1. Le pouvoir-être et le purement étant sont lus en particulier par lui dans l'opposition de la puissance et de l'acte. Il faudrait évidemment se référer au livre *théta* de la *Métaphysique* d'Aristote où l'être est déterminé comme puissance contre ceux, les Mégariques notamment, qui n'admettent d'être qu'en acte et rendent alors impensable le mouvement et le changement. Ce rapport à Aristote sera explicité dans les années 1850, dans l'exposé de la science rationnelle pure.

2. *PhiRév II.*, p. 46

3. *Ibid.*, p. 63.

4. *Ibid.*, p. 82.

5. *Ibid.*, p. 77.

d'être source de l'action, volonté »[1]. Le tiers est tout ensemble la troisième puissance et l'indice d'une impossible clôture de la triade. Il constitue ce moment où quelque chose semble échapper à la doctrine elle-même, une échappée belle de feue la philosophie de l'Identité qui remet en perspective la tentative de « traduction » dans la langue des puissances comme exposants de l'Absolu.

C'est la question de l'Absolu, qu'elles expriment à chaque fois selon une perspective différente, qui permet de les comprendre et de déterminer leur fonction, plutôt qu'elles ne permettent, elles, comme le voudrait Schelling, de comprendre l'Absolu. Les puissances mises en œuvre dans la philosophie de la Révélation vont s'avérer peu à peu comme un idiome éloquent, dans la mesure où il fabrique de l'identité, mais peu propice à être entendu comme souhaiterait l'être tout idiome, au-delà de soi. Elles forment ainsi une langue plus pauvre que celle inventée par la narrativité et qui entendait justement en rémunérer les défauts. Pourquoi Schelling la parle-t-il encore ?

Il faut revenir un peu en arrière pour expliquer le nouvel usage de la dialectique des puissances et tâcher de statuer sur les problèmes incontestables qu'il pose. Les deux premières puissances, soit le stimulus inchoatif vers l'être puis l'irrévocable de l'être représentent deux modalités du « ce qui sera », de l'être futur. Ce qui est avant l'être, la première puissance, et ce qui tire cet avant l'être de son indétermination et le surdétermine dans la seconde puissance, entrent l'un avec l'autre dans une relation dialectique. Il faut bien voir tout d'abord que le pur être (ou le purement étant), la seconde puissance, n'est pas l'être réel dans son effectivité – dont Schelling expliquait dans l'*Introduction de Berlin* qu'il était ce à partir de quoi seulement une pensée était possible. C'est le moment nécessairement requis par la pensée de l'être pour qu'elle puisse, justement, penser cet être dans son mouvement de puissance infinie, dans sa dynamique et sa nécessité processuelle, à l'opposé de ce que Schelling identifie comme des figures de l'immanence immuable, l'Un parménidien ou la Substance spinozienne. Par rapport à cet être réel-effectif, les deux puissances, soit la pure puissance d'une part et la pure actuation de l'autre, sont complémentaires et intercompatibles[2]. C'est la raison logique pour laquelle elles requièrent une troisième détermination synthétique, l'Un, le sujet-objet, si l'on pose que la première puissance est le sujet de la seconde et que la seconde est l'objet de la première. On a donc bien à faire ici à une

1. *Ibid.*, p. 83.
2. C'est le sens de l'*Annehmlichkeit*, dans *PhiRév II*, p. 80.

consécution de type dialectique des modes, c'est-à-dire des concepts de l'être, des concepts de leurs modes, ou encore des « puissances d'un être possible à venir »[1]. Cette procession culmine dans la tertialité de l'Un, quelque peu énigmatique. Si on lit ces pages avec inattention et légèreté, on peut conclure que la troisième puissance boucle une boucle en offrant un commencement à la philosophie positive. Or il n'en est rien. La fin de la philosophie négative n'est nullement le commencement de la positive, bien qu'elle l'appelle. Quelques remarques aideront comprendre l'importance de ce hiatus.

Les puissances telles que les utilise à présent Schelling sont assez sensiblement différentes de celles mises en œuvre dans la philosophie de l'Identité et de la Nature, dans la phase de leur mise au point. Il n'y met plus seulement l'idée originale d'amplification de type mathématique ou physique que laissait nettement apercevoir l'usage des lettres algébriques, des exposants et autres coefficients. Dans une sorte de génial bricolage, il y fait entrer toutes sortes de niveaux ontologiques et de significations philosophiques accumulées : les Idées platoniciennes, la métaphysique aristotélicienne de la puissance et de l'acte, les hypostases plotiniennes et, bien sûr, j'y reviendrai, les triades hégéliennes. Pourquoi cette agrégation de figures, de formes, de concepts, lesquels, il faut le relever, sont tous « négatifs », rationnels et logiques ? Parce que le mouvement des puissances, désormais, sert à exposer la travail de la raison, sa puissance infinie, sa possibilité la plus propre de penser l'être dans sa dynamicité singulière, soit la dialectique[2]. Si la doctrine des puissances reprend alors formellement du service, il ne s'agit plus de la faire accoucher d'une démonstration de l'identité. Alors quoi ?

Il faut d'abord noter que dans les enseignements des années 1840 – et alors qu'il prend la succession de Hegel à Berlin, Schelling entreprend de réévaluer dans une certaine mesure la philosophie négative. Il explique donc que tout procès de pensée engage la médiation d'instances par lesquelles le réel s'offre au rationnel et que le philosophe ne peut pas se dérober à la tâche de les identifier dans leur intelligibilité propre. Dans la leçon XV, par exemple, il indique que les triades de concepts représentent « un type universel de la raison » et une procédure « universellement

1. *Ibid.*, p. 90.

2. L'opposition, parfois rhétorique, à l'Être parménidien, « principe aveugle » et monotone (p. 75) impuissant à aller au-delà de lui-même, sert toujours à indiquer la puissance infinie du connaître et à faire valoir sa dialectique.

humaine»[1]. Mais ces triades, les puissances en l'occurrence, importent désormais beaucoup moins dans leurs contenus fixes que dans la dramaturgie de l'être, voire les scénarios cosmiques qu'elles autorisent. Ce trait relève de ce que Schelling lui-même nomme la tendance à l'historicité de sa philosophie, qui l'oppose – et depuis longtemps – au caractère logique de la philosophie négative. Il explique ainsi dans sa philosophie de la mythologie, et selon la même tendance, que l'unitrinité de Dieu n'est pas seulement un dogme chrétien, mais un schéma universel qui aurait en quelque sorte rendu possible le christianisme. Les puissances doivent donc être comprises comme les matrices de toute pensée «négative», de tout rationalisme philosophique, et elles détiennent ainsi une vraie force démonstrative qu'on ne peut pas purement et simplement négliger.

Mais Schelling, post-hégélien, est désormais plus attentif à ce qu'elles révèlent de l'infini mouvement de la pensée, à leur capacité de propulsion de la raison jusqu'à son point d'exinanition. Il s'agit dès lors de pousser la philosophie négative elle-même, comme puissance de la nécessité si l'on peut dire, jusqu'à l'extrême de sa condition hypothétique. Dans la leçon XII, est reconduit le mouvement de la raison amenée jusqu'à son extase, placée devant son abîme, et ainsi confrontée à son propre renversement. Schelling explicite alors avec précision en quoi consiste l'usage de la doctrine des puissances, en manière de bilan et avant d'en venir au passage à la philosophie positive. Il utilise une métaphore très suggestive qui peut faire songer au *saut* kierkegaardien ou à l'*envol* rosenzweigien: «*nous nous sommes servis d'elles* [les puissances], en vérité, *comme d'appuis et de soubassements pour monter* jusqu'à lui [le prius]; *mais une fois que* nous l'avons atteint, *nous rejettons derrière nous l'échelle*, la succession de nos pensées se *renverse*»[2]. Quelques pages plus loin, dans la même leçon XII, Schelling élucidera précisément le mode de cette césure qui commande le passage à la philosophie positive, soit l'instance du rejet derrière soi de «l'échelle» des puissances. Celles-ci peuvent donc être dites, dans leur cohérence théorique, hypothétiques c'est-à-dire subordonnées à une condition posée par la raison: si une unité peut être pensée telle qu'en elle sujet et objet s'annulent et se réalisent, alors c'est, *nécessairement*, selon le processus décrit par la doctrine des puissances.

1. *PhiRév II*, p. 167.

2. *Ibid.*, p. 90 (souligné par moi). Le prius, c'est la raison commençant par elle-même, l'être de la Logique hégélienne, la première puissance, tel ou tel premier principe. *Cf.* également p. 97.

Tardivement, dans les années 1850, Schelling y opposera l'*anupoteton* platonicien, afin de trouver un analogon de la philosophie positive.

Dire de la doctrine des puissances qu'elle est hypothétique, c'est évidemment la renvoyer à la philosophie négative. La chose est très nettement établie dans l'*Exposé de la philosophie rationnelle pure*, le dernier texte de Schelling. Un passage de l'*Exposé* présente une évidente interpolation de certains moments de notre leçon XII. La philosophie négative part d'un hypothétique: supposons qu'il existe quelque chose qui mette en œuvre les puissances de l'étant, alors ce qui peut être l'étant, ce qui pouvait l'être, un passé de l'être du point de vue de l'être devenu, ce qui pouvait être l'étant, donc, le devient «réellement», dans un réel de la pensée. Ainsi, pour la philosophie négative, pour la science rationnelle pure, «l'hypothétique est au principe»[1]. Si l'étant existe, il existera de la façon dont les puissances le décrivent. Le *si* a le même statut, hypothético-quidditatif que le *ce que*, le *was*, Si l'étant existe, alors il existe de telle façon que la doctrine des puissances déterminera ce qu'il est en tant qu'il est. Mais que l'étant existe effectivement n'est pas l'objet de l'enquête et du savoir. Que l'étant existe ne saurait être en aucune façon emporté par l'investigation au moyen des puissances. C'est au contraire pour elles un présupposé nécessairement ininterrogé. La philosophie négative examine ce qu'est l'étant en son essence, c'est-à-dire dans les termes de la doctrine des puissances: ce qu'il peut être, ce qu'il est purement (et qui n'est pas l'effectivité), ce qu'il est à son dernier terme d'amplification ontologique. Le jeu des puissances n'a guère à se préoccuper de savoir si l'étant est effectivement, quand bien même il a à le préposer à son propre commencement. Et Schelling est toujours très insistant sur la différence tenace qu'il ne cesse de rappeler entre l'étant et l'étant en tant que tel, l'étant qui est. On voit donc que la doctrine des puissances, reconvoquée dans la philosophie de la Révélation, ne peut en aucun cas permettre philosophiquement le passage à la philosophie positive. En comparant la doctrine à une échelle dont il convient de se débarrasser le moment venu, Schelling indique clairement qu'il y a un moment où on ne peut plus progresser échelon par échelon, concept par concept, mais où il faut bien affronter le vide de la raison, soit l'effectivité qui la prévient.

La dialectique des puissances a donc une valeur démonstrative *jusqu'à un certain point*, et il en allait exactement de même dans les *Âges* pour le passage à la narrativité. Passé ce point, elle fait office de monstration, elle fait signe vers ce qui est avant toute démonstration possible. Ce point, c'est

1. *PhiMytho*, p. 353.

le point de « renversement » du prius et du posterius, de la raison et de son extase. La philosophie négative exposée selon les puissances présente l'avantage de mener qui la suit, l'auditoire du philosophe ou son lecteur actuel, jusqu'à ce point d'inversion, soit aussi jusqu'à la question de son rétablissement positif. Schelling propose de penser cette inauguration de la positivité dans la philosophie dans la continuité presque immédiate de sa thèse sur le rapport de l'être et de la pensée avancée à la fin de l'*Introduction de Berlin*[1]. Le caractère proprement idéaliste de la philosophie négative signifie que la seule sphère de la pensée circonscrit son lieu de déploiement. Elle y est chez elle et s'y meut comme en sa demeure, mais d'un mouvement qui est le mouvement de la pensée, et non pas celui de l'être en effectivité, distinction cruciale ou confusion funeste. Elle peut donc s'assurer elle-même de sa parfaite vérité comme de la vérité de ses concepts, indépendamment de l'existence des étants. Elle peut être vraie même si rien n'existe. Toutefois, sa nature hypothétique et déductive, son essence, n'empêche pas qu'il lui faut malgré tout admettre qu'il y a quelque chose plutôt que rien, qu'elle doit donc présupposer sans jamais pouvoir le démontrer. L'« Étant abstrait » auquel elle se réfère, « l'Étant même comme pensée nécessaire », soit l'Étant-Un que les puissances accomplissent dans la pensée, sont des concepts, des constellations articulées de déterminations que la philosophie négative et la dialectique qui la supporte peuvent parfaitement produire (*herausbringen*), mais sous la condition expresse et double qu'il y ait quelque chose et non pas rien et que ce quelque chose soit indémontrable. Dans la leçon XII, Schelling insiste à nouveau, comme dans les conclusions de l'*Introduction de Berlin*, sur la précession absolue de la *Wirklichkeit*[2].

Mais comment Schelling peut-il passer d'une conclusion négative autorisant la philosophie positive – à savoir : ce n'est pas parce qu'une pensée pense qu'un être est – à un commencement positif de la philosophie positive – le prius est parce qu'il est, sans nécessité qui le précède ?

La démarche propre à la philosophie négative est hypothétique, comme l'est la démarche mettant en œuvre les trois puissances de l'être, les trois hypothèses sur l'être : le rien du tout, le tout du possible et de l'impossible, et enfin le tout possible, négation de « l'unilatéralité » du pouvoir pur et de l'être pur et de leur illimitation, soit l'Un qui contient et compatibilise les deux précédents. On admet ainsi que les puissances entrent en action et qu'elles donnent un matériau logique, un développement dialectique que la

1. *PhiRév I*, p. 187.
2. *PhiRév II.*, p. 91, p.92, p. 96-97 (où s'entame une césure profonde).

philosophie (négative) va suivre. Ce processus n'est pas une genèse effective, il n'engendre rien d'effectif. Il ne fait que supposer une mise en mouvement prévenue par un principe qu'il ne connaît pas. En examinant les puissances, on détermine les conditions de possibilité d'une effectivité dont on ignore le principe. La philosophie négative est évidemment en quête de ce principe moteur, de ce commencement effectivement agissant qui dessine l'horizon infini de sa puissance de connaître. Mais il ne pourra être montré comme principe que par une « seconde science » [1]. L'usage des puissances a donc pour fonction de montrer comment une autre « science », un autre exercice de la philosophie est indispensable, requis par les exigences propres de la pensée telle qu'elle est de quelque façon parvenue à son terme propre avec l'idéalisme allemand et son histoire parvenue à sa fin (*Vollendung*, *Ausgang*, etc.). *En recourant aux puissances, Schelling prend acte d'une situation historique* dont il sait bien qu'elle a produit de considérables effets. Sa critique de Hegel ne l'empêche plus de reconnaître chez celui-ci, plus ou moins ouvertement, le penseur qui aura conduit tout ce mouvement à sa pleine et ultime « intensification » conceptuelle [2]. Les puissances intègrent désormais cette reconnaissance. Leur office est d'une part de récapitulation de tout un héritage, qui irait du bloc platonico-aristotélicien jusqu'à Hegel, et d'autre part de monstration des transformations opérées dans la philosophie rationnelle par l'idéalisme allemand, soit par la philosophie de l'identité (Schelling lui-même) et la dialectique spéculative (Hegel).

Ces transformations sont consignées dans ce que Schelling nomme *esprit*, en songeant évidemment à Hegel tout en tâchant d'imprimer à cet emprunt une torsion « positive » [3]. Que retrouve-t-on de Hegel, dans cet usage, aussi incongru (ou difficile) à bien des égards que celui des puissances ? D'une part la non-substantialité de cet esprit en tant qu'il est le sujet de son propre mouvement, et non pas une chose pensante. C'est le sens de sa démarcation d'avec l'un parménidien ou la substance

1. *Exposé de la philosophie rationnelle pure.*, Leçon seize, *PhiMytho*, p. 345 (*cf.* également p. 343).

2. À la fin de la leçon IV de *PhiRév I*, p. 93, la pensée hégélienne est décrite comme « une intensification du concept » portée « à sa plus haute puissance » (mais « sans que par là fût donné un passage à (...) l'existence »).

3. Nous sommes là dans l'atelier de la philosophie positive en train de se disposer : Schelling reprend, distord, détourne, déplace, élimine toute une série de concepts. Il lui faut forger une conceptualité impossible, « faire définition de l'indéfinissable » comme il dit dans les *Leçon d'Erlangen* (*OM*, p. 278), et en même temps marquer précisément les points où rien ne va plus.

spinoziste : Schelling ne cesse de répéter dans ces pages de la césure[1] que l'unité a à être pensée comme unité spirituelle et non substantielle. L'esprit, c'est donc ce qui se contredistingue de la substance. On retrouve d'autre part les triades, ou les puissances comme préfère dire Schelling, soit, à bien le lire, ce qui permet de transformer le substantiel en spirituel. Pour Hegel, l'Esprit peut être subjectif, lorsqu'il demeure en soi comme dans sa vérité et son identité ; objectif lorsqu'il se différencie d'avec lui-même dans le monde extérieur comme volonté libre (droit, politique, État) ; absolu enfin, en soi et pour soi, lorsque l'Esprit conscient de soi revient à soi. Lisant ces pages de la leçon XII, on se dit, avec X. Tilliette, que Schelling y fait concurrence à Hegel, de façon un peu piteuse ou au moins inutile. Sous cet aspect, il faut convenir que le recours aux puissances ne présente que peu d'intérêt. On peut même aller jusqu'à dire que Schelling aurait pu procéder autrement. Mais il ne l'a pas fait. Et c'est de ce qu'il a fait dont il faut évidemment rendre compte. Que fait-il, précisément, au-delà de cette sorte de mimétique expressive de l'hégélianisme ? Après avoir indiqué la structure interne de l'esprit, c'est-à-dire après avoir plus ou moins décalqué la dialectique hégélienne et fait suivre à ce décalque le cheminement des puissances, il explique, avec beaucoup de maladresses et d'obscurités, que l'esprit qu'il nomme parfait (*der vollkommene Geist*) n'est pas la troisième figure, l'Absolu achevé car « il dépasse toutes les espèces de l'être « même la plus haute »[2]. En d'autres termes, il ne se confondrait nullement avec la synthèse dialectique mais nommerait au contraire une transcendance sans concept, au sens explicité à la fin de l'*Introduction de Berlin*, c'est-à-dire pré-posée à la place de l'effectif qui fonde la raison sans jamais pouvoir être fondé par elle, et qui, dans l'idée de Dieu, dans Dieu qui vient au concept, passe en même temps dans une immanence. Quelques explications s'imposent.

On remarquera d'abord que les passages où Schelling semble affirmer que l'esprit parfait est bel et bien « la troisième figure », le tiers de la dialectique des puissances, l'esprit absolu avec son côté «mondain» (pour soi) et son côté «religieux» (en soi), réconciliés dans une compréhension philosophique, ne sont pas rares[3] – ce qui contribue fâcheusement à l'opacité de ces développements. Toutefois, dans l'entremêlement qui caractérise le texte, la critique de Hegel demeure fortement présente : « on n'a rien fait en posant comme le premier et comme le suprême l'esprit parfait si

1. *PhiRév II.*, Leçon XII, p. 96-103.
2. *Ibid.*, p. 106.
3. Par exemple, p. 103-104, p. 106-107.

on ne va pas plus loin à partir de lui (...) si on ne parvient pas jusqu'au monde effectif »[1]. On ne peut donc pas poser l'esprit absolu, ou parfait, comme fin du processus, comme le fait la philosophie négative. Il faut encore se demander ce qui se passe après ce qui n'est déterminé *que* comme « une espèce de l'être », au même titre que les deux premières puissances. On a donc affaire à une bien étrange « troisième figure », par où la dialectique est l'indice d'elle-même et de son autre, de son au-delà, inclôturable. Il y a ainsi une très profonde discordance entre la troisième figure en tant que l'espèce de l'être simplement soumise au régime dialectique de la pensée et « l'esprit parfait » et ce qui en sort ou y est « caché », à savoir « ce qui sera », « celui qui sera ». Pour qu'en sorte cet être futuré, il faut la liberté, « l'être ce qu'il veut » de l'esprit par où il échappe à son « sans-force »[2]. Dans cette excédence de l'esprit absolu, dans sa sortie « au-delà de toute espèce de l'être » s'effectue ce qu'on pourrait appeler une remarquable « intensification du hors-concept ».

Telle est donc la transcendance dont parle la fin de l'*Introduction de Berlin*, « l'être incompréhensible *a priori* », au-delà et au-dessus de l'être. Dans la leçon XII, une fois explicitée à partir du concept d'esprit toujours déjà posé hors de soi, brisé par cette trancendance qui le traverse, Schelling en tire quatre conclusions solidaires. D'abord, il y a bel et bien un commencement et une fin dans l'esprit parfait – autrement il serait im-parfait. Mais ce commencement et cette fin ne s'entendent pas selon la finitude et la temporalité chronologique. Il faut les comprendre en un sens point trop éloigné, formellement, de l'*actus purus* des néo-aristotéliciens du Moyen-Âge, mais néanmoins entièrement retemporalisé. Il s'agit alors d'une éternité dynamique, d'une éternité toujours actuée, puisque le temps, comme on l'a rappelé à propos des *Âges du monde*, est ce qui à chaque instant se produit contractivement à partir de l'éternité, « sans commencement de son commencement et sans fin de sa fin »[3]. Si l'être de Dieu ne peut se dire qu'au futur, cela ne signifie pas que Dieu est en éternel devenir (on serait alors très proche de Hegel). C'est simplement parce qu'il lui appartient d'être libre de l'être, *Herr des Seyns, frei vom Seyn, frei gegen das Seyn*, comme écrit Schelling.

S'il y a bien commencement et fin, il n'y a pas cependant, en Dieu, de succession – raison pour laquelle Dieu, le transcendant rendu immanent, l'esprit parfait, ne saurait être déduit. Les trois puissances disent bien

1. *Ibid.*, p. 99.
2. *Ibid.*, p. 104.
3. *PhiRév II*, p. 107 et p. 108.

quelque chose de l'esprit absolu, mais sur le seul registre de la philosophie. La troisième figure ressemble fort à celui que J. Halévi et Pascal ont appelé le « Dieu des philosophes », l'Idée de Dieu comme dit quant à lui Schelling. Ce dernier toutefois n'entend pas pour autant faire simplement retour à l'autre Dieu, au Dieu d'Abraham, d'Isaac et de Jacob, mais proposer une pensée de la divinité de l'existence portée par une théorie de l'événement et de l'instant, soit par ce dont l'effectivité prévient toute possibilité, par ce qui est posé en un éclair ou en un instant.

Le troisième point de Schelling vise à éviter, sans y parvenir clairement, toute reconduction d'une dialectique de l'esprit parfait. L'esprit parfait, achevé, qui Est, transcendant, comme pure effectivité sans possibilisation, s'évade de toute consécution et de toute succession triadique, de toute détermination de l'être, même transcendante, ou transcendantale, parce qu'une telle détermination se reproduirait elle-même comme une forme de l'être. On retrouverait alors les apories de toutes les preuves ontologiques et de toutes les équations ontothéologiques, fondatives de toute « philosophie chrétienne » (Gilson). Schelling veut établir au contraire l'écart incomblable de l'être et de sa maîtrise. L'esprit parfait ne peut donc même pas « être pensé en quelque manière comme un quatrième – comme donné *en particulier* en dehors des trois »[1], comme la quatrième figure d'une complexification de la dialectique. On voit très bien vers quoi tente de s'acheminer Schelling : l'esprit parfait, c'est les trois en un, c'est l'unitrinité, soit une totalité se produisant à chaque instant dans son indissolubilité expressive. Une question reste cependant entièrement ouverte, et elle est d'une grande difficulté. Comment cette totalité expressive et unitrinitaire se concilie-t-elle avec la béance de l'être signifiée par le *Herr des Seyns* ? Suffit-il de dire, comme le fait la leçon XII, que, dans l'esprit parfait, les puissances ne sont pas comme puissances mais comme lui-même, comme l'esprit parfait dans son indissolubilité, puisqu'elles ne peuvent s'y déployer que comme effectivité ? Comment le pas de côté schellingien, si remarquable, par rapport à l'ontothéologie peut-il en même temps se laisser penser avec l'unitrinité ou l'unitotalité de l'esprit parfait quand bien même cet esprit serait posé comme l'effectuation des puissances ?

La dernière élucidation de Schelling pose cette unitotalité comme totalité à chaque fois singularisée, totalement présente en chacune de ses parties, lesquelles ne seraient donc pas des parties particulières, mais des parties expressives, des parties totales. Ceci peut se trouver chez Hegel, et

1. *Ibid.*, p. 108.

Schelling ne l'ignore pas. Mais, pour lui, cet esprit parfait n'est qu'un prius solitaire, sans extériorité (ce que signifie *vollkommen* : accompli, achevé, venu en plénitude, parfait). Il est le Solitarius, comme écrit Schelling dans une formule voisine du « célibataire des mondes » de Chateaubriand. Ce qu'on obtient ainsi, c'est le départ de la philosophie positive : le Dieu sans le Monde, le Dieu avant le Monde, dégagé, affranchi et libre de tout ce qui peut être pensé en dehors de lui. « Effectivité purement présente comme telle, totalement circonscrite en soi – c'est bien ainsi que nous avons présenté l'esprit. Mais nous avons cependant expliqué en même temps que dans l'esprit est caché l'avenir, ce qui sera ». Ce « mais » est rhétoriquement significatif : l'esprit parfait est bien la troisième figure, mais pas comme l'absolu hégélien ; il est comme Dieu, mais comme Dieu sans l'être, « esprit vivant » [1]. La question de la philosophie positive, sa croix si l'on peut dire, est bien celle de l'effectivité d'un être extérieur à venir, à partir du prius du commencement. En ce sens déjà le « ce qui sera » en est bien l'enjeu stratégique, comme liberté pour cet esprit parfait non seulement d'être, mais d'exister en s'exposant à l'extérieur de soi, en posant un être hors de soi. Comment cet exister imprépensable, cet immémorial du Dieu sans l'être va-t-il donner lieu à une *Wirklichkeit* hors de lui-même ?

Interrogation cruciale, où toute la philosophie positive se ramasse aux confins d'une philosophie de la création et de la révélation – non sans une terrible grandeur. On peut demeurer réservé sur les bricolages de la doctrine des puissances, les malhabiletés associées au troisième terme qui n'en est pas un, mais qui n'est pas davantage une quatrième figure et moins encore l'absolu achevé. La fonction des puissances est démonstrative dans son propre champ, l'exercice de la raison comme puissance infinie du connaître, et monstrative au-delà de soi – ce qu'elles montrent, c'est leur propre extériorité, cette ouverture qu'elles découvrent elles-mêmes à leur propre horizon. Par là, et en dépit de certaines difficultés d'exposition, est adressé à l'idéalisme hégélien une question décisive : que se passe-t-il après le savoir absolu, qu'en est-il de ce qui a à advenir une fois épuisé le processus hypothétique, déductif et dialectique menant à ce savoir dont Hegel explique à la fin de la *Phénoménologie* qu'en lui « l'esprit a clos le mouvement de sa *Gestaltung*, où il a conquis l'élément pur de son existence, le concept » ? Qu'y a t-il au bout de ce « chemin qui mène à ce but, le savoir absolu, à l'esprit qui se sait lui-même comme esprit » ? Ne serait-ce pas précisément et exactement là où s'achève l'automouvement

1. *Ibid.*, p. 110.

du concept que se lèvent les questions philosophiques les plus chargées, les plus denses, les plus lourdes pour la pensée et pour l'existence ? C'est là qu'il faut sauter, assurément. C'est là que se tient le commencement si ardemment quêté de la philosophie positive, devant ce vide qui paraît suspendre le trop-plein vertigineux de l'hégélianisme et son horreur dialectique du vide, c'est-à-dire de l'extériorité absolue.

PHILOSOPHIE ET RELIGION
LE STATUT DE LA RÉVÉLATION [1]

Le problème, le statut et la fonction de la religion dans la philosophie de Schelling, prise dans son ensemble, requiert de longs développements, et des développements modulés, spécifiés, différents. La carrière philosophique de Schelling, on le sait, se déploie depuis la co-fondation de l'idéalisme allemand avec Hegel jusqu'à la constitution de la première pensée anti-spéculative, avec la philosophie positive, laquelle irrigue et noue d'une certaine façon toutes les pensées post-hégéliennes, de Kierkegaard à Heidegger. Ces développements historiques, je ne les entreprendrai pas ici, pas plus que je ne ferai le relevé des positions schellingiennes successives sur le point qui m'intéresse. En effet la trajectoire de notre philosophe est tout sauf rectiligne. Elle suit au contraire une ligne brisée, reprise, interrompue, selon le mouvement d'une pensée qui ne cesse de se déprendre d'elle-même, de se contre-dire si l'on veut, au point qu'elle se refusa phobiquement, comme l'a relevé X. Tilliette, à toute fixation, même provisoire, dans la forme-livre par exemple, au désespoir de l'éditeur Cotta.

Je me contenterai de reprendre une séquence inscrite dans les enseignements de Berlin de 1841, ou d'en repartir. Schelling, dans sa septième leçon, s'explique devant son auditoire sur le rapport entre philosophie (positive) et religion (chrétienne), afin de déterminer le contenu précis de ce qu'il appelle « philosophie de la Révélation », laquelle constitue avec son complément, la « philosophie de la Mythologie », la philosophie positive proprement dite.

Un mot du contexte, comme on dit. En cette année 1841, Schelling prend la succession de Hegel à l'Université de Berlin. Il le fait à la demande

1. Inédit.

du roi de Prusse, et il est évidemment soupçonné par les Hégéliens, de gauche notamment, dont plusieurs, Engels en particulier, suivent ces cours, d'avoir trahi ses positions de jeunesse, lorsque, kantien enragé au *Stift*, il fréquentait des gens aussi peu recommandables qu'August Wetzel, dénoncé par les autorités ecclésiastiques pour avoir comparé Jésus à Mahomet, « imposteur » l'un et l'autre. L'imputation de trahison s'impose d'autant plus aisément que Schelling n'a plus rien publié depuis quelques dizaines d'années lorsqu'il arrive à Berlin. Pour comprendre l'étendue du soupçon et de la hargne, on peut se rapporter à Heine. Schelling, écrit-il, est « l'apostat de sa propre pensée »[1]. Il « a trahi la philosophie pour la religion catholique »[2], « il est revenu en rampant au bercail de la foi »[3]. Vieillard sénile et hagard[4], il serait tombé, après avoir philosophé sur les cimes de l'Identité et de la Nature, dans l'édification religieuse et les bondieuseries les plus plates, pour n'avoir jamais su ou pu « construire une philosophie » comme dit Heine encore puisqu'aussi bien aucun texte ne peut venir en étayer l'édifice. J'ai dit qu'en effet Schelling ne pouvait s'autoriser d'aucune publication récente ou continuée – Hegel le remarquait déjà dans ses *Leçons sur l'histoire de la philosophie*. Si cette circonstance tout à fait singulière doit être portée à la décharge de l'analyse de Heine et des contemporains, elle atténue aussi fortement la sévérité de leur jugement, biaisé, forcément biaisé. Schelling n'a pas cessé d'écrire et d'enseigner, y compris à propos du rapport entre philosophie et « construction » d'un système, soit de ce qui lui est incriminé. Qu'on se reporte à la page 157 de l'édition française de l'*Introduction de Berlin* de 1841[5]. C'est à ce texte que je vais revenir, comme je l'indiquais, afin de montrer que le portrait à charge d'un vieux Schelling confit dans la dévotion religieuse ne détient aucune consistance. Pour s'en convaincre, il suffit de lire le long passage de ladite *Introduction de Berlin*[6] où Schelling récuse énergiquement et de

1. H. Heine, *Zur Geschichte der Religion und Philosophie in Deutschland* (1833-1834), Leipzig, Reclam, 1970, p. 180. *Cf.* également F. Engels, *Anti-Schelling*, Paris, La Phocide, 2011.

2. H. Heine, *Die romantische Schule* (1833), Frankfurt-am-Main, Insel Verlag, 1987, p. 118.

3. *Zur Geschichte*…, éd. cit., p. 179.

4. *Cf.* les descriptions qu'on lit dans *Die romantische Schule* (éd. cit., p. 117) d'un Schelling errant dans les rues de Munich, répétant, contre Hegel, « mes idées » « mes idées, on m'a volé mes idées », comme Harpagon et sa cassette.

5. *PhiRév I*. Les références indiquées entre parenthèses dans le texte se rapportent à la pagination de cette édition.

6. *Ibid.*, Leçon VII, p. 158 *sq.*

façon très argumentée, toute idée de philosophie « chrétienne » ou « religieuse » ou encore « révélée », éliminant successivement chacune de ces déterminations en raison de leur invalidité intrinsèque s'agissant de la philosophie de la Révélation. Que peut-on lire dans ces quelques pages, si j'en résume l'argument et le nerf ?

D'abord, Schelling n'accorde aucun statut d'autorité à la Révélation (158). Il la prend comme il prend la mythologie, c'est-à-dire comme une factualité empirique où, selon lui, quelque chose vient à son terme et se révèle, de l'histoire du monde et de l'histoire de la conscience. La philosophie schellingienne de la Révélation se situe elle-même dans le fil et la continuité (problématique il est vrai) de tout l'idéalisme spéculatif. Elle l'achève, elle le révèle, pourrait-on dire, à la façon d'une « dernière grande somme systématique de l'Occident », d'une « légende des siècles » de toute la philosophie allemande qui en fournirait une récapitulation méta-narrative[1]. C'est en ce sens, aussi, que la philosophie de la Révélation est dite philosophie « historique », à condition de bien entendre qu'il y va alors d'une *histoire de l'Absolu*.

La tension extrême contenue dans cette expression, histoire de l'Absolu, procède d'un ancien questionnement qu'on peut faire remonter au moins à 1804, soit à *Philosophie et religion*[2], et sans doute à plus avant encore.

Elle ne se dément guère ni ne s'atténue, même si ses modulations indiquent qu'un indice de variation traverse et transforme sa constance. Comment cette tension peut-elle se formuler ? Pour Schelling, à rebours de Kant et comme pour l'idéalisme dans son ensemble mais d'une façon radicalement singulière, ce n'est pas l'Absolu qui pose problème. Lorsqu'il parle de ce « véritable abîme pour la raison humaine »[3] qu'est l'impossibilité pour la preuve ontologique de démontrer l'existence de Dieu, Kant en rapporte le tragique abyssal au besoin qu'a la raison d'une nécessité inconditionnée et à l'inassouvissement nécessaire de ce besoin. Et si tel est le cas, précise-t-il, c'est à cause de la présence dans le savoir humain d'un inconditionné. Pour Schelling, c'est pratiquement l'inverse. L'abyssal (il réutilise ce mot dans son *Exposé de 1801*), c'est le fini, la sortie hors de l'absolu. On voit la disposition croisée du déploiement de la question. Pour Kant, l'énigme tient à ce que l'usage spéculatif de la raison pure ne permet

1. J.-F. Marquet, Présentation de *PhiRév I*, p. 6.

2. *SW*, VI, p. 11 *sq.*; trad. fr. B. Gilson, *La liberté humaine et controverses avec Eschenmayer*, Paris, Vrin, 1988, p. 95-139.

3. *Critique de la raison pure*, B 597, AK III, 569.

pas l'accès à l'absolu. Pour Schelling, l'énigme, c'est le monde, le « grand fait du monde »[1], la finitude, la *Wirklichkeit*. Voilà pourquoi il entreprendra plus tard, à partir de 1809-1810, d'inscrire l'absolu dans le temps, dans l'histoire, dans le monde et ses âges. C'est que, pour lui, l'évidence de l'absolu est aveuglante. Ce sont les réalités finies et le phénomène mondain qui sont en revanche abyssalement énigmatiques. Il s'agit, à partir de 1804 au moins, dans *Philosophie et religion*, de penser la dérivation (*Abkunft*) des choses finies à partir de l'Absolu, titre de la deuxième section de ce texte décisif. Non plus comme une dérive de l'Absolu, une chute (*Abfall*), mais comme un *absolu dérivé*[2]. Qu'est-ce que cette absoluité dérivée ? Elle va commander une pensée de l'Absolu *dans* le temps et *dans* l'histoire, dont l'enjeu est au cœur de ce moment 1804-1809. C'est d'elle que vont procéder pour ainsi dire les philosophies de la mythologie et de la révélation dans l'ouverture qu'elles désignent par rapport à la « négativité » des sciences rationnelles pures.

Il s'agit en fait d'une réévaluation de l'identité, c'est-à-dire de l'indifférence sujet / objet, et d'une reconfiguration du sens de la copule dans le jugement. Par là, un passage se creuse, de l'univers statique de l'identité à l'univers historique inauguré par les *Âges du monde*. Dans les années 1804-1809 et au-delà, le rapport du sujet au prédicat, soit de l'Absolu à ce qui s'en suit, est saisi comme rapport d'un *fond* (fondement, motif, raison) à sa *suite* ou à sa conséquence. Ce schéma pré-inclut en soi une différence *temporelle* entre avant et après, différence qui se donne comme un affranchissement. La conséquence dépend bel et bien du fond dont elle se détache, mais cette dépendance n'est pas le contraire d'une autonomie. Au contraire, sans cette dépendance emportée par la dérivation, nulle autonomie n'est même pensable. Dans les années qui suivront, Schelling expliquera longuement et précisément que le Fils, s'il n'existe comme homme que dans cette filiation-dépendance par rapport au Père, n'en est pas moins strictement autonome. C'est l'existence elle-même, en effet, qui revêt cette structure en tant qu'elle suppose toujours une articulation différenciée de l'être et de son sujet, l'étant. La dépendance est donc lue comme autonomie et liberté et l'absoluité dérivée constitue alors le « concept central de la philosophie tout entière »[3]. Pour reprendre une formule de la dernière philosophie qu'on peut lire dans l'*Introduction de Berlin* (185), l'absoluité

1. L'expression est récurrente. *Cf.* par exemple *Intro1830*, p. 61.

2. L'expression se trouve dans l'écrit de 1809, *Recherches sur l'essence de la liberté humaine*, in *OM*, p. 134.

3. *Ibid.*

dérivée permettra ultimement de s'orienter non plus en fonction de l'existence de Dieu et de l'établissement de sa preuve, mais en fonction de la divinité de l'Existant. Le même schéma permet de comprendre aussi comment l'Absolu se fait Dieu. Comme avec le *tsimtsoum* de la Kabbale lourianique, comme avec ce que Rosenzweig nomme « autostructuration intradivine préalable à l'acte de créer », il lui faut distinguer en lui ce qui est lui-même, le sujet, l'étant si l'on veut, son *Existenz*, et l'être qui va être déposé, ex-posé, posé au-dehors comme *Grund*, « ce qui en Dieu n'est pas Lui-même »[1], comme fond ou base de la création elle-même. Ce formidable récit spéculatif théo-philo-sophique pose en fin de compte une nature en Dieu, ce fameux *Grund*, dont il s'agit de se détacher, en en étant victorieux dans une existence – alors même que sa révolte consistera à vouloir exister lui aussi sans se contenter de fonder une existence. L'homme qui est le produit le plus fini de cette création est tendu vers le réajointement de l'être et de l'étant, vers le surmontement toujours suspendu du *Grund* et la réaffirmation de son insistante ipséité finie dans un pouvoir du bien et du mal.

Je reviens à présent à la séquence de 1841, laquelle n'est intelligible qu'à partir de ce tournant marqué par la pensée de l'absoluité dérivée. Si Schelling, je l'ai dit, n'accorde à la Révélation aucune supériorité hiérarchique dans l'ordre de la pensée, s'il en traite comme d'une empiricité immédiate qu'il y aurait dommage à négliger, ne court-il pas le risque, en échappant à une pensée édifiante, de tomber dans une contamination par la théosophie qui s'appuierait sur des mythologèmes plus ou moins gnostiques ? Là encore, Schelling montre qu'il n'en est rien. D'une certaine façon, s'il entreprend une « fondation de la philosophie positive » (tel est le sous-titre de l'*Introduction de Berlin*), c'est qu'il estime qu'il y a une nécessité interne, propre à l'histoire de la philosophie, laquelle selon lui culmine dans l'idéalisme spéculatif allemand en ce sommet de la science rationnelle pure qu'est la philosophie négative, en particulier celle de Hegel. En ce point d'accomplissement et de culmination, un basculement complet est requis, une autoconversion, une « extase de la raison » selon l'expression fameuse de l'*Introduction de Berlin* (189). Le questionnement schellingien sur le rapport entre philosophie et religion, ramifié autour des concepts de révélation, arrachée à toute théologie révélée, et de positivité, arrachée à ses usages primo-hégéliens, est donc porté par un mouvement historico-philosophique qui vient de loin, et dans la trajectoire

1. *Ibid.*, p. 145.

de Schelling lui-même et dans la courbe historique qui est celle de la philosophie allemande tout entière.

Pas d'autorité de la Révélation, donc, et pas davantage de séduction théosophique, on vient de l'établir. A-t-on affaire alors, avec la philosophie de la Révélation comme *pars totalis* de la philosophie positive, à une *philosophie chrétienne* ? La réponse à cette question s'effectue selon deux abords spécifiés.

On l'a vu, Schelling y répond négativement et très résolument, se démarquant ainsi expressément de Jacobi ou F. Schlegel. Si la Révélation est un phénomène, un donné, elle n'est pas une valeur sur laquelle la pensée philosophique aurait à se régler. Il n'est donc pas question d'ortho- ou d'hétéro-doxie ici : « ce n'est pas une affaire d'orthodoxie – j'écarte ce point de vue… En fait, cela m'indiffère entièrement de savoir ce qu'une quelconque dogmatique peut élaborer ou affirmer, ce n'est pas ce que j'ai à faire (…) de même que je vous ai appris, par la philosophie de la mythologie, à voir la vérité en elle, c'est-à-dire dans la mythologie entendue littéralement ou au sens propre (et non pas de façon allégorique), de même je veux vous mettre en mesure, par la philosophie de la Révélation, de comprendre toutes les expressions de la Révélation dans leur sens le plus propre »[1]. Il s'agit donc de comprendre « tautégoriquement » un contenu spécifique et non pas d'exposer ou d'élaborer une « doctrine »[2]. Le christianisme doit être considéré comme un phénomène historique à saisir en fonction de ce que *La philosophie de la Révélation* nomme une *histoire supérieure*[3], et l'attention aura à se porter sur un objet, sur quelque chose de factuel, sur une effectivité, sur une positivité. Ce qui n'échappe pas à Schelling, ce faisant, c'est que la philosophie, toute la philosophie, pas seulement la sienne, sa dernière philosophie, mais, par exemple et tout autant, celle de Hegel en son entier, est l'accomplissement spéculatif du christianisme. La philosophie, pour reprendre l'idée rosenzweigienne, mais Nietzsche le savait lui aussi, n'est possible et ne fut possible qu'à l'intérieur du christianisme. En ce sens, on pourrait aller jusqu'à dire que toute philosophie est chrétienne ou que la philosophie « contient tout ce qui s'est pensé en Occident depuis vint siècles », comme écrit Merleau-Ponty qui ajoute cependant : « ce qui n'est pas décidé par là, c'est le rapport de ce christianisme institué, horizon mental ou matrice de culture, avec le

1. *PhiRév III*, p. 101.
2. *Ibid.*, p. 50.
3. *Ibid.*

christianisme effectivement vécu et pratiqué dans une foi positive »[1]. Tel est le problème déjà médité par Schelling. Toute philosophie est chrétienne au sens où elle fait accéder, au moins en Allemagne, des représentations issues du christianisme au niveau du concept. Toute philosophie est chrétienne au sens aussi où le christianisme est autodépassement et ouverture sur « la mort de Dieu », c'est-à-dire qu'il est structurellement « dialectique », depuis Paul. La dernière philosophie schellingienne entend rendre raison de cette situation jusqu'au bout en posant que Dieu n'est pas simplement « le transcendant », comme dans le judaïsme selon les philosophes, il est « le transcendant rendu immanent (c'est-à-dire devenu le contenu de la raison) » (196).

Un long cheminement, dans l'itinéraire de Schelling, balise la reprise de ce questionnement plutôt risqué, lequel a certainement valu à son initiateur l'éclipse de sa pensée en un siècle qui entendait à sa façon, autrement que spéculativement, en finir avec la question de Dieu. La philosophie positive constitue en effet, selon sa pliure singulière avec la philosophie négative, la façon schellingienne absolument inédite de poser cette question, « Dieu ». Il y eut, je l'ai dit, dans cette décision philosophique un risque trop lourd peut-être pour Schelling. Mais sa postérité anonyme – puisqu'il n'y eut pas de « schellingianisme » – saura en reprendre quelques attendus et un Kierkegaard, en dépit des sarcasmes, en héritera. Comment la philosophie positive parviendra-t-elle à se mesurer à ce « positif » dont l'existence en sa monstrueuse énormité vient transir la raison, la ravir et la surprendre, lui lancer un défi inattendu et étonnant ? Car en effet, selon la trame de *La philosophie de la Révélation*, Dieu est moins un problème radicalement extérieur à la raison qu'il ne signifie le problème qu'est à elle-même la raison, à laquelle il lui faut se confronter en vertu d'une nécessité qui l'habite intimement[2]. Cette figure d'une raison débordée par la transcendance de son objet, de ses objets, d'une raison excédée par la surabondance, l'*Überschwenglichkeit* de ce qui la porte à penser est au centre de la philosophie positive, je l'ai rappelé. La philosophie, devenue positive, aurait ainsi à prendre en charge en tant qu'existant le transcendant converti en absolument immanent. La raison est l'idée de Dieu. Elle l'a toujours été dans l'histoire de la philosophie. L'idéal de la raison au sens kantien constitue bien ce dans quoi se manifeste quelque chose comme Dieu en tant qu'Idée, sans que l'existence, dans son

1. *Signes* (1960), Paris, Gallimard, p. 230.

2. *Cf.* sur ce point W. Schulz, *Le Dieu de la métaphysique moderne*, Paris, Éd. du CNRS, 1978.

sens catégorial, puisse lui être attribuée. Plutôt que d'accentuer cet énoncé au sens de Kant : c'est de Dieu que la raison est l'Idée, on aurait avec Schelling une autre modulation : c'est la raison qui est l'Idée de Dieu. La raison s'ouvre alors extatiquement à ce qui la déborde et l'étonne. La *Poétique* d'Aristote montre bien comment, pour le poète tragique, le *thaumaston* est produit par l'*alogon*. L'étonnement philosophique est donc suscité par ce qui, se présentant à la raison, l'excède d'emblée dans sa différence radicale et la déshabitue d'elle-même (on « s'étonne » plus sûrement de ce qui nous aura surpris que de la répétition de ce que nous avons appris, notait également Aristote). La « Fondation de la philosophie positive » s'attache à déterminer, en 1841, le projet de la dernière philosophie en son entier : comment « fonder » une philosophie sur cela même qui la dépasse, comment penser une « extase de la raison » (168) ?

Reprenons encore les éléments successifs et négativement avancés par Schelling dans son contre-argument (158 *sq.*). L'appellation « philosophie chrétienne » se sera donc destituée d'elle-même en son sens le plus plat, soit comme cette théologie honteuse qu'on a cru pouvoir y déceler (Heine, Engels). On ne peut pas plus parler de « philosophie religieuse ». Comme philosophie positive, la philosophie de la Révélation n'est pas plus religieuse que ne serait irréligieuse la philosophie négative (159). Le contenu, le concept de la religion ne sont pas présupposés, ce qui emporterait l'autorité de la Révélation comme dogme, récusée par Schelling. Au contraire, ils sont quêtés dans l'étude et l'analyse du rapport effectif de la conscience à Dieu.

Une fois les déterminations négatives justifiées argumentativement, la question se pose de savoir comment comprendre le concept de Révélation. Quelle est son utilité théorique, si l'on peut dire, à quelle fonction propre obéit-il dans l'économie de la philosophie positive ? Le premier effet de la longue considération de l'*Introduction de Berlin* que nous commentons, c'est qu'il convient d'opérer une double extension, un double élargissement. D'une part, « s'il faut fonder [la Révélation], elle ne peut l'être que dans un enchaînement historique plus élevé, c'est-à-dire un enchaînement qui dépasse elle-même et le christianisme » (169). D'autre part, et parce que cette première extension verticale est strictement corrélative de la facticité historique de la Révélation, elle engage profondément la philosophie elle-même, dans toutes les dimensions de son histoire : « une philosophie de la Révélation n'est pas pensable sans une extension de la philosophie au-delà de ses bornes actuelles. Mais une extension qui ne serait accordée à la philosophie qu'à cause de la Révélation aurait incontestablement un aspect assez ambigu. Nous avons déjà justifié cependant une telle extension dans les exposés qui ont été faits jusqu'à présent, mais nous l'avons fait apparaître plutôt comme conséquence d'une nécessité *présente dans la philosophie elle-même* » (169 – c'est Schelling qui souligne).

Comme l'indique explicitement le propos schellingien, un bref rappel historique est ici requis. Tout dépend en effet de ce que l'historicité ou la facticité de la Révélation veut dire, tout dépend donc de la juste entente de sa *positivité*. Ce terme, on le sait, est utilisé par le jeune Hegel dans un texte qu'il rédige à Berne en 1795-1796 et que son éditeur Nohl a intitulé, à bon droit, *La positivité de la religion chrétienne*. La positivité hégélienne désigne l'extériorité morte, inerte, de ce qui est reçu passivement à la façon d'un pur donné. Une « religion positive », par différence d'avec une « religion de la raison », est une religion qui institutionnalise le contingent et le transforme en sacré. Autrement dit, tel ou tel contenu, neutre en lui-même, acquiert une forme positive lorsqu'il s'impose à la conscience par l'autorité d'une instance externe. Le jeune Hegel, même s'il critique la raison non historique kantienne, demeure l'héritier de l'*Aufklärung* : il considère lui aussi que la tâche d'une émancipation de la raison consiste à s'affranchir de tous ces éléments « positifs » que sont les miracles ou les prophéties. En son sens extrêmement péjorant, la positivité hégélienne nomme ce qui s'oppose à la raison, ce qui ne peut être produit par elle. C'est là que la sémantique schellingienne de la positivité prend la relève. Le positif, c'est ce dont, en effet, il ne peut y avoir de savoir *a priori* puisqu'il est constitué de « faits positifs » imprenables d'avance par la raison. On ne peut les connaître qu'après-coup, car ils sont ce qui par principe ne se laisse jamais anticiper ou prévoir, ils sont de l'événement, des actes. La philosophie positive a à faire à des actes. Ce que Schelling détermine comme positivité a pour fond et pour motif, la volonté, laquelle ne peut se manifester, c'est-à-dire manifester sa liberté, qu'en posant des actes (*That*), en agissant. La volonté se manifeste par le fait. Un événement, c'est toujours un fait. Une idée ne fait jamais événement, c'est à la rigueur son avènement comme fait qui pourrait en faire l'événement. Toute révélation est révélation d'une volonté, sauf à se dégrader en pur mystère insondable et vide : « la Révélation au sens suprême, la seule dont nous parlons, est la Révélation de [la] volonté. Car aucune volonté ne se révèle si ce n'est par l'acte, par l'exécution… Aussi longtemps qu'une volonté n'est que volonté, qu'elle n'est pas passée à l'acte, elle reste un mystère, mais l'acte est sa manifestation, du fait de celui-ci elle cesse donc d'être un mystère » [1]. Voilà pourquoi Dieu, en tout cas le Dieu des religions dites justement révélées,

1. *PhiRév III*, p. 30.

peut et doit être tenu pour un problème interne à la raison et issu d'une histoire de cette dernière – ce qu'il faudrait sans doute faire remonter à l'idée kantienne d'une possible éducation de la raison par la religion au sens où la note au § 91 de la *Critique du jugement*, pose que la raison aurait « pu et dû découvrir par elle-même » des concepts fournis par la révélation.

C'est en raison de sa raison propre que la raison est conduite jusqu'à un point d'interversion extatique, de basculement, où il lui faut tout rejouer, à commencer par elle même. Tel est le fond de la thèse de « l'achèvement de l'idéalisme allemand dans la dernière philosophie de Schelling », plus et mieux que dans le système hégélien, de Walter Schulz[1]. Dieu représente une radicale extériorité, un « positif » à quoi la raison doit s'ouvrir. Mais il apparaît du coup, comme le problème même de la raison – laquelle se reprendrait elle-même en son extase plutôt qu'elle ne se ruinerait dans l'immanence de ses aventures qui la mènerait du rationnel proprement dit à la stupeur et au *thaumaston* de la facticité. Le mérite de cette grande hypothèse interprétative, en dépit de ses risques[2], calculés toutefois, c'est de montrer que l'automédiation de la raison permettrait dans la dernière philosophie de Schelling de tenir ensemble l'autonomie de la démarche rationnelle et la transcendance absolue de ses objets. Cette histoire de la raison est déployée dans les différentes moutures, étalées dans le temps, de l'exposé qui en décrit le tracé. Elle consiste en une extériorisation continue de tous les étants particuliers, possibles, contenue dans l'idée initiale d'Étant. Le participe présent substantivé (*der Seyende*) rassemble une substance et un verbe, une puissance et un acte, un sujet et un objet, un prédiqué et un prédicat. La raison procèderait, pour décrire grossièrement la richesse des différentes versions de l'exposé historique schellingien des années 30, puis 40 et même 50, par éliminations successives, par un mouvement négatif-critique, afin que soit isolé cet Étant même, *auto to on*, purifié en quelque sorte de toute potentialité à actualiser, de toute dynamicité aristotélicienne, afin qu'il soit ramené à sa verbalité d'acte précédant toute possibilité, c'est-à-dire proprement au Dieu de la métaphysique d'Aristote. Dans cette histoire, la philosophie fait émaner les étants les plus divers hors de leur simple possibilité, elle les fait « passer

1. *Cf.* la traduction française de ce texte par S. Abou-Zeid dans *Schelling*, J.-F. Courtine (dir.), Paris, Cerf, 2010, p. 241 *sq*.

2. La réhabilitation du « rationalisme » schellingien, contre l'idée farfelue d'une appartenance au camp de la « destruction de la raison » (Lukacs), ne saurait aller toutefois jusqu'à exposer le positif à sa possible résorption dans le logico-négatif. Il y a bel et bien un « débord » de la raison par ce qui s'offre à elle, appelé par l'existence selon sa dimension extralogique et extatique.

dans l'être », comme dit Schelling, c'est-à-dire qu'elle les fait sortir en les réalisant, en les retirant progressivement à la sphère de la pensée pure pour en faire des objets de savoir empiriques et régionaux. Elle y renonce donc. Elle renonce à tel ou tel objet une fois déduit pour le confier à un savoir disciplinaire positif. L'empirisme anglo-saxon et le sensualisme français recueillent cet héritage et se lancent dans l'exploitation des étants dans leur multiplicité, alors que l'Allemagne, selon Schelling, reprend à nouveaux frais l'interrogation de la métaphysique ancienne en s'efforçant de réélaborer complètement l'idée de l'être (*der Seyende*, *to on*). Et Dieu dans tout ça ?

Il est le *crux caminorum* car il constitue l'idée de l'Étant même, l'idée de ce qui ne peut pas « passer dans l'être ». La philosophie négative ne peut plus confier à une autre science cet objet encombrant, soit pour les savoirs empiriques, soit pour la philosophie ancienne, négative, qui ne sait plus quoi faire d'un objet qui doit posséder l'être avant toute possibilité, alors qu'elle-même a pour charge, tout à l'inverse, de faire passer à l'être, par « déduction », ce qui se donne d'abord comme une étantité virtuelle. Voilà la croisée des chemins : si la philosophie ne peut plus se défaire de cet objet, si elle ne peut que le garder par-devers elle, alors il lui faut opérer, sous la contrainte de l'abîme qui s'ouvre devant elle, une transmutation foncière de sa nature, de ses procédures et de son statut, il lui faut se faire « positive ». Cette transfiguration affecte évidemment le statut de la raison elle-même, depuis son statut de connaissance naturelle (au sens de la théologie naturelle ou rationnelle), qui lui fait envisager Dieu dans une relation extrinsèque et formelle, jusqu'à son extase. Dans le mouvement même qui la conduit à sa pureté intégrale, l'histoire de la raison dont nous parle Schelling raconte comment elle s'émancipe progressivement de tous ses présupposés et quête les réquisits de sa propre autofondation. L'idéalisme allemand représente ce moment ultime de l'achèvement ou de la fin de la métaphysique, non pas comme une extinction, mais comme l'instance moderne du déploiement intégral de la connaissance en sciences multiples, anthropologiques en particulier, en savoirs diversifiés d'objets délimités. L'achèvement, la *Vollendung*, réalise l'idéal du savoir philosophique tel qu'il se constitue depuis ses origines grecques. De cet idéal en effet, toute une série de figures historiques ont proposé des réalisations partielles et diverses sous la forme d'ontologies régionales par où l'exinanition conduit à l'achèvement de la philosophie telle que la tradition en assure la transmission bimillénaire.

La proximité avec Heidegger est flagrante, l'accointance entre « philosophie négative » et « ontothéologie » peu contestable structurellement – même si pour Schelling « Dieu » figure le *punctum pruriens* en même temps que le point de pivotement de toute cette histoire, au terme de laquelle la fin de la philosophie signifie le commencement d'une autre histoire, ou un autre commencement civilisationnel, ou encore un re-commencement qui ne soit pas de l'ordre d'une ré-itération.

On peut, à partir de là, esquisser une réponse à la question posée plus haut à propos de l'utilité de la Révélation. Le concept schellingien de Révélation est censé, dans sa complexité, assurer la charge d'avoir à *signifier*, sous ses aspects « historiques », *le non-concept*: « la philosophie positive s'est détachée de la philosophie négative en laissant, selon mes propres termes, tomber le concept » (187). Il s'agit alors de tenter une percée vers un « concept de l'existant nécessaire précédant tout concept » (186), ce qui n'est pas tâche facile, les mots le suggèrent, mais obéit toutefois à une décision philosophique radicalement anti-idéaliste : « ce qui doit aboutir à la réalité effective [et non pas se mouvoir dans l'Idée] doit aussi partir d'emblée de la réalité effective, et même de l'effectivité pure, et donc de l'effectivité qui précède toute possibilité » (188). L'intérêt théorique de la Révélation, sa conséquence pour la pensée, consistent en une proposition philosophique majeure selon laquelle « rien [n'étant] plus concevable que le concept, l'inconcevable commence seulement avec ce qui est opposé au concept. C'est précisément pour cette raison que la philosophie ne trouve ce qui lui permet de s'élever qu'au contact de ce qui est opposé au concept »[1], soit ce massif gigantesque du positif.

Le rapport que décrit la Révélation conduit donc au point d'exhaustion de la philosophie négative, selon une dramaturgie très singulière. Ce point d'arrivée, fatal, est en même temps la chance d'une pensée, d'une autre pensée. Sous l'aspect du rapport à la raison, il indique un débord, une extase, un abîme. Sous l'aspect du rapport au concept, il fait signe vers « l'inconcevable », vers ce qui prévient toute possibilité et par où ou par quoi une sortie, une issue, s'aperçoivent. Sous l'aspect, concomitant des deux précédents, d'un nouvel exercice de la philosophie, une extension est impérativement requise. On a vu que, dès lors que la Révélation était dégagée de toute fonction de légitimation extérieure ou d'édification, une « médiation historique du fait » (169) devait en déterminer la factualité et en reconfigurer très radicalement le contenu. Les « bornes actuelles » de la philosophie (170) dessinent tout simplement l'épuisement de sa figure

1. *Intro1830*, p. 86.

négative de science rationnelle pure, elles l'encadrent et la signifient. Si la philosophie positive est en revanche une philosophie de l'événement et de l'acte, si elle oblige à poser à son fondement, une liberté et une volonté, c'est parce qu'elle vient après un achèvement, après l'accomplissement de toutes les possibilités actualisées. Ce qui, là, s'est épuisé, c'est la nécessité. La rationalité logique, accomplie dans le spéculatif, est donc elle-même en quête d'un fait, d'un positif. La question-Dieu, comme on pourrait dire désormais, exprime l'incontournable, l'interminable confrontation de la philosophie avec sa limite. Mais la limite peut être une chance : c'est au bord de l'abîme qu'on sait si l'on pourra voler ou pas, selon un mot de Rosenzweig ! Cette question-Dieu constitue-t-elle le bord extérieur ou la frontière intérieure de la philosophie ? Le problème si délicat du pli – qui est tout autant un « combat » (171) – de la philosophie négative et de la philosophie positive va tenter de se dire, de si multiples façons, autour de cette région réduite et indéterminée. En tout état de cause, pour Schelling, la philosophie allemande dont il est le prestigieux et contemporain témoin, manifeste, dans ses torsions, ses combats, ses antagonismes, les enjeux monumentaux d'une époque décisive de « transition », comme le diagnostiquait déjà Hegel dans la *Préface* à la *Phénoménologie de l'esprit*. Son épuisement en stimule la relance, par la quête, la requête et la conquête d'un nouveau continent, soit pour Schelling la *Positivité* dont les traits majeurs, l'empiricité, la contingence, l'imprépensabilité, l'historicité, redessinent désormais les contours de la philosophie elle-même, en son entier, autour de la liberté, de la volonté, de l'extériorité radicale de ses « objets » et de la décision.

De cette monumentalité des enjeux où il en irait en fin de compte de la vie et de la mort de la philosophie, Kant représente, on l'a déjà suggéré, le symptôme assuré et le douteux remède, une sorte de *pharmakon* de tout l'idéalisme.

À la fin de la leçon VII de l'*Introduction de Berlin*, Schelling évoque en effet « le grand exemple de Kant ». Selon sa forte lecture symptômale, le *postulat* et l'*antinomie* attestent un double état provisoire de la philosophie. On ne saurait prouver le premier, quand bien même il est une hypothèse théorique rendue impérative par la raison pratique (Dieu, justement, avec la liberté et l'immortalité). Et pourtant, pour son propre exercice, la volonté pure exige le postulat. Toute la philosophie de Kant, explique Schelling, s'achève donc, si l'on retient le primat du pratique, avec cette exigence. Mais une philosophie qui conclut sur une exigence est une philosophie qui ne conclut pas, mais qui s'évase vers tout autre chose qu'elle-même, soit, dans la lecture peut-être contestable de Schelling, vers un Dieu effectivement existant. L'exigence non-conclusive du kantisme est analysée comme une formidable tension vers la positivité, vers *une philosophie* qui passerait à un autre régime de soi, aussi distinct du « savoir effectif » hégélien ou de la « doctrine de la science » fichtéenne ou même de la « critique » kantienne que de la pure et simple reprise à l'identique de l'antique notion. La même grandeur exemplaire de Kant se discerne symptômalement dans l'antinomie. L'auteur des trois *Critiques* poserait ses antinomies afin de pouvoir rendre raison, derechef, d'une exigence. La raison exige de l'inconditionné et elle est bien résolue à ne pas céder sur cette exigence. Mais lorsqu'elle fait effort pour penser cet inconditionné qu'elle exige, elle se prend les pieds dans des contradictions, dans des antinomies. Or là où Kant n'analyserait les antinomies que comme des « collisions » (171) de la raison avec elle-même, il faudrait voir « une contradiction entre la raison et ce qui est plus que la raison » (171), ce que Kant, à vrai dire, aurait bel et bien soupçonné[1].

Ce plus-que-la raison, c'est l'imprépensable, le « maître de l'être », le supra-étant, le « pur et simple existant », l'objet même de la Révélation. Toute la difficulté du nouveau philosopher « positif », c'est qu'il s'agit désormais d'en partir. C'est-à-dire qu'il convient à présent de « laisser tomber le concept » (184), soit de viser un étant en tant *qu'*il est et non pour *ce qu'*il est. Les voies, les démarches, les façons se dédoublent en un puissant contraste. La philosophie rationnelle, « logique », suit un chemin ascendant qui ressemble à une ascèse, à une autogenèse ascétique que la « patience du concept » décrit parfaitement, puisqu'elle désigne tout à la fois les stations de l'entendement prises une à une et le chemin de croix en son entier : le Vrai est au bout du chemin (176). Face à cette « philosophie pour l'Ecole », il y a une « philosophie pour la *vie* » (181) dont le chemin sera descendant, allant d'un prius effectif à de l'effectif a posteriori. On reste dans l'effectif, dans ce qui précède toute possibilité. Le même archétype définitionnel convient aussi bien à la pure activité de Dieu et qu'à un événement au sens le plus fort. En un cas comme en l'autre, il y va de ce dont la réalité prévient la possibilité, *c'est-à-dire la pensée*. Que peut celle-ci, en toute rigueur ? Ou bien penser le possible *a priori*, ou bien penser l'effectif a posteriori. Or Dieu ou un événement sont *de l'effectif a priori*,

1. En tant qu'il décompose et analyse les éléments du *Was*, de la quiddité. L'autre philosophie qui, aux yeux de Schelling, préfigure la philosophie positive (183), c'est Spinoza en tant qu'il part, lui, de la pure positivité du *DaB*, même si, croyant pouvoir en déduire logiquement les conséquences, il rechute dans la négativité.

du proprement impensable. C'est en ce point, très exactement, que la Révélation commence son office.

Dieu, au-dessus de toute saisie et de toute pensée, pourtant, se révèle, se manifeste, s'ouvre. À partir de son statut « dérivé », l'histoire de l'Absolu entreprise dans les *Âges du monde*, débouche en toute rigueur sur une pensée de la révélation, thématisée comme déploiement d'un vouloir de l'Absolu. Double statut du génitif : il s'agit évidemment ici de la volonté du Dieu transcendant, mais la structure de l'extase emporte une véritable isomorphie de la sortie de soi, comme création et comme existence. L'existence ou l'expérience est le médium spatio-temporel au sein duquel se déploie l'Absolu où s'existe, s'extasie le prius inconceptualisable, le maître de l'être, le supra-étant. La « même » volonté caractérise la révélation ou la décision au sens existentiel, avec le même reste, le même écart et la même rétention. La révélation comme devenir-manifeste d'un caché dans la volonté n'est, chez Schelling, jamais intégrale. Le concept hégélien de révélation comme autorévélation consiste en une manifestation de la vérité dans l'effectivité, laquelle parvient à son terme, à son but, dès lors que le caché est entièrement devenu manifeste, dès lors que l'esprit réassemble chez soi et en totalité la multiplicité des manifestations où il s'était provisoirement perdu. La révélation schellingienne est au contraire aimantée par les notions de liberté et de volonté, par où il est impossible de parvenir jamais à une équivalence, à une équation produite dialectiquement de Dieu et de l'être (au sens où, une fois révélé de bout en bout, il apparaît que ce qui s'est révélé, c'est l'être lui-même en totalité). Pas de Révélation sans Reste de la Révélation, voilà Schelling. C'est dans cet écart que quelque chose du rapport entre philosophie et religion a chance de se laisser penser tout autrement que sur le modèle du dépassement de celle-ci dans celle-là ou de l'exhaussement de sa simple représentation dans la majesté du concept.

LES TEMPS DE L'HISTOIRE[1]

Dans sa thèse inédite consacrée à Schelling, *Das Absolute und die Geschichte*, Jürgen Habermas faisait le constat suivant : « comparée à celle de Hegel, la compréhension de l'historicité est plus essentielle chez Schelling »[2]. L'examen de la comparaison ainsi suggérée excède les limites de cette présentation. S'il est évident que la philosophie hégélienne de l'histoire n'est ni un dogmatisme méta-historique ni une théologie déguisée qui figerait l'effectivité sous une idéalité dialectique et rationnelle, une question délicate demeure entière que Schelling touche avec acuité, la question du rapport entre histoire et temps. Pour fonder l'intelligibilité de l'histoire, Hegel part de l'éternité de l'Idée, de l'intemporalité du processus logique. Pour concevoir l'histoire, il lui faut donc se soustraire en pensée au temps. Les structures de l'historicité sont ainsi déterminées comme intemporelles, elles-mêmes « anhistoriques » en quelque sorte. Pour surprenante que puisse sembler l'audacieuse proposition habermassienne à qui aura pris l'hégélianisme au mot, elle atteste une grande perspicacité de lecture et son auteur en élucidera un peu plus tard les principaux motifs dans *Théorie et pratique*[3]. C'est cette profonde « compréhension [schellingienne] de l'historicité », dont la densité tient à la tenace analytique de la relation temps / histoire, qui est trop souvent méconnue ou distordue. C'est elle qu'il importe de restituer dans son

1. *L'histoire*, G. Marmasse (dir.), Paris, Vrin, 2010.

2. *Das Absolute und die Geschichte. Von der Zwiespaltigkeit in Schellings Denken*, Bonn, Gummersbach, 1954, p. 12. *Cf.* également p. 203 : « la pensée de Schelling est plus historique que celle de tous ses contemporains » au sens où « elle comprend la vie de tout étant depuis l'horizon de l'historicité de l'homme ».

3. *Théorie et pratique*, Paris, Payot, 1975, p. 187-240.

ampleur et sa portée en en suggérant au moins allusivement les multiples descendances.

La plupart des grands commentaires de l'œuvre de Schelling s'accordent jusque dans leurs titres à considérer que la relation de l'histoire et de l'Absolu constitue transversalement « le problème schellingien par excellence »[1]. Il est remarquable que, dès 1798, Schelling s'interroge sur le statut théorique d'une « philosophie de l'histoire » et conclut à son « impossibilité » : « si l'homme ne peut avoir d'histoire qu'en tant que celle-ci n'est pas *a priori* déterminée, il s'en suit qu'une histoire *a priori* est en soi contradictoire et, si une *philosophie de l'histoire* n'est rien d'autre qu'une science *a priori* de l'histoire, il s'en suit donc également *qu'une philosophie de l'histoire est impossible* »[2]. Il est non moins frappant que le *Système de l'idéalisme transcendantal* de 1800, fait de l'histoire un objet majeur de la philosophie transcendantale – comme si l'impossibilité d'une *philosophie* de l'histoire non seulement n'empêchait pas mais obligeait au contraire toute *pensée* à affronter l'histoire dans sa dimension de structure constitutive de l'être absolu, de révélation inachevable de l'absolu. Schelling est ainsi le premier à l'intégrer thématiquement dans l'idéalisme classique. Il est le penseur qui, dans sa philosophie des *Âges du monde*, porte la réflexion sur l'absolu historique à un degré de très haute intensité spéculative, jusqu'au point même où l'articulation en tension extrême de l'absolu et de l'histoire fait vaciller, voire s'effondrer, l'édifice des *Âges*. Quant à sa dernière philosophie, elle s'autodétermine en entier comme une philosophie « historique ». Encore faut-il s'entendre sur les mots. Il est donc requis de clarifier l'usage ou les usages des termes histoire, historique, historicité dans la philosophie de Schelling. On pourrait sans doute le faire en en retraçant les avatars et le cheminement sinueux mais cohérent depuis les premiers textes jusqu'à la dernière philosophie ou encore en statuant sur leur fonction depuis « l'échec » des *Âges du monde*, comme le tente Habermas. Il semble cependant préférable d'envisager la question de l'histoire depuis le point de vue de la dernière philosophie. D'abord parce que son promoteur la qualifie lui-même, on l'a dit, d'historique de part en part. Ensuite parce qu'elle offre le dernier état d'une pensée qu'on ne saurait saisir hors de son propre devenir et de la dynamique qui la pousse sans cesse à différer son « dernier mot ».

Il faut commencer par rappeler que la *Spätphilosophie* s'efforce de faire correspondre sa « positivité » avec son caractère « historique », tel que

1. X. Tilliette, *Schelling, une philosophie en devenir*, I, Paris, Vrin, 1969, p. 51.
2. *SW* I, p. 473.

Schelling l'avait déterminé dans son enseignement des années munichoises, et d'en fournir une complète intelligence. La philosophie positive, philosophie de la mythologie et de la révélation, est historique et son contre-point se marque dans le rapport à la philosophie négative, dite, elle, logique ou purement rationnelle et en tant que telle « anhistorique ». Qu'est-ce qui est historique dans la philosophie positive ? Le cours de Munich de 1830 cerne expressément cette difficulté. Il s'agirait en effet, explique Schelling, d' « écarter les éventuels malentendus » sur « cette désignation d'historique [qui] pourrait facilement être mal comprise »[1]. Cet éclaircissement fait l'objet d'une reprise explicite entre les leçons IV et V, d'une séance à la suivante donc, certainement en réponse à l'objection d'un auditeur. Schelling suggère qu'il lui faudra peut-être finalement abandonner l'expression de « philosophie historique » et la « remplacer » par celle de « philosophie positive ». Ce qu'effectivement il fera tendanciellement si on compare la fréquence des occurrences des deux qualificatifs, mais, notons-le, l'expression de « philosophie historique » ne disparaît jamais. Schelling, de fait, n'y renonce nullement (« celle que nous tenons toujours à nommer encore philosophie historique »[2]). L'argument formel de l'*Introduction* de 1830 sera repris et synthétisé de façon ramassée dans une longue note de l'*Introduction de Berlin* de 1841[3]. Essayons d'en récapituler les articulations, telles qu'elles se construisent, dans les deux exposés, à partir de délimitations négatives.

Comme y invite Schelling, il convient de bien comprendre tout d'abord ce que n'est pas et ne peut signifier « historique » dans l'expression « philosophie historique » en tant que celle-ci, c'est-à-dire la philosophie positive, se contredistingue de tout savoir des seules nécessités internes à la sphère de la pensée. Pour cette raison, cette « philosophie historique » ne saurait être une *histoire de la philosophie* qui suivrait la succession chronologique contingente des systèmes[4]. Qui se contente de penser sur la pensée en la saisissant dans un processus qui lui confère l'apparence d'une nécessité cesse par là-même de penser[5]. Il ne faut pas davantage prendre la « philosophie historique », dit ensuite Schelling dans la note de 1841, pour une « *philosophie de l'histoire* », ce qui, ajoutait-il lapidairement à Munich, va encore plus de soi, par où se retrouve selon une belle constance l'argument

1. *Intro1830*, p. 32.
2. *Ibid.*, p.32, p. 37.
3. *PhiRév I*, p. 164.
4. *Intro1830*, p. 36.
5. *Ibid.*, p. 38.

de jeunesse sur l'impossibilité d'une philosophie de l'histoire. Elle n'est pas non plus un *savoir* qui procèderait de la seule révélation et renoncerait aux instruments de la raison. Ni « histoire de la philosophie », ni « philosophie de l'histoire », ni « philosophie subjective ». Alors quoi ? Ce qui fait que la philosophie positive est historique, ce n'est pas le mode de traitement, à vrai dire, mais son objet même, ce n'est pas le « mode du savoir », mais son « contenu », comme écrit Schelling dans la note berlinoise. Une philosophie n'est pas « historique » parce qu'elle traite d'un objet (elle-même ou la religion ou l'histoire universelle) dans la modalité génétique de l'exposition progressive. Pas davantage parce qu'elle s'abolirait dans un matériau « immédiatement historique » en abdiquant purement et simplement sa rationalité opérative. Il y a philosophie ou explication « historique » dès lors que le monde et les choses singulières sont envisagés à partir d'une liberté en acte et non déductivement à partir d'une essence intemporelle et éternelle [1]. Une philosophie qui chercherait à montrer que l'être ne peut être trouvé qu'à condition d'admettre « quelque chose de positif, la volonté, la liberté, le fait » [2] et de « *se diriger vers quelque chose d'extérieur* » [3], pareille philosophie serait celle qui suit « la voie historique » [4]. Schelling prend ici en vue rétrospective le basculement qui s'est joué dans son propre parcours philosophique, soit dans sa philosophie médiane, le passage d'un primat de l'ontologique à une subordination à l'historique, de l'anhistoricité de l'essence, le *quid*, à l'explication par l'acte et par l'événement, le *quod*.

Les trois « malentendus » évoqués dans la note berlinoise et leur attendu descriptif, l'extériorité comme direction de la volonté, demeurent assez flous dans l'*Introduction* de 1830. En 1841, en revanche, leur élucidation est considérée comme acquise et, du coup, simplement pointée. Pour en trouver une exposition plus précise, il faut se reporter à la leçon X de *l'Introduction historico-critique à la philosophie de la mythologie*, très probablement postérieure à 1830, puisque la version dont nous disposons a fait l'objet d'un enseignement donné à Berlin jusque dans les années 1845-1846, avec les révisions et les incessants remaniements dont Schelling était familier.

1. Dans la note de 1841, Schelling prend la philosophie de Spinoza pour le meilleur exemple d'une philosophie « anhistorique ».

2. *Intro1830*, p. 37.

3. *Ibid.*, p. 38 (c'est moi qui souligne).

4. *Ibid.*, p. 30.

Qu'en est-il tout d'abord de la « philosophie de l'histoire » (sur laquelle l'*Introduction* de 1830 passait très vite en se contentant de préciser qu'il allait de soi que la philosophie historique n'était pas une philosophie de l'histoire) ?

Dans l'*Introduction historico-critique*, après avoir rappelé que ce sont les Français puis Herder qui ont assuré la fortune de l'expression, Schelling avoue une sorte de perplexité quant à ses présupposés. Parler de philosophie de l'histoire, c'est « définir l'Histoire comme un tout »[1]. Or, objecte-t-il pour commencer, c'est un tout qui n'est pas tout puisque l'avenir n'en fait pas partie d'une part et que, d'autre part, ce tout a le plus grand mal à savoir lui-même où il commence. L'Histoire telle que l'envisage la philosophie de l'histoire est donc un tout qui ne commence ni ne finit nulle part, sans début ni avenir, « un tout (qui) progresse à l'infini, dépourvu de limites et donc de sens, un progrès sans arrêt et sans pause »[2]. Lui fait essentiellement défaut une véritable connexion des temps, un « système » des temps – défaut que Schelling a constamment considéré comme le point aveugle et la « mauvaise conscience » de la « métaphysique vide ». Cette Histoire serait-elle du moins, dans ses contenus et ses objets, le « tout » du passé, une formation close et empiriquement observable ? Ou bien ne contraint-elle pas à considérer le passé lui-même sur le modèle de cette progression indéfinie, sans arrêt ni pause ? Qu'en est-il par exemple de la distinction usuelle entre le temps historique et le temps préhistorique ? Emporte-t-elle chez les historiens qui l'utilisent une différence d'essence, laquelle permettrait alors de produire des délimitations temporelles, des définitions effectives entre un temps proprement historique et un autre temps, un temps autre qu'historique ? Pourrait-on alors tracer une frontière réelle entre les deux temps ? Attentif à l'usage habituel aux historiographes, Schelling constate qu'il n'en est rien. La distinction entre l'historique et le préhistorique s'établit de façon toute triviale à partir d'une différence contingente. Le temps historique dont parlent les historiens, c'est tout simplement celui dont nous pouvons savoir quelque chose ; le temps préhistorique, celui dont nous ne savons rien. Schelling s'amuse au passage de l'embarras où sont plongés les rédacteurs des grandes Histoires universelles encyclopédiques qui ne savent jamais où et par où commencer et ne peuvent donc jamais parvenir à un accord sur le point de départ. Une rectification essentielle s'imposerait donc ici qui procèderait d'une stricte discrimination entre « savoir tout ce qui s'est passé » et « entendre quelque

1. *PhiMytho*, p. 225.
2. *Ibid.*, p. 226.

chose à l'histoire proprement dite »[1], à laquelle Schelling a toujours tenté de se tenir. Le temps préhistorique, il faudrait le nommer préhistorial ou préhistoriographique (*vorhistorisch*) et non pas préhistorique (*vorgeschichtlich*) puisqu'il n'est strictement rien de non-historique. C'est bien d'un même temps dont il s'agit en effet avec la préhistoire et l'histoire des historiens. Il n'y a rigoureusement aucune différence interne, de contenu, entre les deux temps supposés, un temps qui serait rempli d'événements (*geschichtlich*) et un temps où jamais rien ne se serait passé, un temps d'avant tout événement (*vorgeschichtlich*). La fragilité des documents et des archives, la contingence radicale des modalités de leur attestation, leur crédibilité plus ou moins avérée, y compris pour le temps historial, règlent seules l'arbitraire d'une fausse différence.

Mais cette différence ne ferait-elle pas néanmoins *symptômalement* sens, tout autrement cependant que par la présence à elle-même de l'histoire, son *Geschehen* selon la définition hégélienne (*die Geschichte ist was geschieht*) ? Il y aurait, dit Schelling, une différence plus ou moins sue et un préjugé plus ou moins avoué qui travailleraient l'inconscient des historiens : « les événements du temps préhistorique seraient insignifiants alors que ceux du temps historique seraient significatifs », selon une inversion du déductif et de l'inductif caractéristique de la science historique. Or, pour une pensée comme celle de Schelling, c'est pratiquement l'inverse qu'il faut très minutieusement prendre en considération. Ce qui « recèle les processus les plus significatifs », c'est justement « cette contrée inconnue, cette région inaccessible à l'histoire, dans laquelle se perdent les sources ultimes de toute histoire (*Geschichte*) » et qui est comme « l'enfance d'un individu historial »[2] – l'enfant étant « le père de l'homme » selon la formule déjà « freudienne » de Wordsworth, parfaitement conforme à la ligne de pensée développée par Schelling. Et si l'on tient, à tout prix et pour ne pas contrevenir au « grand et sacro-saint principe du progrès continu de l'espèce humaine », à se mettre en quête d'une direction, d'un sens, d'une progression, ils ne cheminent pas germinativement comme le croient et le sens commun et les philosophies de l'histoire, « du petit au grand ». C'est au contraire « le gigantesque qui constitue le commencement »[3].

1. Cf. *Les Âges du monde*, trad. fr. P. David, Paris, P.U.F., 1992, p. 15 (c'est-à-dire à l'histoire « propre », dans son historicité même).

2. *PhiMytho*, p. 227.

3. *Ibid.*, p. 233 – les deux grandes figures de ce « gigantesque » du commencement étant, selon Schelling, l'homérique et le biblique.

S'avère ici un premier trait fondamental de la pensée schellingienne de l'histoire et de l'historicité. Il s'agit pour Schelling de « concevoir l'historique en tant qu'historique » [1]. Cet enjeu, souvent rappelé avec une certaine gravité, est philosophiquement articulé autour de la question du *commencement* et de son statut, c'est-à-dire du rapport entre histoire et temps, entre historicité et système des temps. Il s'explicite par ailleurs depuis le thème de l'*événement* en tant qu' « effectivité absolue antérieure à toute possibilité, effectivité qu'aucune possibilité ne précède », intraitable par une quelconque science *a priori* puisque rapportée à son « exister imprépensable » [2]. On peut considérer que ce même enjeu est articulé architectoniquement dans la dernière philosophie autour de la place d'une philosophie de la mythologie comme « la partie la plus nécessaire et la plus incontournable » d'une pensée de l'Histoire [3] et de son historicité, à inventer ou à construire depuis l'imprépensable ou l'immémorial (*unvordenklich*), le « gigantesque », qui en commande l'accès significatif. Il faudrait alors détailler quelques éléments saillants de la philosophie de la mythologie proprement dite. On se contentera de rappeler un seul point : le mythe, pour Schelling, n'est rien de mythique. Il est historique, non pas parce qu'il contiendrait des faits historiquement vérifiables, mais en tant qu'*il a effectivement été* en tant que mythe. Il est donc lui-même contenu de l'histoire. L'histoire contient les mythes. Par là est posée l'obscure question de son commencement. Bien que Schelling ne fasse pas toujours clairement cette distinction, le commencement (*Anfang*) ne se confond pas pour lui avec l'origine (*Ursprung*). Comme les noms l'indiquent, le commencement signifie le moment d'une prise, d'une césure et d'une saisie [4], que la « plate et médiocre philosophie de l'histoire » [5] est incapable d'apercevoir comme question. L'origine n'est pas constructible comme peut l'être le commencement dans la philosophie de la mythologie. Elle est un prime saut dont le mythe lui-même sort et d'où il procède. Proprement immémoriale, elle est avant tout commencement. Munis de ces quelques éléments et depuis leur élucidation, nous pouvons mieux revenir à la

1. *PhiRév III*, p. 54 (*SW*, XIV, p. 33 : « *es kommt darauf an, das Geschichtliche als Geschichtliche zu begreifen* »).

2. *PhiRév II*, p. 111.

3. *PhiMytho*, p. 232.

4. « Comme le mot *Anfang* l'indique, le [commencement] ne peut consister en une donation, en une profération ni en une communication de soi, mais seulement en une prise, un rapt, une attraction » (*Les Âges...*, éd. cit., p. 253). C'est exactement en ce sens que LaBruyère pouvait écrire que « l'amour commence par l'amour ».

5. *PhiMytho*, p. 232.

symptômatologie schellingienne de l'histoire historienne et à sa conclusion positive.

Si la différence du temps « historique » et du temps « préhistorique » n'est guère intelligible selon la simple distinction externe inscrite, si l'on peut dire, dans un seul et même continuum temporel et si cette homogénéité du temps ne permet pas que soit pensée radicalement ladite différence – et tel serait au fond le préjugé foncier de toute philosophie de l'Histoire –, si par ailleurs elle détient une signification réelle, de quelle nature peut-elle bien être ? On aurait affaire, explique Schelling, à deux temps essentiellement différents *c'est-à-dire* discontinus. Le contenu du temps préhistorique, c'est la *krisis*, le passage, la séparation différenciante, lesquels manifestent les mouvements de la conscience théogonique (« genèse des théologies ») et ethnogonique (« la séparation de l'humanité en peuples ») [1]. Ce temps préhistorique est donc rempli d'événements, il est par conséquent aussi historique ou « signifiant » que le temps historique stricto sensu. Ce n'est donc pas cela qui fera la différence. Ce par où le temps historique se distingue essentiellement du temps préhistorique (mais on commence à voir que les superpositions ne coïncident plus, Schelling les fait considérablement bouger et les dénominations sont désormais brouillées), c'est qu'à partir de lui l'engendrement, le processus de séparation, prend figure d'engendré, de produit étant-là. En ce sens précis, la mythogonie appartient au passé. On n'a donc nullement à faire à un temps illimité que l'historiographie pourrait à sa guise séquencer et segmenter selon le « degré de culture », comme raille Schelling [2]. Au contraire, « *il y a des temps effectivement et intérieurement différents les uns des autres dans lesquels l'histoire se compose et s'articule* » [3]. Le temps propose, l'histoire dispose, en quelque sorte. Le temps dit historique reçoit ainsi une détermination, c'est-à-dire un « type » et une « loi » qui sont tout autres que le type et la loi du temps dit préhistorique. À son tour, ce temps préhistorique, déterminé lui-même par cette contre-détermination (ce qui oblige Schelling à l'appeler « relativement préhistorique »), s'adosse à quelque chose qui serait de quelque façon un *temps non-temps* [4], « absolument préhistorique », « temps de la complète immobilité historique », ne

1. *Ibid.*, p. 228.
2. *Ibid.*, p. 233.
3. *Ibid.*, p. 228 – c'est moi qui souligne.
4. Cette expression n'est pas de Schelling, je l'emprunte à Rosenzweig, un penseur dont l'affinité avec le présent propos schellingien est tout à fait patente. *Cf.* G. Bensussan, *Dans la forme du monde*, Hermann, 2009, chap. VIII (« Rosenzweig, Schelling et l'histoire »).

connaissant « aucune vraie succession de temps », « temps absolument identique », « éternité relative », « sorte d'éternité » [1].

Une fois établi, donc, que le concept de *Geschichte* est plus « étendu » que celui d'*Historie*, que l'histoire historique n'est pas toute dans l'histoire historiale, le schéma proposé par Schelling distingue entre trois temps : 1) le temps absolument préhistorique, temps d'avant toute histoire, aussi bien historiale qu'historique ; 2) le temps relativement préhistorique qu'il suggère d'appeler préhistorial, temps des différentes « – gonies », temps historique *lato sensu* ; 3) le temps historique ou historial enfin, temps historique *stricto sensu*.

Quelle que puisse être la discussion sur les attendus, les modes et le tracé de cette découpe, force est de relever l'incontestable fécondité de l'analyse schellingienne des structures de l'historicité. C'est là, à vrai dire, que réside la compréhension « plus essentielle » que celle de Hegel qu'elle emporte selon le jeune Habermas. Il semble même d'ailleurs que Schelling ait été le co-inventeur du terminus « *Geschichtlichkeit* », historicité, ou en tout cas celui qui en assura les premières circulations effectives [2]. Cette « *tendance à l'historique* », Schelling, dans les années 30, a cru lui-même pouvoir rétrospectivement la discerner dans toute sa production philosophique passée et dans ce qui aura été sa façon la plus originale de philosopher [3].

En tranchant comme elle le fait *selon des qualités temporelles*, la pensée schellingienne de l'histoire atteste encore cette « tendance ». C'est ce tranchant qui lui confère ce cachet d'historicité singulier et la porte à une vraie rupture avec les représentations d'un temps linéaire et homogène qui serait le temps indifférencié parcouru par l'Histoire, un temps illimité pour une histoire temporellement indéterminée. Au contraire, le temps historique doit être inséré et pensé dans ce que les *Âges du Monde* nommaient un « organisme » ou un « système des temps ». Il est clair qu'on peut différencier plus spécifiquement et autrement que ne le fait Schelling, mais ce qui importe, c'est la clé de l'organicité des temps et la direction qu'elle ouvre à la pensée de l'histoire sous la « dictée du temps ». Chaque temps envisagé est délimité par un temps qui non seulement le précède ou le suit

1. *PhiMytho*, p. 229 et p. 230. Schelling renvoie dans cette page 230 à l'hébreu *olam*, temps-monde, *Weltalter*.

2. Voir l'excellent *Schelling. De l'absolu à l'histoire* de P. David, Paris, P.U.F., 1998, p. 5, n. 1, et p. 103 *sq*.

3. *CHPM*, p. 110 : « Mes premiers pas en philosophie révélaient déjà la tendance à l'historique » (*SW*, X, 94 : « *so verriet sich schon durch meine ersten Schritte in der Philosophie die Tendenz zum Geschichtlichen* »).

cumulativement, mais le contracte, le révoque, le surcharge. Dans ce jeu de forces temporelles, les temps de l'histoire sont des temps proprement différents, historiquement distincts les uns des autres. Il y a donc des temporalités historiques différentielles adossées elles-mêmes à l'immobilité d'une sorte d'éternité mythogonique, ethnogonique et theogonique. L'histoire se détache en tant que telle, comme histoire, sur un fond immémorial de non-historicité qui la rend possible et effective. L'enquête historique devra donc pour sa part se montrer attentive à la profonde discontinuité des scansions inégales auxquelles elle a affaire. Elle pourrait alors envisager une typologie des rapports entre ces temps hétérogènes, ou tel ou tel d'entre ces temps, et leur arrachement au fond de quasi-éternité qui les supporte. Ces rapports qualifieraient alors une articulation singulière, spécifique et à chaque fois différente, entre l'inscription dans un temps historique donné et le mode particulier d'habitation de la temporalité qui caractérise les cultures, les religions, les civilisations.

À partir de la distinction entre historicité ou histoire historique (*geschichtlich*) et historialité ou histoire historiale (*historisch*) et à partir aussi de la différence qualitative entre histoire proprement dite et préhistoire « critique » (au sens où la *krisis* y préside à la mythogonie), Schelling propose de lire l'histoire elle-même, *lato* et *stricto sensu*, de façon stratifiée. L'histoire « ordinaire » (*gemein*), phénoménale, externe, serait en fait comme travaillée en son cœur par une histoire « propre » (*eigentlich*), comme on peut lire dans les *Âges* [1], ou encore supérieure, « suprême » [2], interne, par une « histoire supra-historique » selon l'étonnante formule de la *Philosophie de la Révélation* [3]. À certains égards, cette lecture éclatée de l'histoire fait écho, à quelque quarante ans de distance, à certaines thématisations qu'on peut trouver dans le *Système de l'idéalisme transcendantal*, en particulier à cette idée remarquable d'un « progrès anti-historique ». Il s'agissait alors, en 1800, et nonobstant de saisissantes différences, de conjoindre productivement deux choses. D'une part, le concept d'histoire inclut le concept d'une progressivité infinie car il ne peut y avoir d'histoire humaine que sous la condition qu'un idéal fasse l'objet d'une transmission, moyennant « des écarts en nombre infini » dans la réalisation de cette transmission. D'autre part, cette progressivité, étant donné ce qu'elle est (infinie en droit) et conformément à la nature de la transmission

1. *Les Âges du monde*, éd. cit., p. 15.

2. *PhiRév II*, p. 41. *Cf.* J.-F. Courtine, « Histoire supérieure et système des temps », dans *Extase de la Raison*, Paris, Galilée, 1990, p. 237-259.

3. *PhiRév III*, p. 56.

(infinité de fait des écarts), « n'autorise nulle conclusion allant dans le sens d'une perfectibilité infinie de l'espèce humaine » [1]. Dans ces formulations de 1800, il faut lire des tentatives, tâtonnantes peut-être, pour essayer de penser l'histoire tout autrement que sous le modèle matriciel des philosophies de l'histoire, ce que les théorisations ultérieures chercheront à étayer et confirmer. On peut remarquer en passant que, dans un texte de 1837, *Die heilige Geschichte der Menschheit*, un penseur comme Moses Hess – qu'on range trop hâtivement parmi les Jeunes-Hégéliens – propose, selon une intuition voisine de la suggestion schellingienne, de lire les événements historiques selon une double grille « interne »/« externe » qu'il détermine, lui, comme un rapport du latent (les déterminations vécues du réel social) au patent (leurs réalisations par défaut) [2].

On peut tenter une première récapitulation de l'apport schellingien. Si elle demeurait coupée de sa relation à « l'histoire interne », « l'histoire externe » [3] stagnerait dans une sorte de mouvement aveugle, dans un simulacre ignorant de la signification des processus qu'il met au jour. Les événements qui structurent l'histoire externe ou ordinaire, s'ils restaient coupés d'un rapport au supra-historique, d'une relation à une extra-historicité historique, comme dira Rosenzweig, ne seraient qu'égrenés à perte de vue, enchaînés causalement les uns aux autres, sans possibilité d'être déliés de cette concaténation. Ils se figeraient dans « l'ombre dure » de l'histoire (Péguy). Au fond, les sensibilités historiques les plus fines seraient celles qui se montreraient capables d'échapper à l'illusion d'une pure immanence de l'histoire à elle-même. Penser quelque chose d'historique comme relevant aussi d'un au-delà de l'histoire (un supra- ou un extra-historique), d'une « histoire mystique » (M. de Certeau), c'est rappeler l'impossibilité stricte, autant ontologique que gnoséologique, d'une immanence absolue. On voit bien en revanche que l'histoire déterminée dans un rapport constitutif à une extériorité n'est pas *Historie*, masse accumulée d'événements qui se sont passés et qui se cristallisent en passé

1. *Système de l'idéalisme transcendantal*, trad. fr. Ch. Dubois, Louvain, Peeters, 1978, p. 588 et p. 592 (*SW*, III, p. 225 et p. 229).

2. *Philosophische und sozialistische Schriften*, éd. A. Cornu et W. Mönke, Berlin, Akademie-Verlag, 1961. On retrouve encore cette intuition chez Ernst Bloch, le « Schelling marxiste » (Habermas), avec le concept de non-contemporanéité (*Héritage de ce temps*) et avec la thèse d'une structuration de l'histoire par l'intervention alternée de temporalités différentielles (*L'esprit de l'utopie*).

3. Schelling lui-même écrit dans un brouillon des *Âges* : « les monuments de *l'histoire interne* sont la principale source de *l'histoire externe* » (*Les Âges...*, éd. cit., p. 258 – souligné par moi).

historique (ce que l'historiographie ou l'histoire historiale retrace en tant que discipline légitime du savoir). L'historicité schellingienne, surdéterminée dans l'idée d'une historicité supérieure telle que l'autorise le renouvellement de sens du terme « historique », désigne quelque chose qui se donne aux hommes depuis une extériorité ou une altérité, quelque chose par conséquent qu'il leur faut proprement endurer. C'est pour cette raison que l'histoire demeure réfractaire à la dimension de l'*a priori* et qu'une philosophie de l'histoire est impossible puisqu'aucune doctrine ne pourra jamais prévoir les actions des hommes.

Que sont les contenus précis de l'historicité supérieure schellingienne et que recouvre l'invention de ce concept et de ceux qui se constellent à lui (commencement de l'histoire, différentialité des temps, rapport de l'histoire à l'historialité, extériorité, non-immanence) ? C'est le christianisme qui, pour Schelling, représente et plus précisément *incarne* l'entrelacs, le lien et le lieu où les deux histoires, dans l'Incarnation justement, s'enchevêtrent et s'entre-réalisent. Pourquoi cette attache profonde, marquée, entre christianisme et historicité supérieure, entre christianisme et philosophie historique – la philosophie de la Révélation, partie de la philosophie positive, décrivant elle-même une histoire supérieure, trans- et supra-historique ?

Tout d'abord parce que la philosophie de la Révélation en son ensemble prend en vue un avenir où se jouent des événements qui mettent en scène Dieu lui-même (création, chute, révélation, incarnation, rédemption) et son « histoire ». Mais elle n'est pas pour autant une « philosophie chrétienne », pas plus qu'une « philosophie révélée » ou une « philosophie religieuse ». Les explications de Schelling sur ce point sont rigoureuses [1]. À travers elles s'esquisse une double opération théorique d'*historicisation*. D'une part, la Révélation désigne un débord radical du concept, « elle contient quelque chose qui dépasse la raison et qui est plus que ce que la raison contient » [2]. D'autre part, pour être ainsi pensée, la Révélation doit faire l'objet d'une extension par rapport aux « fondements historiques [qu'elle] a eus en partage jusqu'à présent » et cet élargissement passe par « la médiation historique du fait » [3]. Ce débord du concept et cette extension par la facticité du fait, qui emporte elle-même « une extension de la philosophie au-delà de ses bornes actuelles » [4], sont les deux traits dominants de ce que Schelling

1. *Phi I*, p. 158 *sq*. Cf. *supra*, p. 191 *sq*.
2. *Ibid.*, p. 168.
3. *Ibid.*, p. 169.
4. *Ibid.*, p. 170.

qualifie d'« historique ». La philosophie de la Révélation, ni religieuse, ni chrétienne, ni révélée, ni édifiante, est bel et bien en revanche une *philosophie historique*. Le christianisme lui-même, en tant que tel, est dit « vision historique de l'univers », « religion éminemment historique » – le « concept » de l'un fournissant le « concept » de l'autre [1]. À quel titre ? Essentiellement parce que le christianisme vient rejouer l'archi-événement de l'expulsion du paradis. L'épisode de la Genèse signifie pour Schelling la mise en mouvement inaugurale du processus proprement historique, la propulsion de l'histoire elle-même. Et il a d'ailleurs toujours saisi et pensé cet épisode de l'expulsion comme un philosophème capital. Le christianisme ébranlerait une deuxième fois le fond créationnel, il répèterait un acte immémorial, par où s'inaugurerait la série des événements qui en sortent. Cette sortie, c'est l'histoire autorisée et en quelque sorte portée sur les fonts baptismaux par la répétition chrétienne. Le christianisme impliquerait du coup une différence décisive : en lui s'effectuerait une « identité du doctrinal et de l'historique » : « ce serait une mauvaise explication du christianisme, une suppression complète de ce qui lui est propre, que de vouloir distinguer le doctrinal et l'historique et considérer seulement le premier comme l'essentiel, le contenu propre, mais l'historicité comme une simple forme ou un revêtement. L'historicité n'est pas quelque chose de contingent pour la doctrine, elle est la doctrine même » [2]. La boucle est comme bouclée : la Révélation, c'est l'historicité même en tant qu'elle excède le concept et contraint la pensée à s'élargir au-delà d'elle-même. Le christianisme effectue en quelque sorte ce principe en abolissant l'essentialité du « doctrinal » en son entier dans une histoire « supérieure » – où l'Incarnation et la kénose, en donnant sens aussi bien au prophétisme juif qu'au libre esprit grec, ouvrent l'avenir à sa propre puissance.

L'historique, ici, dans son opposition au doctrinal et dans son assignation à tout autre chose qu'une simple contingence, désigne bien un mode de pensée, l'exercice « positif » de la philosophie, très radicalement distingué de la façon logique ou purement rationnelle d'envisager le monde. Quel est en effet, aux yeux de Schelling, le trait le plus accusé de la philosophie « négative » ? C'est de bannir tout élément historique de son explication du monde, de rapporter l'existence de ce monde à ses conditions de possibilité telles que rassemblées par et sous le concept et d'en déduire logiquement le monde lui-même – soit, bien sûr, le monde à l'envers des philosophies *a priori*. « Rationaliser », c'est tout bonnement

1. *PhiRév II*, p. 41 – comprendre (*begreifen*) le christianisme, c'est comprendre l'histoire.
2. *Ibid*.

«exclure [tout] contenu historique»[1]. L'indépassable exemple d'une procédure « négative » de ce genre en philosophie demeure, on l'a indiqué, le *mos geometricus* spinozien, lequel déduit le monde comme on peut déduire les propriétés d'un triangle.

Si en revanche la philosophie positive peut à bon droit être dite historique, si pour elle, doctrinalement, l'historicité précède toute déduction et toute hypothèse rationnelle, c'est avant tout parce qu'elle s'oriente principalement sur le fait, l'acte, l'événement, le *quod* ou le *dass* en tant qu'ils ne se laissent pas appréhender *a priori* dans l'élément d'un penser. Le monde existe selon un constat immédiat et empirique, en tant que réalité précédant effectivement et «historiquement» toute possibilité logique. Il existe comme événement historique et pratique – le second terme renvoyant jusqu'à un certain point au premier. Le projet de la philosophie positive est de quelque façon issu de l'empiricité affirmée, posée positivement, de ce constat.

On peut le rapprocher de ce qu'évoque Schelling du travail de l'artiste, lequel aurait toujours à « saisir ce qui advient », à restituer quelque chose des événements du monde toujours-déjà là, « une église, une cuisine, une grande action héroïque» – alors que la philosophie (négative) aurait toujours à «produire» dans l'après-coup de l'événement[2]. Ainsi, la philosophie de la mythologie constituerait le fond où l'identité du doctrinal et de l'historique est déjà mise en évidence et la philosophie de la Révélation prendrait en charge cette identité en la mobilisant, au sens où elle est irruption d'un « monde nouveau de mobilité » [3], irruption d'un mouvement sur fond de cet imprépensable sans lequel il n'y aurait même pas d'histoire. L'historicité, pour Schelling, c'est en quelque sorte ce *rapport de dérivation* entre un fond, ou un absolu, et ses suites, ses conséquences. « -Gonie » nomme très précisément ce rapport : la mythologie n'est pas une *Götterlehre*, une *doctrine* des dieux ou une théologie, mais une *Göttergeschichte*, une *histoire* des dieux ou une théogonie relevant d'une auto-élucidation. *Il y a histoire* (de l'Absolu, du Dieu en devenir), dès lors qu'est donné lieu à une explicitation de l'être, à un dépliement de ses conséquences temporelles. Le fond fonde en même temps que la possibilité d'une histoire la succession elle-même, ou plus exactement le principe temporel qui permet cette possibilité. Le fond assure un passé puisqu'il vient avant le fondé qu'il fonde. Par lui, « un sujet peut être posé à la fois

1. *Ibid.*, p. 40.
2. *PhiRév II*, p. 46.
3. *Ibid.* p. 242.

comme étant ceci et ayant été cela, c'est-à-dire comme possédant une histoire » [1]. Par lui, donc, l'humanité en son entier possède une histoire.

Cette histoire est recréation permanente du temps et éclatement de ses dimensions. Avoir une histoire, c'est donc, pour les hommes, être confronté à la question de leur liberté [2], à l'épreuve de leur finitude, depuis l'infini du fond qui l'excède. La distinction entre l'histoire « ordinaire » et l'histoire « supra-historique » est donc aussi bien une relation : la dérivation depuis le fond, l'exercice d'une liberté depuis l'absolu, l'action depuis le manque à être. Ainsi considérée, elle permet une ouverture particulière aux phénomènes de l'histoire empirique. Dans ses multiples implications, parfois inattendues, la pensée de l'histoire qu'elle articule permet de penser *à la fois* l'action consciente et projective des hommes et l'opacité profonde, insondable, de ses effets. Comme le dit Schelling à propos de l'art en tant que pratique [3], on pourrait poser qu'il y a dans les sujets historiques *un moi* qui serait *conscient selon la production* mais *inconscient du point de vue de ce qu'il produit*. L'Histoire des philosophies de l'histoire, en revanche, est comme ce « deuxième monde » évoqué dans les mélancoliques premières pages de l'*Introduction de Berlin* de 1841, surélevé au-dessus de la nature par les hommes qui en sont les initiateurs et les fondateurs. On pourrait attendre, puisque les hommes habitent ce deuxième monde et s'y meuvent par la liberté de leur volonté, qu'ils y acquièrent le sentiment de « commencer pour eux-mêmes une série nouvelle d'événements ». Or ils le traversent comme des ombres, dans l'obscurité et l'étrangeté à soi, car il est pour eux « un effrayant mouvement perpétuel que nous nommons l'histoire » [4].

Rappelons quelques points saillants en guise de conclusion :

1. L'histoire, chez Schelling, est soumise à son articulation selon des temporalités spécifiques et distinctes et son temps lui-même est adossé à un temps intemporel qui formerait le fond de toute temporalité et de toute histoire. Cette plasticité ouvre à la possibilité de penser l'éternité elle-même comme une catégorie historique, une catégorie sur laquelle l'historicité peut venir se brancher, une éternité « relative » à l'histoire.

1. J.-F. Marquet, *Liberté et existence*, Paris, Gallimard, 1973, p. 395.

2. Tel est le sens de la différence que propose Schelling entre *procès* et *histoire* : « dans le procès règne la pure nécessité, dans l'histoire la liberté », dans le procès nécessaire n'intervient « aucune cause libre extérieure à la conscience », dans l'histoire est effectif « un acte extérieur à la conscience », *PhiRév III*, p. 23.

3. *Système de l'idéalisme trancendantal*, *SW*, III, p. 619.

4. *PhiRév I*, p. 24.

2. Si nulle philosophie de l'histoire n'est autorisée par ce préalable, une véritable pensée de l'histoire peut être toutefois circonscrite chez le dernier Schelling. Elle n'entendrait nullement en saisir la prévisibilité ou la légalité objective, mais accueillir l'histoire ou l'historicité comme ce par quoi se fait connaître à l'expérience un imprévisible, un imprépensable, une factualité qui excède la raison historique, un déchirement aussi, sans relève.

3. Ceci se distingue fort bien avec le statut de la négativité. Ou bien le négatif n'est tel que pour n'être pas et il ne fait qu'assurer affirmativement le fonctionnement dynamique du concept. Il s'accorde alors à la totalité et à l'infinité, il est créatif, affirmatif. Mais il ne saurait avoir d'autre sens que *logique, sa créativité est une création de concepts*. Ou bien il détient un caractère *historique*, c'est-à-dire qu'il ne peut être relevé par son autodépassement logique, et il reste négatif, il demeure à l'état de crise, de scission, d'inadéquation. Et il signifiera alors un trou dans la continuité rationnellement assurée à la trame de l'histoire par son intelligence logico-dialectique.

4. On comprend évidemment qu'une histoire mesurée par l'expérience et l'épreuve qui en sont faites, et par son entêtement devant la négativité historique, ne se laisse pas représenter dans une téléologie qui résorberait la subjectivité dans une nécessité ayant à s'achever dans la liberté de l'esprit. Loin de l'épopée d'un sens qui retotaliserait toujours un passé dans un présent, loin de se disposer selon une structure sensée où l'avenir réaliserait ou autoréaliserait ses significations dans une unification possible des fins, l'histoire, ici, ne se déroule pas selon une évolution, elle se surprend sans cesse en effectuant l'événement de ce qui ne cesse d'advenir.

5. L'historicité, c'est donc, en résumé, la facticité événementielle. Elle ne désigne pas pour Schelling, à proprement parler, le caractère historique constatable d'un fait, d'un événement, d'une donnée quelconque, mais une dimension constitutive de l'effectivité en train de s'effectuer. C'est que l'existence prime les structures d'intelligibilité produites par la raison. Pas plus qu'elle n'est relevée dans un sens, la liberté n'obéit à une logique transcendantale qui en ferait un commencement absolu qui dépasserait les conditions empiriques dans une réalisation par et dans l'histoire. La liberté ne se gagne qu'en faisant l'épreuve de sa finitude vécue, à partir d'un fond, d'un excès, d'un infini qui est au cœur de tout fini et qui stimule l'action historique. Elle est ce qui surmonte et se surmonte dans le temps ouvert de l'histoire.

6. La position schellingienne a le mérite d'échapper à l'opposition ou à l'alternative convenue entre, d'un côté, une histoire consciente de soi, une histoire de l'autolibération par la réflexion, et, d'un autre côté, une histoire qui ne serait que le pur déchaînement de forces totalement aveugles, interminable bruit et fureur. Comme l'acte fondateur et inaugural de l'histoire est un procès théogonique (chute, sortie, exil), les hommes ne peuvent reconnaître dans ce mouvement quelque chose qu'ils auraient accompli, ils ne peuvent récupérer ce qui s'est par là extériorisé. Scandée par d'imprédéterminables « progrès anti-historiques », l'histoire avance, mais sans voir, à reculons peut-être comme l'Ange de l'histoire de Benjamin, elle s'avance sans se voir, elle progresse contre elle-même.

UNE POLITIQUE NÉGATIVE [1]

Qu'est-ce qui peut bien nourrir une réflexion sur le politique dans la pensée de Schelling ? À cette question, apparemment impertinente, je voudrais tenter de répondre au moins partiellement en dégageant quelques éléments d'analyse par l'ajointement de moments ou plutôt de motifs de la philosophie schellingienne qui, dans l'œuvre – laquelle, comme on sait, ne fait œuvre qu'en se désoeuvrant –, n'entrent pas nécessairement en cohésion ou en continuité entre eux. Autrement dit, il ne s'agira pas ici de retracer dans leur succession ou de comparer les diverses déductions du droit et de l'État [2] ni d'examiner pour lui-même le rapport de Schelling à la politique, ses positions conjoncturelles, encore que l'effort pour circonscrire ce qu'on appellera la *politique négative* schellingienne en soit relativement tributaire dans ses contenus – on le verra.

La première difficulté tient au statut de ladite politique négative et à la délimitation du champ d'investigation qu'elle désigne. Sa détermination procède d'une insatisfaction ressentie, inégalement, devant deux types de position de la question.

Le premier consiste à invalider intrinsèquement toute interrogation portant sur Schelling et le (ou la) politique, à délégitimer *a priori* la coordination des deux espaces, si l'on peut dire, au motif que le procès de pensée schellingien trouve sa véritable unité, par-delà son éclatement, son côté *work in progress*, dans ce qu'un des tout premiers textes nomme « le pas de l'infini au fini » [3], le passage de l'absolu au monde sensible et à la finitude.

1. *Le dernier Schelling. Raison et positivité*, J.-F. Courtine et J.-F. Marquet (dir.), Paris, Vrin, 1994.

2. *Cf.* A. Hollerbach, *Der Rechtsgedanke bei Schelling*, Frankfurt-a.-M., Klostermann, 1957.

3. *SW*, I, p. 238.

Le travail incessant, le tournoiement continu de la pensée schellingienne autour de ce « pas », en même temps qu'il assurerait la structuration, même fragmentée, de l'ensemble, expulserait forcément vers d'insignifiantes marges la question du politique. Si le présupposé de départ de cette position est entièrement fondé, c'est ce qu'il croit pouvoir emporter qui paraît devoir être contesté. L'autre problématique, symétrique et inverse, s'atteste dans une tendance interprétative qui entend notamment s'autoriser de l'exhumation des *Tagebücher*, celui de l'année 1848 étant particulièrement crucial pour mon propos[1]. Elle consiste à imputer à Schelling et une philosophie de l'histoire et une philosophie politique, sans construire les médiations réflexives et interrogatives requises si l'on prend en compte ce dont instruit la première position, pour ensuite en accuser les limites et en repérer les évidentes apories – ce qui à la rigueur pourrait être recevable mais à la seule condition, non remplie, qu'ait été établi le cadre conceptuel de l'analyse, à savoir l'existence théorique d'une philosophie schellingienne de l'histoire et de la politique.

Or, précisément, tel n'est pas le cas. Il ne suffit pas qu'il y ait, dans le *Tagebuch* de 1848, de l'histoire, de la politique et de la philosophie pour qu'il y ait de la philosophie *de* l'une et *de* l'autre. Cela reviendrait à tenir que l'articulation présupposée, même dans sa problématique absence du *Nachlass* berlinois, puisse demeurer impensée. Or seule la démonstration que la question de la *politéia* envisagée comme le meilleur État possible fasse l'objet d'une théorisation schellingienne positive permettrait d'établir la légitimité de cette thèse. Comme nous le verrons, l'État n'est au contraire jamais pensé par Schelling comme *callipolis*, idéal de la raison politique, mais comme substrat ou condition purement contingents. Si l'on retient, pour résumer, le présupposé de la première position de la question (appelons-le, pour faire vite, le primat de l'absolu) et si l'on récuse le cadre pré-posé par la seconde (l'existence d'une philosophie politique schellingienne), quelle place le politique va-t-il pouvoir trouver dans cette médiation de l'absolu dont la non-extériorité désautonomise toujours plus ou moins la médiation, le fini, et comment retenir de cette médiation des éléments discontinus mais utilisables, convocables, pour une pensée du politique ?

1. F.W.J. Schelling, *Das Tagebuch 1848*, éd. H. J. Sandkühler, Hamburg, Meiner, 1990, texte non destiné à la publication et qu'il faut lire en même temps que M. Schraven, *Philosophie und Revolution. Schellings Verhältnis zum Politischen im Revolutionsjahr 1848*, Stuttgart / Bad Cannstatt, Frommann-Holzboog, 1989.

Nous voici donc ramenés, après cette indispensable élucidation de perspective, à la *politique négative* elle-même et aux premiers linéaments de sa définition.

Dans la pensée schellingienne, le politique se tient dans un lieu vide figuré par le procès de son auto-dissolution dans l'histoire de l'absolu. Il ne détient donc pas de statut spécifié. Mais justement, dans ce ne-pas, dans cette négation, se tient une pensée, ou tout au moins une vision du politique. Si le politique, l'étatique, n'est que pour être surmonté, on dira que dans ce devoir-être-surmonté[1] il est, il dit quelque chose de son « essence ». Cette proposition est évidemment en connexion avec la structure générale emportée chez Schelling par l'absoluité de l'absolu. À partir du tournant théiste, et même dès son amorce en 1804, Schelling s'efforce de penser le « pas », le passage à la finitude, dans et par la liberté comme réalité ontologique. Le libre, c'est l'autre de l'absolu. La Chute est un passage au néant. Mais ce néant – ceci est un point décisif pour bien comprendre Schelling – est un néant effectif. C'est très exactement le domaine de l'historicité du fini de l'existence effective de l'homme. S'il y a bien dans l'événement de la Chute *une inversion* entre non-étant et étant, une prise de pouvoir du non-étant sur l'étant, un coup de force de la finitude qui se fait être-soi, cette inversion a une réalité effective, positive. Elle est tout autre chose qu'un moment dialectique sursumable dans le suivant, tout autre chose que le simple avant provisoire d'un après définitif.

Pour sortir du monisme métaphysique de la philosophie de l'Identité, où Bien et Mal étaient des pôles harmonisables, comme Nature et Esprit ou encore Liberté et Nécessité, la philosophie médiane pense la positivité dévorante de l'inversion au moyen de catégories extrêmement remarquables : le « surmonté mais non anéanti », la « fausse unité dotée d'une vie propre », le « tout disjoint »[2]. On pourrait montrer que ces structures théoriques – car c'est bien de cela qu'il s'agit – trouveraient à s'investir précieusement dans l'analyse concrète de bon nombre de phénomènes politiques, car elles pourraient permettre de désigner l'instance étatique en tant que sphère séparée et (faussement) autonomisée comme le lieu et l'obstacle effectifs à la fluidité créative des libres subjectivités et de leurs

1. *SW*, XI, p. 552.

2. Respectivement et dans l'ordre, *Les Âges...*, éd. cit., p. 68 ; *OM*, p. 152 et p. 155 (*SW*, VII, p. 366 et p. 370).

manifestations[1]. Elles invitent en tout état de cause à se déprendre de toute représentation du champ politique comme produit d'un mouvement par lequel le sujet citoyen reconnaîtrait dans l'objectivité étatique la figure de ce qu'il aurait lui-même engendré, s'en réappropriant ainsi par l'expérience intériorisante l'extériorité douloureuse et suturant ainsi la déchirure et la séparation qui l'accompagnent. Tout comme la domination du fond sur l'existence, pour parler l'idiome des *Recherches* de 1809, détient un caractère strictement extérieur, de même l'humanité ne saurait trouver dans l'histoire et le monde le vaste et confiant horizon de son déploiement plénier et de son auto-libération : dans l'instance elle-même de son habitation du monde, elle y est extérieure, sans recours ni remède. Ce monde inversé, ce monde à l'envers, il s'agit moins de le remettre sur ses pieds, selon la fameuse formule marxienne, que de discerner la fin vers laquelle il s'achemine. Il est inachevé – mais d'un inachèvement qui n'a rien de « logique » (la remise à l'endroit y remédierait alors) mais qui est effectif (l'acheminement historial qui le transit jusqu'à sa « fin »). On a là un premier élément constituant de la politique négative schellingienne, de type théologico-mondain.

Ce philosophème de l'inversion-inachèvement du monde se corrobore d'un autre. Ce monde-ci, le *olam haze* de la tradition juive, n'est rien d'autre qu'un temps déterminé.

On a indiqué qu'il n'était guère tenable de parler de philosophie politique schellingienne. Peut-on en revanche dire de la philosophie positive, car c'est d'elle qu'il s'agit ici, qu'elle est ou qu'elle comporte une philosophie de l'histoire ? Si l'on veut, mais à condition de préciser la teneur exacte de cette expression. L'histoire, pour Schelling, ne saurait être tenue pour la somme des faits et données empiriques qui l'égrènent et dont l'homme se comprend comme le produit en y reconnaissant sa propre humanité. L'historicité de l'histoire, pour ainsi dire, est « anti-historique » ou « supra-historique »[2]. Doublée par l'absolu en son historicité même, elle ne saurait coïncider avec la pure légalité objective de l'entendement lorsqu'il saisit la succession chronologique, c'est-à-dire avec l'histoire historienne. Entre commencement et fin, elle s'effectue selon un mode de considération de l'ordre du monde comme acte déterminé par une libre

1. On peut ici songer à la critique jeune-marxienne du droit politique hégélien de 1843. *Cf.* également M. Maesschalck, *L'anthropologie politique et religieuse de Schelling*, Paris / Louvain, Vrin / Peeters, 1991, p. 127 *sq*.

2. *Système de l'idéalisme transcendantal*, *SW*, III, p. 593 et *PhiRév III*, p. 56. Cf. *supra*, p. 205 *sq*.

résolution. Cette décision volontaire et cet acte libre sont liés au temps et à son écoulement. On peut donc s'autoriser à parler à tout le moins d'une philosophie historique schellingienne, pour peu que l'on tienne qu'elle est toujours dans ses déterminations concrètes une théorie ou mieux, selon une forte expression des *Âges du monde*, une généalogie des temps [1].

En quoi l'hypothèse du « système » ou de l' « organicité » des temps figure-t-elle un élément de la politique négative ? Pour dire vite, en ce qu'elle traduit ontologiquement l'implicite du philosophème de l'inversion-inachèvement. Le présent n'a aucune préséance, aucun rang privilégié, et ceci entre en concomitance avec la critique du rationalisme : la raison comme « organe du présent » n'est rien que la « violence inscrite dans la tension de l'état présent des choses » dont elle se fait nécessairement, par le type de causalité qui la porte et l'autorise, le conservateur ; elle considère en effet « l'ordre actuel (...) comme nécessaire » au lieu d'y voir « quelque chose qui pourrait aussi bien ne pas être » [2]. Ceci contraste fortement avec les schèmes de la déduction (le temps comme forme de nos représentations) et de la succession (le temps linéaire et homogène), lesquels se ramènent toujours peu ou prou à l'absolutisation et à l'éternisation du temps comme présent. Ce temps qui n'est jamais autre que ce qu'il est, ce temps toujours le même, concaténation de causes et d'effets, n'est rien qu'un présent toujours maintenu, un maintenant qui s'étire sans fin en arrière et en avant de soi [3]. Pour Schelling, notre temps et ce monde-ci, notre temps *c'est-à-dire* ce monde-ci, sont finis. S'ils sont finis, c'est parce qu'il y a un temps pré-mondain et un temps post-mondain, c'est que le monde n'est pas autre chose qu'une forme déterminée de l'existence présente, non-éternelle, ouverte sur son surmontement, comme le politique lui-même qui en fournit l'une des figures génériques. La philosophie de l'histoire schellingienne, si l'expression peut, au moins par provision se tenir, « veut dépasser le monde » [4]. L'historicité de l'histoire est donc déterminée par ce vouloir-dépasser-le-monde. La comprendre, c'est la saisir comme histoire de la liberté, et pour l'homme et en Dieu. Puisque « le temps est à chaque instant tout le temps passé-présent-futur, qu'il jaillit d'un point médian et qu'il y est à tout instant égal à l'éternité » [5], et puisque

1. *Les Âges*..., éd. cit., p. 93.

2. *Grundlegung der positiven Philosophie (GPP)*, éd. H. Fuhrmans, Turin, Bottega d'Erasmo, 1972, p. 90.

3. *Les Âges*..., éd. cit., p. 260-261.

4. *GPP*, éd. cit., p. 87.

5. *Les Âges*..., éd. cit., p. 98-99.

l'homme est, par conséquent, un être de mémoire et d'anticipation, sa liberté radicale est aussi liberté quant au maintenant de son existence singulière, présente.

Deux éléments de la politique négative schellingienne peuvent donc être déterminés : l'inversion-inachèvement et l'ontologie du temps ou encore le monde dépassable et la liberté. Ces deux éléments signalent un *écart* dont on pourrait dire qu'il est l'insistant arrière-fond kantien de la pensée politique de Schelling – ce *Kluft* entre Idée de Constitution et réalité pratique dont parlait le *Système de l'idéalisme transcendantal* ou encore cette *Dysharmonie* de l'idéel et du réel évoqué dans la deuxième *Leçon académique*. À présent, cet écart est formalisé dans l'équation de l'existant et du négatif[1]. Nous vivons dans une négativité foncière et interminable, dans un état à rédimer, dans un présent dont il faut s'émanciper, dans un monde dont il faut sortir, ce qui implique qu'on cesse de considérer comme éternelles « les déterminations de l'état présent des choses »[2].

La question brûlante est alors de savoir quelles seront les modalités, *politiques*, de cette émancipation de l'existant. On le sait quand on connaît les positions politiques du vieux Schelling, elles auront peu à voir avec le bris révolutionnaire de l'état de choses réellement existant. Que dire de ces positions réactionnaires et comment ne pas les négliger tout à fait ici ? Prises pour elles-mêmes, elles sont évidemment du plus haut intérêt pour l'historien des idées ou le biographe. Elles demeurent toutefois, dans cet ensemble d'éléments de pensée du politique repérables et ordonnables dans la philosophie schellingienne, à une place de secondarité. Et ceci relève d'un effet structurel propre. Schelling assigne en effet le politique à un niveau d'entière subordination, en raison de l'impossibilité radicale à ses yeux pour l'État ou la communauté d'être *Selbstzweck*, d'être à soi-même sa propre finalité et sa propre vertu.

Lorsque cette subordination est pensée comme telle, elle fournit les strates les plus consistantes de la politique négative schellingienne. Lorsqu'elle est seulement tacite ou simplement exhibée par Schelling, on se trouve devant une juxtaposition problématique, car sans circulation, du philosophique et de la *doxa* politique. Parfois encore, lorsque le philosophe s'essaie à construire une « philosophie politique » (ce qui est trop dire car ladite philosophie n'est rien d'autre qu'une philosophie de la subordination du politique, une philosophie impolitique), on assiste à une sorte

1. Lettre à Weisse, 3/11/1834, in *Aus Schellings Leben. In Briefen*, G.L. Plitt (Hrsg), Leipzig, Hirzel, 1870, t. III, p. 98.

2. *GPP*, p. 90.

d'implosion. Dans les trois dernières leçons de *l'Introduction philosophique à la philosophie de la mythologie* par exemple, et notamment dans la vingt-troisième *in fine,* Schelling reprend le droit naturel objectif aristotélicien. Il ontologise l'ensemble du champ socio-politique et renvoie tout ce qui y est effectif à un intelligible qui l'antécèderait et en serait la mesure propre. Il déduit alors la monarchie bien tempérée comme le régime où l'État n'excèderait pas sa simple fonction utilitaire et non-autonome de *Grundlage*, de base matérielle servant à la fondation d'autre chose que soi [1]. Or ce complexe de procédures philosophiques ne le conduit en fin de compte qu'à un mouvement conclusif de réserve. Il se ravise en effet et en revient, en une sorte de volte-face très symptômatique, au topos de l'inachèvement: «l'ordre actuel (...) n'est que pour être aboli» [2]. « L'État et tous les empires de ce monde, écrit-il encore dans la *Philosophie de la mythologie*, ne sont que des échafaudages démontables et déplaçables à volonté, puisqu'ils ne servent qu'à édifier autre chose qu'eux-mêmes » [3]. Même dans ces textes donc, l'anti-étatisme schellingien, troisième élément pertinent de sa politique négative, ne se dément guère ni ne renonce à sa radicalité. Il s'y grime toutefois d'assez étrange façon.

Dans la vingt-quatrième leçon [4], Schelling évoque la curieuse figure d'une monarchie post-démocratique ou post-républicaine, « consciente de soi » dit-il, monarchie qui succèderait à une première forme de monarchie naturelle ou primitive, dite, elle, « aconsciente », puis à la démocratie qui y ferait suite. Cette tératologique monarchie post-démocratique est l'enfant, évidemment inviable, de la *doxa* et du penser. Schelling nomme ce qui constitue sa chose-même, vue ou entrevue, à savoir l'au-delà absolu de l'État, du nom d'une forme institutionnelle empirique qui a sa préférence toute personnelle. Cette inconséquence n'est pas seulement l'indice d'une insuffisante audace. On peut aussi y déceler les signaux concomitants de la résistante difficulté à penser l'au-delà du politique comme absence, ouverture d'indétermination, associé à un anti-étatisme si résolu qu'il va jusqu'à faire d'une forme donnée de régime étatique l'index de soi et de son autre absolu ! Appeler « monarchie » un supra ou un extra-étatique, un non-État, n'en fait certainement pas un « objet » conforme à la philosophie politique classique, à ses normes et à ses codes. Peut-être s'agissait-il pour le vieux

1. *PhiMytho*, p. 506 *sq.*

2. *Ibid.*, p. 509 ; *SW*, XI, p. 552 : « *die gegenwärtige Ordnung (...) ist nur um aufgehoben zu werden* ».

3. *SW*, XII, p. 282.

4. *PhiMytho*, p. 511 *sq.* ; SW, XI, p. 554 *sq.*

Schelling d'une façon inavouée de brider ce qui, dans son extrême radicalité, avait sans doute de quoi l'effaroucher. Il faut y voir avant tout l'illustration exemplaire d'une tension. Dans ces mêmes pages sur lesquelles s'achève l'*Introduction philosophique*, « l'effort de l'homme pour surmonter la pression de l'État » est réduit à un pur travail de l'intériorité subjective en même temps que s'y trouve reconnue une tendance quai-objective au renversement de l'ordre établi[1]. C'est bien qu'il y a une vigueur et une constance de l'anti-étatisme schellingien que même la *deprecatio temporum* réactionnaire ne parvient pas à endiguer. De la *Magisterdissertation* de 1792 aux textes tardifs ici convoqués, court l'idée que l'État est la conséquence de la Chute, de la perte de l'unité et de l'harmonie originaires – à cette différence près, non négligeable politiquement, que le jeune Schelling croyait encore à la possible abolition de cette détresse par le développement des facultés rationnelles de l'homme qui le porterait au dépassement de sa naturalité, alors que le philosophie de la mythologie n'y voit plus qu'une représentation compréhensible et excusable, comme il dit, mais complètement illusoire.

La monarchie elle-même, le pire des régimes à l'exception de tous les autres pour Schelling, ne saurait être autre chose qu'une forme temporelle fragile et précaire à laquelle on peut ou on doit peut-être se soumettre sans jamais s'y résigner complètement. Pourquoi ? Parce que l'État, en toutes ses figures et formes institutionnelles, n'est rien d'autre que l'expression incarnée d'une violence mécanique et aveugle du dehors sur le dedans, comme on peut le lire dans les *Conférences de Stuttgart*. Parce que, par conséquent, cette seconde unité naturelle, cette seconde nature et cette autre unité, ne sait agir, en vertu de son essence, que par les moyens physiques de la contrainte. La « monarchie », fût-elle post-démocratique, n'y échappe pas. L'anti-étatisme entretient avec elle un rapport compliqué, car le monarchisme de Schelling constitue une opinion privée marquée par sa non-coïncidence métaphysique avec le refus de l'État, lequel est congruent et absolument co-extensif aux deux premiers éléments de la politique négative, l'inachèvement et le temps. En effet, que fait l'État ? Il fige ce monde-ci dans un pseudo-accomplissement qui en signifierait la plénitude « pour tous » et il suspend le temps qui est celui de nos existences, interrompu et discontinu, pour en faire un éternel présent étatique. Cette double prétention doit être combattue.

C'est le moment de revenir à la question, laissée encore sans réponse, des modalités de l'émancipation schellingienne. Cette émancipation du

1. *PhiMytho*, p. 514 ; *SW*, 558.

présent ou de l'existant ou du monde – trois termes ici équivalents – va prendre la forme d'une utopie négative qui anticiperait une origine encore à venir, apocatastase, *restitutio*, *tikkoun*. Elle ne peut être qualifiée de pseudo-émancipation, comme on a pu l'écrire, qu'à condition d'ignorer les vertus proprement subversives, ou en tout cas corrosives, de la politique négative et de s'en tenir à son auto-interprétation schellingienne comme « félicité de la contemplation »[1]. Je dirais, à l'inverse, de la politique négative qu'elle est une pensée de ce que n'est pas la politique, de son non-essence si l'on veut, ce qu'il ne faut pas prendre pour une non-pensée de la politique mais entendre véritablement comme *une pensée du non-politique dans le politique*. C'est bien ce « dans », cette réfraction intérieure de la détermination négative, qui produit le constant débord de la pensée schellingienne du politique sur son assignation pure et simple au champ de la politique.

Un autre aspect de la chose doit être examiné. La qualification de politique négative appelle d'évidence à une mise en rapport avec la philosophie négative dont les contours sont esquissés par Schelling par contraste avec la philosophie positive, comme on sait. Dans les leçons de Würzbourg (1804) par exemple, c'est-à-dire durant cette brève période où l'État reçoit une fondation transcendantale, deux oppositions sont comparativement déterminées. La première entre philosophie vivante, philosophie proprement dite, d'une part, et science de la philosophie ou savoir coupé de la vie d'autre part; la seconde entre État vivant et État formel. L'État formel représente le modèle général des États existants, lesquels ne sont rien que des « États de la contrainte et de la nécessité »[2]. L'État vivant, auquel ne correspond, prévient Schelling, « aucune image de l'État issue de l'expérience effective »[3], est une idée de l'État, un non-État formel en quelque sorte, voire un État non-formel puisque, quoi qu'il en soit, l'État ne saurait tirer sa vie propre d'une idée. Les États comme « institutions de contrainte » ne « contiennent rien d'autre que les conditions purement négatives de l'État »[4], de l'État vivant s'entend, lequel détiendrait, « saisis dans leur essence même »[5], la science, la religion et l'art qui s'interpénètreraient en lui et s'y objectiveraient dans leur unité.

1. Lettre à Maximilien du 20/07/1848, L. Trost et F. Leist (éd.), Stuttgart, Cotta, 1890, p. 158. Ceci contrevient à la lettre au puissant leitmotiv des *Âges du monde* : *Wir leben nicht im Schauen*.

2. *SW*, VI, p. 575.

3. *Ibid.*

4. *Ibid.*

5. *Ibid.*, p. 576.

Ce moment de l'analyse schellingienne de l'État fait bien apparaître, déjà, en quoi le politique est, dans sa réalité effective et incurable, du côté du négatif. Mieux encore, il en montre les contenus sous un fort grossissement. Par bien des aspects, nous sommes encore assez loin, à Würzbourg, de cette figure de pensée schellingienne que je propose d'appeler, en en ajustant les éléments, une politique négative. S'y trouve en effet implicitement affirmée la possibilité d'une politique positive dans la forme d'un *Kulturstaat* opposé au *Notstaat* ou à l'État du contrat. Cette métaphysique en acte, toute provisoire, ne saurait cependant véritablement concerner l'État (formel), puisque de l'État il ne peut y avoir qu'une physique. Elle anticipe très significativement cette religion philosophique qu'est la « vraie métaphysique » selon l'*Introduction de Berlin*, laquelle tout à la fois irrigue « l'État et la vie publique » dans leur vitalité propre mais ne saurait s'y tenir, sous peine de désastre[1].

Nous assistons donc, dès Würzbourg, à un basculement du politique en son entier, de l'État formel, dans le négatif. La place alors occupée par l'État vivant/non-État le sera par la suite par « l'histoire » ou encore par « la société », dans la vingt-troisième leçon de l'*Introduction philosophique* par exemple. Dans la dernière philosophie en effet, l'histoire sera haussée au rang de la facticité même de l'expérience du monde, de son exister en tant que tel, soit de l'*effectivité* par opposition à l'*effectif* où se tient le politique – l'effectif en tant que ce qui se produit dans l'expérience, ce qui, ici et maintenant, se donne pour l'étantité mais n'est que ce royaume du néant et de l'immanence, privé de vrai devenir[2]. Cette distinction, essentielle chez le dernier Schelling, se dit de multiples manières : du côté de l'être et du *quod*, l'histoire, donc ; du côté du contenu de l'être, du *quid*, la politique ; du côté de l'ésotérique, la religion, véritable forme d'effectivité de l'État vivant de 1804, seule « philosophie de l'histoire effective »[3] ; du côté de l'exotérique de cet ésotérique, l'État. Toutes ces formulations désignent l'au-delà absolu de l'État. La politique négative renvoie l'État à son lieu distinctif dans le domaine réservé de la philosophie négative[4]. Dans cette structure formelle, l'État est, au mieux (car on a là la tournure la moins radicale de l'anti-étatisme schellingien), orienté vers la possibilisation de ce qui le déborde et l'outrepasse : support d'une vie

1. *PhiRév I*. La position de Schelling peut se résumer ainsi : sans métaphysique, pas d'État ; mais jamais de métaphysique d'État.

2. *Ibid.*, p. 81 et p. 155.

3. *PhiMytho*, p. 522 ; *SW*, XI, p. 568.

4. Ce qu'explicite *PhiMytho*, p. 508, n. 2 ; *SW*, XI, p. 551, n. 2.

supérieure, base du positif, ensemble des conditions qui ouvrent à ce qui lui échappe forcément, c'est-à-dire à l'exercice d'une liberté comme acte d'auto-affirmation par rapport au donné.

Toute pratique politique pourra être dite émancipatrice dès lors qu'elle tend à s'opposer à la domination du dehors sur le dedans et, à contre-courant, à faire advenir de l'intérieur là où règne mécaniquement l'extérieur.

Définie à partir des trois éléments qui s'y conjoignent (inversion-inachèvement du monde, ontologie du temps, anti-étatisme), la politique négative schellingienne frappe d'impossibilité toute postulation d'une quelconque autonomie du politique, et a fortiori de son absolutisation. Elle tient dans un déni : toute pratique de la politique réduite à une projection rationnelle apte à prédéterminer l'ordre du monde débouche, Schelling l'affirme avec insistance, sur la dépendance et la servitude, ruse inattendue d'une raison politique qui se donne comme idéal à réaliser. Il y a là l'esquisse en creux d'une théorie du politique – dans sa déficience. L'État comme pseudo-figure du divin, soit comme produit de la chute et de la déchéance, manque toujours du plein qu'il croit accomplir en l'instituant. Il comble ici ce qui fait brèche là. Toujours quelque chose lui fait défaut, ou bien la *Krafteinheit*, l'unité et la puissance qui assureraient son efficience – et c'est le vice de l'État constitutionnel ; ou bien la liberté spirituelle qui le sublimerait – et c'est le vice de l'État despotique.

Je voudrais essayer pour finir de prendre en vue la destinée historique et idéologique de la politique négative schellingienne, ses éventuelles traces à travers l'épreuve du temps et la confrontation avec d'autres pensées. Car il se trouve qu'elle a eu une postérité, parfois avouée, le plus souvent insue, reconnaissable dans des thématiques négatives, dans *des refus* : du présent et de son hypostase comme le meilleur des temps et donc des mondes possibles ; du maintien du monde dans les maintenants qui le figent ; de l'État comme figure de la liberté objective dans quoi la volonté se veut en soi et pour soi, *mimesis* de l'éternité, idole ou « Dieu réel » ; du progrès comme élément homogène et échelle de mesure des segments successifs d'un temps cumulatif. Ces motifs et ces dénis ont été reçus et réélaborés par toute une série de penseurs (Hess, Rosenzweig, Landauer, Bloch, Benjamin, un certain Adorno) qui, pour la plupart, ne furent pas précisément des conservateurs mais pas davantage des « progressistes », au sens politique et littéral du terme. La singularité de cette filiation reconstituée et le paradoxe de cette descendance peuvent en bonne part s'éclairer par le débat qui opposa, à propos de Schelling, Pierre Leroux et les Jeunes-Hégéliens. Le socialiste français mit une remarquable opiniâtreté à saluer dans le vieux Schelling le grand esprit annonçant la venue d'une nouvelle religion de l'humanité, contre ses adversaires de la gauche progressiste, plutôt enclins à y voir un idéologue rétrograde et pro-prussien[1]. Je ne m'arrêterai pas sur les fort nombreuses approximations de lecture, et sur Schelling et sur Hegel, dont se rend coupable Leroux. L'intéressant de sa position – dans quoi se laisse d'ailleurs apercevoir le sens ou l'un des sens de la doctrine de l'association – c'est la volonté, mieux affirmée dans la *Réfutation de l'éclectisme* que dans son texte sur le *Discours de Schelling à Berlin*, de maintenir ouvert le projet d'une émancipation sociale en ne le soumettant jamais à l'unitotalité du politique. Leroux est en quête d'un principe du politique qui préserverait dans le lien humain la capacité de constante réinvention des formes étatiques et institutionnelles dans lesquelles il prend figure, au lieu de le subordonner à l'ensemble compact de ses déterminations. Là où, dans d'autres courants du mouvement socialiste, le politique se donne tendanciellement comme la solution enfin trouvée à l'énigme de la constitution de l'humain, le moyen de l'abolir en la dénouant par le social, il pressent qu'il y a dans la sphère politique elle-même quelque chose qui serait toujours-déjà au-delà du politique, précisément la question de l'humain dans l'homme. Avec une très sûre intuition, Leroux croit pouvoir trouver chez Schelling une pensée capable de dire spéculativement cet au-delà du politique, l'indéterminité qui est à son fondement et qu'il s'efforce, lui, de maintenir comme telle dans la dimension de l'émancipation elle-même.

Il y aurait ainsi, par-delà toute présence à la communauté politique ou sociale, une absence – qu'elle relève de l'expérience vécue de la limitation du moi empirique réfléchie par Schelling dès ses premiers textes ou qu'elle soit identifiable dans la conscience originaire que « le procès de toute vie » se soutient d'un fond de déréliction, come le notent les *Âges du monde*[2]. Cette absence à même la présence serait alors la trace, le mouvement effacé d'une altérité irréductible qu'on peut bien appeler, comme on voudra, Dieu, infini du sens ou excès utopique. Mallarmé nomme cette trouée « l'instinct de ciel en chacun » dans quoi il voit très précisément « le niveau élémentaire de la politique » et dans la religion son « amplification à mille joies »[3]. C'est bien là, dans ce nœud poétique du politique et du religieux,

1. *Cf.* la présentation de la controverse par M. Abensour, « L'affaire Schelling... », dans *Corpus*, n° 18/19, 1991, p. 117 *sq.*

2. *Les Âges...*, éd. cit., p. 124.

3. *La musique et les lettres. Œuvres complètes*, Paris, Gallimard (« La Pléiade »), 1989, p. 654.

qu'est sûrement localisable la séduction exercée sur Leroux par la pensée schellingienne.

Le métapolitique signifie que le politique se rejoue à tout coup dans le religieux, que l'État se réincarne dans la communauté. Il n'y va pas simplement d'une affirmation, si l'on peut dire, d'un non-politique ou d'un impolitique, au sens où s'y incorporerait un retrait du politique. La politique négative dispose une impossibilité. L'insondabilité qui est au fondement non-politique de toute politique serait irrésorbable dans la machine rationnelle de l'État ou dans la transparence de la société, deux rêves respectables, deux cauchemars probables. La politique négative schellingienne désigne en fin de compte l'impossibilité radicale de l'immanentisme absolu dans l'espace politique. Elle dit la double reconnaissance, pour parler comme Leroux, de la « Révélation comme un fait divin » et de « l'humanité dans l'accomplissement de ce fait » [1]. En relevant à sa façon ce creusement du religieux dans le politique, l'anti-immanentisme schellingien ne les confond nullement. Tout au contraire : c'est la tendance à vouloir enraciner la politique dans la transcendance qui en produit l'abusif amalgame, l'État pris pour un Dieu, le présent pour une Idole, voilà ce qui conduit incoercIblement au « servilisme » et à « l'illibéralisme », comme dit Schelling en visant la philosophie politique hégélienne [2].

Au total, se rassemblent dans la pensée schellingienne, fort difficilement parfois, le refus de voir dans quelque institution politique, humaine, que ce soit une manifestation de l'absolu *et* le désir d'en saisir cependant les contenus ontologiques, l'expérience de la liberté *et* l'épreuve de la finitude. La nostalgie de l'infini, « l'instinct de ciel », qui marquent si fortement le philosopher de Schelling l'ont à coup sûr engagé sur un chemin solitaire. Mais ils ont également libéré un horizon de pensée *en avant du politique*. Peut-être y a-t-il là, hors de Schelling et peut-être contre Schelling, l'ouverture à une possible pratique de la politique, avertie de ce qui la porte, et, la portant, l'excède, avertie aussi de la béance perpétuellement pantelante de cet excès.

1. *Discours de Schelling à Berlin*, éd. J.-F. Courtine, Paris, Vrin, 1989, p. 83.
2. *GPP*, éd. cit., p. 235.

BIBLIOGRAPHIE

Pour une bibliographie schellingienne quasi-exhaustive, je me permets de renvoyer au collectif *Schelling* (éd. J.-F. Courtine, Paris, Cerf, 2011), p. 541-547 où l'on trouvera mention des éditions de référence, de certaines éditions séparées ainsi que des traductions françaises des grands textes de Schelling. Comme il est d'usage, j'ai cité ici Schelling dans l'édition qu'en procura en son temps (1856-1861) son fils K. F. August, *Sämtliche Werke*, 14 volumes. Le texte allemand des *Âges du monde* est cité dans l'édition Schröter, *Die Weltalter. Fragmente. In den Urfassungen von 1811 u. 1813*, Beck, München, 1946.

Schelling und Cotta. Briefwechsel 1803-1848, H. Fuhrmans et L. Lohrer (Hrsg), Stuttgart, 1965.

Schellingiana 13, 1 et 2, Fromann-Holzboog, Stuttgart-Bad-Cannstatt, 2002.

Philosophische Entwürfe und Tagebücher : 1809 – 1813 : Philosophie der Freiheit und der Weltalter, Lothar Knatz, Hans Jörg Sandkühler, Martin Schraven (Hrsg), Hambourg, Meiner, 1994.

Das Tagebuch 1848, H.J. Sandkühler (Hrgb), Meiner, Hambourg, 1990.

Aus Schellings Leben. In Briefen, 3 vol., G. L. Plitt (Hrgb), Leipzig, Hirzel, 1870 (repr. : Hildesheim, Olms, 2003).

König Maximilian II. von Bayern und Schelling Briefwechsel, L. Trost und F. Leist (Hrgb), Stuttgart, Cotta, 1890

Auteurs cités ou mentionnés dans l'ouvrage

ABENSOUR M., « L'affaire Schelling… », *Corpus*, n° 18/19, 1991.

ADORNO T. W., « Parataxis. Zur späten Lyrik Hölderlins », *Noten zur Literatur III*, Frankfurt am Main, Suhrkamp, 1965 ; trad. fr. S. Muller, *Hymnes, élégies et autres poèmes de F. Hölderlin,* Paris, Garnier-Flammarion, 1995.

ARENDT H., *Considérations morales*, Paris, Rivages, 1996.

– *Journal de pensée*, I, trad. fr. S. Courtine-Denamy Paris, Seuil, 2005.

BEIERWALTES W., *Platonisme et idéalisme*, Paris, Vrin, 2000.

BENSUSSAN G., *Dans la forme du monde*, Paris, Hermann, 2009.
BLOCH E., *L'esprit de l'utopie*, Paris, Gallimard, 1977.
– *Héritage de ce temps*, trad. fr. J. Lacoste, Paris, Payot, 1978.
BORGÈS J. L., *Histoire de l'infamie. Histoire de l'éternité*, Paris, 10/18, 1974.
– *L'auteur et autres textes*, Paris, Gallimard, 1982.
– *La monnaie de fer*, Paris, Gallimard, 1983.
CAMILLI C., *Le temps et la loi*, Paris, P.U.F., 2013.
COURTINE J.-F., *Schelling entre temps et éternité*, Paris, Vrin, 2012.
– *L'extase de la raison. Essais sur Schelling*, Paris, Galilée, 1990.
— & J.-F. Marquet (dir), *Le dernier Schelling. Raison et positivité*, Paris, Vrin, 1994.
Das Leben denken 2, Hegel-Jahrbuch 2007, Berlin, Akademie-Verlag.
DAVID P., *Schelling. De l'absolu à l'histoire*, Paris, P.U.F., 1998.
ENGELS F., *Anti-Schelling*, Paris, La Phocide, 2011.
DERRIDA J., *Du droit à la philosophie*, Paris, Galilée, 1990.
FRAISSE L., « Si d'aventure Proust avait lu Schelling », *Marcel Proust aujourd'hui* 11, Amsterdam / New York, Rodopi, 2014.
FREUD S., « L'oubli des noms propres », *Psychopathologie de la vie quotidienne*, Payot, 1972.
– « L'inconscient », *Métapsychologie*, « Folio/Essais », Paris, Gallimard, 1968.
FUHRMANS H., *Schellings Philosophie der Weltalter*, Schwann, Dusseldorf, 1954.
HABERMAS J., *Théorie et pratique*, Paris, Payot, 1975.
– *Das Absolute und die Geschichte. Von der Zwiespaltigkeit in Schellings Denken*, Gummersbach, Bonn, 1954.
HEGEL G.-W.-F., *Encyclopédie des sciences philosophiques. I, La Science de la Logique*, trad. B. Bourgeois, Paris, Vrin, 2007.
– *La Phénoménologie de l'Esprit*, trad. B. Bourgeois, Paris, Vrin, 2006.
– *Principes de la Philosophie du Droit* , trad. J.-P. Frick et R. Derathé. Paris, Vrin, 1990.
– *Encyclopédie des sciences philosophiques en abrégé*, trad. M. de Gandillac, Paris, Gallimard, 1970 ; nouvelle trad. de B. Bourgeois, Vrin, 2012.
HEIDEGGER M., *Schelling. Le traité de 1809 sur l'essence de la liberté humaine*, trad. fr. J.-F. Courtine, Paris, Gallimard, 1977.
– *Qu'appelle-t-on penser*, trad. fr. A. Becker et G. Granel, Paris, P.U.F., 1959.
– *Sein und Zeit*, 7e édition, Niemeyer, Tübingen, 1953.
– *Questions I*, trad. coll., Paris, Gallimard, 1968.
– *Chemins qui ne mènent nulle part*, trad. fr. W. Brokmeier, Paris, Gallimard, 1962.
– *Questions IV*, trad. coll., Paris, Gallimard, 1976.
– *Essais et conférences*, trad. fr. A. Préau, Paris, Gallimard, 1958.
– *Nietzsche*, II, trad. fr. P. Klossowski, Paris, Gallimard, 1971.
– *Gesamtausgabe*, vol. 86, *Seminare Hegel – Schelling*, P. Trawny (Hrgb), Frankfurt am Main, Klostermann, 2011.
HEINE H., *Zur Geschichte der Religion und Philosophie in Deutschland* (1833-1834), Leipzig, Reclam, 1970.

– *Die romantische Schule* (1833), Frankfurt am Main, Insel Verlag, 1987.
HESS M., *Philosophische und sozialistische Schriften*, A. Cornu et W. Mönke (Hrgb), Berlin, Akademie-Verlag, 1961
HÖFELE P., « Das Tragische als Strukturmoment von Philosophie ? Affinitäten zwischen Schelling und Heidegger hinsichtlich der Frage nach dem Entzug des Seins », *Kant und der Deutsche Idealismus*, C. Danz, L. Hühn et V. Waibel (Hrgb), Würzburg, Ergon Verlag, 2014.
HOLLERBACH A., *Der Rechtsgedanke bei Schelling*, Frankfurt am Main, Klostermann, 1957.
HÜHN L. et J. JANTZEN (dir.), *Heideggers Schelling-Seminar (1927-1928), Schellingiana 22*, Frommann-Holzboog, Stuttgart Bad Cannstatt, 2010.
LACOUE-LABARTHE P. et NANCY J.-L., *L'absolu littéraire*, Paris, Seuil, 1978.
LANFRANCONI A., *Krisis. Eine Lektüre der "Weltalter"-Texte FWJ Schellings*, Frommann-Holzboog, Stuttgart Bad Cannstatt, 1992.
MAESSCHALCK M., *L'anthropologie politique et religieuse de Schelling*, Paris / Louvain, Vrin / Peeters, 1991.
MALLARMÉ S., *La musique et les lettres. Œuvres complètes*, Paris, Gallimard (« La Pléiade »), 1989.
MARQUET J.-F., *Liberté et existence*, Paris, Gallimard, 1973.
– *Singularité et événement*, Grenoble, J. Millon, 1995.
MERLEAU-PONTY M., *Phénoménologie de la perception*, Paris, Gallimard, 1976.
– *Signes*, Paris, Gallimard, 1960.
MESCHONNIC H., *Éthique et politique du traduire*, Lagrasse, Verdier, 2007.
Midrach Rabba, Tome I Genèse Rabba, Verdier, Lagrasse, 1987.
MONTAIGNE, *Essais*, 3 vol., Paris, Gallimard, 1965.
NANCY J.-L., *Une pensée finie*, Paris, Galilée, 1990.
Pirke Avoth, Paris, Colbo, 1983.
PROUST M., *À la recherche du temps perdu*, La Gerbe illustrée, 7 vol., Paris, 1954.
RICHIR M., Préface à la traduction Vancamp des *Âges du Monde*, Bruxelles, Ousia, 1988.
RILKE R. M., *Lettres à un jeune poète et autres lettres*, Paris, GF Flammarion, 2006.
ROSENZWEIG F., *L'Étoile de la rédemption*, 2 e éd., *Paris*, Seuil, 2003.
SCHOPENHAUER A., *Le monde comme volonté et représentation*, 2 vol., Paris, Gallimard, 2009.
SCHRAVEN M., *Philosophie und Revolution. Schellings Verhältnis zum Politischen im Revolutionsjahr 1848*, Stuttgart / Bad Cannstatt, Frommann-Holzboog, 1989.
SCHULZ W., *Le Dieu de la métaphysique moderne*, Paris, Éd. du CNRS, 1978.
– « L'achèvement de l'idéalisme allemand dans la dernière philosophie de Schelling », trad. fr. S. Abou-Zeid, *Schelling*, sous la direction de J.-F. Courtine, Paris, Cerf, 2010.
SPINOZA B., *L'éthique*, dans *Œuvres complètes*, « La pléiade », Paris, Gallimard, 1954.

– *Traité théologico-politique*, dans *Œuvres complètes,* « La pléiade », Paris, Gallimard, 1954.
TILLIETTE X., *Schelling. Une philosophie en devenir*, Paris, Vrin, ²1992.
VALÉRY P. *Monsieur Teste*, Paris, Gallimard, 1988.
VETÖ M., *Le fondement selon Schelling*, 2ᵉ éd., Paris, L'Harmattan, 2002.
WIELAND W., *Schellings Lehre von der Zeit*, Heidelberg, Winter Verlag, 1956.

INDEX NOMINUM

TABLE DES MATIÈRES

ANNEXE

Achevé d'imprimer par Corlet Numérique - 14110 Condé-sur-Noireau
N° d'Imprimeur : 118447 - Dépôt légal : mai 2015 - *Imprimé en France*